本书由华二附初教育发展基金会、
吴泾镇教委、上海市闵行区春申教育发展基金资助

“看得见”的整本书阅读

初中整本书阅读教学实践探索与研究

肖建红 著

上海交通大学出版社
SHANGHAI JIAO TONG UNIVERSITY PRESS

内容提要

本书阐述与呈现了“看得见”的整本书阅读的理念、内涵、实施及课例。第一章从初中整本书阅读的现实需求切入，强调了整本书阅读与核心素养的内在联系，同时概述了当前阅读的困境与挑战，提出了“看得见”的整本书阅读的期望。第二章厘清了“看得见”的整本书阅读的内涵，依托认知负荷理论、阅读动机理论等，对“看得见”的阅读进行了界定，并从可视化呈现、外显性表达等方面提炼了其特征。第三、四章重点搭建了“看得见”的阅读实施框架，为学校和教师提供了系统的、操作性强的实施方法和成果评价。第五章至第六章通过六个具体课例，展示了整本书阅读在实践中的探索。每个课例都聚焦独特视角，既有理论阐述，又有教案实录，还进行了深入反思。本书适合语文教师、语文教育研究人员阅读使用，同时也为关注孩子阅读的家长以及对整本书阅读感兴趣的读者提供了有价值的参考。

图书在版编目(CIP)数据

“看得见”的整本书阅读：初中整本书阅读教学实践探索与研究/肖建红著. —上海：上海交通大学出版社，2025. 5. —ISBN 978-7-313-32767-3

Ⅰ. G633. 332

中国国家版本馆 CIP 数据核字第 2025NK6775 号

“看得见”的整本书阅读——初中整本书阅读教学实践探索与研究

“KANDEJIAN” DE ZHENGBENSHU YUEDU——CHUZHONG ZHENGBENSHU YUEDU JIAOXUE SHIJIAN TANSUO YU YANJIU

著　　者：肖建红
出版发行：上海交通大学出版社　　地　　址：上海市番禺路 951 号
邮政编码：200030　　电　　话：021-64071208
印　　制：上海万卷印刷股份有限公司　　经　　销：全国新华书店
开　　本：710mm×1000mm　1/16　　印　　张：12. 5
字　　数：220 千字
版　　次：2025 年 5 月第 1 版　　印　　次：2025 年 5 月第 1 次印刷
书　　号：ISBN 978-7-313-32767-3
定　　价：88. 00 元

序

“看得见”：整本书阅读的新视界

整本书“看得见”，但学生的阅读过程以及阅读对学生的影响不一定“看得见”，因此，老师如何引导、规划学生阅读，尤其需要“看得见”。肖建红老师通过数年的努力，致力于“看得见”的整本书阅读，收获颇丰！

关于整本书阅读，叶圣陶先生曾指出：“单凭一部国文教本，是说不上反复历练的。所以必须在国文教本以外再看其他的书，越多越好。”随着统编语文教材的推行，整本书阅读在语文课程体系中的重要价值已逐渐成为语文界的共识。而在实际教学中，学生的阅读状况参差不齐，教师面对如此局面，时常有力不从心之感，一腔热忱难以充分施展。当理想试图穿透现实的厚重帷幕，却好似折戟沉沙，陷入荆棘丛生的困境。

肖老师想：究竟如何才能让学生逐渐成为成熟的阅读者？如何助力教师在整本书阅读教学中彰显专业素养，发挥引领作用？又如何使学校真正成为培育阅读种子的肥沃土壤？

在过去的几年里，肖老师始终围绕这些关键问题进行深入思索，试图为这一重要课题寻得破局之道。犹记两年前，我与肖老师谈及整本书阅读需要更明确的研究方向时，她沉思良久后给出了三个字：“看得见！”的确，学生开展整本书阅读的时间大多在课外，如何准确洞察学生的阅读状况？如何有效评估学生的阅读水平？又如何确保教师的指导能切实有效地解决学生的阅读需求？在整本书阅读的广袤领域，达成理念层面的价值认同固然重要，然而更为迫切的是构建起一套“看见”机制。我们亟须清晰洞察学生在阅读过程中的成长轨迹，精准捕捉他们思维的闪光点与困惑点；也要切实看到教师在教学过程中所用方法策略的指导成效，感受这些策略如何在课堂上落地生根，助力学生跨越阅读障碍；更要能够直观看到那些基于真实课堂、扎根教学现场的实践研究，如何在一次次的探索与尝试中，不断优化整本书阅读的教学路径。而要破解这些难题，每一位语文人都责无旁贷，应自觉肩负使命。

沿着这一明晰的方向，肖老师开启了艰辛的探索之旅。从擘画学校阅读规划蓝图,到深入钻研每一本经典名著的阅读实践;从密切关注学生阅读行为,到持之以恒地培育学生良好的阅读习惯;从积极组织丰富多彩的阅读活动,到设计任务以求科学评价学生的阅读成果。这一路,肖老师脚踏实地,在不断的探索与实践中,学生的阅读生活丰富了,阅读经验日益丰厚了,学校的阅读氛围日益浓郁了……而肖老师对于整本书阅读教学,也有了更多的见解与感悟,她逐步积累了诸多想要分享的心得。

研究源于问题的驱动,成果诞生于行动的磨砺。

于是:

在《朝花夕拾》的教学里,肖老师别出心裁地设计了一项核心写作任务——替鲁迅先生写自白书。学生在任务驱动中阅读《朝花夕拾》时,需要透过鲁迅先生质朴又深沉的文字,梳理出作者在散文中隐秘而又动人的情感脉络,进而将理解以自白书的形式清晰地呈现。这不仅让学生的理解水平得以直观展现,还为他们提供了宝贵的言语实践机会,提升了文字表达能力。

在教学《海底两万里》时,肖老师以制作阅读画报作为任务引擎,引导学生紧密围绕科幻小说的科学元素、逻辑自洽与人文思考这三大特点展开深度阅读。课堂之上,气氛热烈。学生有的化身为小科学迷,兴致勃勃地讲述"鹦鹉螺"号里那些令人惊叹的科学想象;有的化身为专业导游,精心策划一场与"海底两万里"同款的梦幻旅游,生动再现了精彩航程;有的担当起创意无限的封面设计师,为阅读画报精心构思封面。在活动中,学生们不仅掌握了阅读科幻作品的方法,而且开始创作属于自己的校园科幻故事。

《昆虫记》作为统编教材中的科普作品,肖老师对其教学有着独特的价值定位。她带着学生走进法布尔的昆虫世界,教学生像法布尔一样细致观察、科学研究,模仿他严谨又不失文学美感的语言风格;组织学生为法布尔举办昆虫展,用音、视频记录自己的自然笔记,把阅读世界链接到现实生活世界,让学生的成长在阅读生成中被看见。

在《钢铁是怎样炼成的》课例中,肖老师大胆创新,从"读人物"的角度切入小说教学。师生共同研制了评价量表,并以此引导学生自主思考"读什么"和"如何读"。课堂上,学生们运用"勾连策略""对比策略"等阅读策略,自主梳理了保尔的人生经历,探究了保尔能够实现人生价值的原因。课堂上,学生不再对教师亦步亦趋,他们如同振翅高飞的雏鸟,以自己的思考与感悟,在阅读的广袤天地中勾勒出独属于自己的成长轨迹。

面对被认为是统编教材中最难读的《经典常谈》,肖老师巧妙地将其阅读与学校读书节活动相结合,在本年级举办了一场精彩的享读会阅读活动。为了帮助学生攻克阅读难关，肖老师提前给学生搭建了阅读支架，设计了层层递进的分享话题。学生的分享风格各异，有小组采用古今对话的方式，让原本晦涩难懂的经典著作变得生动有趣。

在《儒林外史》的教学中，肖老师采用“以点带面”的阅读策略，把精读与速读的阅读方法巧妙融入教学实践。学生们发挥创意，为书中人物设计朋友圈，用当代人的社交方式展现古代人物的生活和思想，在轻松有趣的活动中呈现了学生的理解水平，也给学生提供了表达分享的机会。

“看得见”的过程与成果，让学生的阅读成长有迹可循；“看得见”的方法与智慧，让教师的指导有章可依。正是这种“看得见”的实践与探索，让整本书阅读不再停留在理念层面，而是真正落地生根，成为学生与教师共同成长的沃土。“看得见”的整本书阅读，是对教学规律的执着探寻，是整本书阅读的新视界。

肖老师曾忐忑，她担心自己才疏学浅，怕自己的研究不能给同行带去帮助与启发。其实肖老师不用担心，在整本书阅读课程化的浪潮中，每一位热爱教学的语文人，都是仰望星空的追梦人，彼此的探索与实践都是照亮前路的微光，汇聚在一起，终将成为璀璨的星河，共同推动整本书阅读教学走向深度与广度兼具的崭新天地。而肖老师的努力与付出，早已在学生们的心中种下了阅读的种子，这些种子会生根发芽，茁壮成长，这便是她对语文教育最深情的敬意，也是她研究价值的最好体现。

肖老师在殷秀德名师基地两年多了，她说：“在不惑之年加入基地，让我重新感受到前所未有的压力与挑战。同时到来的，还有前所未有的研究热情与乐趣。”如今，很高兴看到肖老师把自己数年来的思考写成文字，她用行动向一线教师们传递着一个信念：立足三尺讲台，更要心怀教学研究的星辰大海。这几年的探索之路，荆棘丛生，职业的幸福，便如深埋在荆棘丛中的玫瑰，在艰辛的探索中悄然绽放，散发着迷人的芬芳。

期待肖老师步履不停，持续蓬勃生长。

上海市闵行区语文教研员、上海市语文特级教师、正高级教师

殷秀德

前　言

很庆幸，我能够成为一名语文老师，“读书”能继续成为我的“主业”。

回望年少时，那是一个物质相对匮乏的时代，课外书如同珍宝，是心灵的“零食”。得益于做语文老师的表嫂，我有幸接触到了众多经典名著，如《城南旧事》《少年维特之烦恼》《张晓风散文集》等。至今，我仍清晰记得，晨曦微露时，我便手捧书卷，一字一句如饥似渴地读。阳光透过窗棂，洒满书页，我沉醉在书海中，直至夕阳西下，余晖将书页染成金黄……那时，我也曾满怀激情，梦想着挥笔写下一部属于自己的小说，虽然那个“壮怀激烈”的尝试只开了个头便无疾而终，但那份创作的冲动和热情，至今仍让我心潮澎湃，难以忘怀。

后来，我成了一名语文教师，那段刻骨铭心的阅读经历时常在我眼前浮现。那段岁月，或许正是我思考成为一名怎样的语文教师的一处伏笔，它让我明白，应该为学生们编织一种怎样的语文生活。在统编教材使用之前，我也常带着学生们一起读《论语》，走进苏轼的诗意世界，聆听鲁迅的呐喊，感受史铁生的坚韧与温情。虽然这些内容或许并非语文教学的主流，但它们却拥有一种难以言喻的魔力，让我沉醉其中。而阅读过程中学生们眼中闪烁的光芒，如同璀璨星辰，吸引着我不断探索、持续实践。

2017 年，上海开始使用统编教材，整本书阅读教学迅速成为语文教学研究的热点话题。有幸的是，我参与了鲍清老师领衔的《红星照耀中国》课例的研发工作，该课例最终被选入曹刚老师主编的《初中语文整本书阅读教学指导——上海的实践探索》一书中。在这一过程中，步根海老师和曹刚老师对整本书教学的真知灼见与实践，塑造了我对整本书阅读教学的基本认知和理解。

2022 年，我有幸加入了殷秀德老师的名师培养基地。在招生面试时，殷老师向我提出了一个直击灵魂的问题：“这几年你花了很多精力探索整本书阅读，你的教学主张是什么？”我一时语塞。恍然间，我意识到：教学实践之根，深植于教育思想之壤；教师，既要做行动家，更需要思想的灯塔！整本书阅读，在我眼前犹如一层朦胧的迷雾，一个难以窥探的“黑箱”。学生的阅读过程主要是内隐的思维活动，教师难以直接观察把握；而教师的教学指导，往往凭借个人经验，受个性影响较大，难以揭示普遍的教学规律。因此，"看得见"的整本书阅读成了我的研究方向，我决心探寻整本书阅读的本质，摸索出科学有效的方法与途径，尝试让整本书阅读穿过迷雾，变得清晰、明白。

历经十年的摸索与思考，跨越多个春秋的写作耕耘，终于将成果成书。本书分为六章，尝试阐述"看得见"的整本书阅读之理念、内涵、实施及课例，恳请语文教学研究专家们与一线教师们不吝指教。

第一章从初中整本书阅读的现实需求出发，梳理了新课标对整本书阅读的价值定位，重点揭示其与核心素养的内在联系。同时，依据问卷调研数据，概述了整本书阅读的困境与挑战。在此基础上，聚焦"看得见"，提出了整本书阅读的期望。第二章尝试厘清"看得见"的整本书阅读的内涵。认知负荷理论、阅读动机理论以及"可见的教与可见的学"理论，为本书提供了理论支撑。同时，本章重点对"'看得见'的整本书阅读"这一概念进行了界定，并从可视化呈现、外显性表达等方面概括了其特征。

第三到第六章是本书的重点，均采用理论与实践结合的方式。第三、四章侧重理论，用具体案例加以说明；第五、六章则侧重实践探索，并进行一些理性分析与阐述。第三章搭建了"看得见"的整本书阅读的实施框架，包含了从学校阅读规划、教师教学指导到阅读过程的关键步骤、阅读策略的外显化途径、课堂样态的多样化特征等。第四章从阅读成果的展示形式以及阅读评价等方面，力求为一线语文老师们提供较为系统、操作性较强的实施方法。同时，紧扣"看得见"这一核心，希望将见解说清楚、让大家看明白。

第五、六章通过笔者实践的六个课例，展现了整本书阅读在实践中的探索与收获。课例对象均为统编教材中的推荐书目，每个课例都聚焦一个独特的视角。第五章课例为小说文本的阅读，试图体现一定的进阶性。例如，《海底两万里》的课例围绕"问题链"展开，探讨了如何根据小说体式设计问题链、构建阅读路径，并通过外显化任务引导学生思考，凸显小说阅读的类型化价值；《钢铁是怎样炼成的》则构建了"纵向""横向""当下"多维度"读人"的新的阅读路径，突破了一般小说的阅读传统，同时将情境、任务、评价融合于整本书阅读教学中，探索了新课标核心概念在课堂中的具体实践；《儒林外史》的课例则抓住了小说在人物群像塑造上的特点，以"以点带面"策略为主线，提供了具体的操作路径。第六章课例为非小说文本的阅读，这类作品因具有"篇的合集"的特点，笔者试图探寻其共有的学习经验。如"以写见读的整本书阅读"，主要通过读写结合的可视化任务设计，落实《朝花夕拾》的教学；《蝉》与《昆虫记》则是立足于"三位一体"阅读体系，进行由

“篇”到“本”的尝试；如何将整本书阅读从教室拓展延伸到校园文化生活中去，《经典常谈》享读会是一次生动实践。每个课例既阐明了“这样教”的原因与目的，也呈现了“怎样教”的教案与节选实录，还围绕“看得见”、课例主题等进行了反思，形成了“教后感”。

写下这些文字的时候，窗外已华灯初上，霓虹将夜色装点得分外妖娆。鞭炮声声，此起彼伏，宣告着今天又是一年元宵佳节。我的头脑中，关于整本书阅读教学的千言万语，如同被一盏盏明灯照亮，变得前所未有的清晰。忘不了自己多次承担整本书阅读公开课时的难眠夜晚，忘不了相关研究文章发表在《语文教学通讯》《中学语文教学参考》《中学语文》等刊物上的激动时刻。此刻，我的内心无比宁静，我想，这本书，也可当作对年少时那段心潮澎湃岁月的一种回应吧！

感谢上海市华二附初教育发展基金会、吴泾镇教委与上海市闵行区春申教育发展基金对我拙著的出版支持，感谢我的学校——华东师范大学第二附属中学附属初级中学，感谢施洪亮校长的鼓励与帮助，感谢学校语文教研组所有老师们的大力支持。

感谢我的导师殷秀德老师的高标准、严要求，让我丝毫不敢懈怠，在这本书的写作过程中，从书名、目录的确定到内容的安排、语言的表达，殷老师都悉心指导。感谢郑桂华老师、樊新强老师、董学平老师、王林老师对书稿提出的具体意见，让我反复斟酌、修改、完善。

因学识有限，恐多有疏漏，希望大家对本书提出宝贵意见。

苔花也学牡丹开，这本拙著，愿它生长在春天里。

华东师范大学第二附属中学附属初级中学

肖建红

目　　录

第一章

初中整本书阅读的现实需求

整本书阅读是我国语文教育的优秀传统。叶圣陶、夏丏尊等教育家都非常重视整本书阅读，叶圣陶曾提出“把整本的书作为主体，把单篇短章作辅佐”[①]这一观点。从课程标准角度追溯，2001 年《义务教育语文课程标准》规定中小学生的课外阅读总量不少于 400 万字，并附录“关于课外读物的建议”。为此，各地语文教材都不同程度地融入了整本书阅读的内容。2011 年版课程标准提出“要重视培养学生广泛的阅读兴趣，扩大阅读面，增加阅读量，提高阅读品位。提倡少做题，多读书，好读书，读好书，读整本的书。”[②]2022 年版《义务教育语文课程标准》（后文简称“新课标”）更是明确将整本书阅读作为六大任务群的拓展型学习任务群来呈现，并且详细阐述了学习内容和教学建议等。整本书阅读学习任务群旨在“根据阅读目的和兴趣选择合适的图书，制订阅读计划，综合运用多种方法阅读整本书；借助多种方式分享阅读心得，交流研讨阅读中的问题，积累整本书阅读经验，养成良好阅读习惯，提高整体认知能力，丰富精神世界。”[③]同时，在附录部分也提出了课内外读物的建议。在 7～9 年级学段中，阅读目标总量不少于 260 万字，每学年阅读两三部名著。阅读材料形式多样，包括诗歌散文作品、科普科幻作品以及长篇小说等。可见，初中阶段的课程对于整本书阅读越来越重视。“课程标准重视整本书阅读正是为了继承语文教育的优良传统，回归语文阅读教学的正道。”[④]于漪老师在吴欣歆老师所著《培养真正的阅读者：整本书阅读之理论基础》一书的序中说：“培养学生的语文核心素养，首先要让学生爱读书、会读书、会读整

---

① 叶圣陶．叶圣陶语文教育论集［M］．北京：教育科学出版社，1980：8.

② 中华人民共和国教育部．义务教育语文课程标准（2011 年版）［S］．北京：北京师范大学出版社，2011：23.

③ 中华人民共和国教育部．义务教育语文课程标准（2022 年版）［S］．北京：北京师范大学出版社，2022：31—32.

④ 义务教育语文课程标准修订组．义务教育语文课程标准（2022 年版）解读［M］．北京：高等教育出版社，2022：187.

本的书，成为真正的阅读者。”①

那么新课标对整本书阅读的价值定位具体是怎样的呢？

第一节　新课标对整本书阅读的价值定位

2022年，新课标发布，作为拓展型学习任务群的整本书阅读，是在核心素养导向的基础教育课程改革这一大背景下提出的新要求，它的实施要符合核心素养培育的一般要求。“义务教育语文课程培养的核心素养，是学生在积极的语言实践活动中积累、建构，并在真实的语言运用情境中表现出来的，是文化自信和语言运用、思维能力、审美创造的综合体现。”②整本书阅读，作为一种以持续阅读为支撑的深度阅读体验，其进入语文课程内容，需要与核心素养深度融合。“纵观课程标准设置的六个学习任务群，‘整本书阅读’学习任务群为‘实用性阅读与交流’‘文学阅读与创意表达’‘思辨性阅读与表达’学习任务群提供了广阔的实践天地，能够从不同层面培养学生的核心素养。”③整本书阅读如同一条蜿蜒的河流，滋养着学生们的语言之根，灌溉着他们思维的田野，映照了他们审美的天空，并引领他们深入文化的浩瀚海洋，探索并传承人类文明的精髓。

一、铸牢文化自信

语文课程具有铸牢文化自信的使命，“文化自信是指学生认同中华文化，对中华文化的生命力有坚定信心。通过语文学习，热爱国家通用语言文字，热爱中华文化，继承和弘扬中华优秀传统文化、革命文化、社会主义先进文化，关注和参与当代文化生活，初步了解和借鉴人类文明优秀成果，具有比较开阔的文化视野和一定的文化底蕴。”④“整本书”本身是文化的重要表现形式，每一部经典作品都是特定历史时期、社会背景与文化环境的产物，蕴含丰富的历史信息、时代精神和文化符号。“整本书阅读和其他学习任务群一样，都围绕中华优秀传统文化、

---

① 于漪. 序[M]//吴欣歆. 培养真正的阅读者：整本书阅读之理论基础. 上海：上海教育出版社，2019：序1.

② 中华人民共和国教育部. 义务教育语文课程标准（2022年版）[S]. 北京：北京师范大学出版社，2022：4.

③ 义务教育语文课程标准修订组. 义务教育语文课程标准（2022年版）解读[M]. 北京：高等教育出版社，2022：187.

④ 义务教育语文课程标准修订组. 义务教育语文课程标准（2022年版）解读[M]. 北京：高等教育出版社，2022：61.

革命文化和社会主义先进文化来组织学习内容。”①学生要通过阅读一本本名著，在广阔的文化场域中，构建起一个多元、立体的文化世界。所以，整本书阅读的价值和定位，要突出其精神构建和价值引领功能，注重学生在阅读过程中积淀文化底蕴。

学生阅读《经典常谈》，有助于认同并传承中华优秀传统文化；阅读《儒林外史》，能在百态丛生的士林中深切体会到科举制度对读书人命运的巨大影响，有助于进行文化反思；阅读《红星照耀中国》，体会并评析革命领袖、革命英雄的爱国精神和人格魅力，感受革命文化的精神内核，可以从中汲取艰苦奋斗、奋勇拼搏的力量，获得家国情怀、爱国精神的熏陶，有助于形成正确的世界观、人生观和价值观。整本书阅读还有助于培养学生的跨文化交流能力，通过阅读不同国家和民族的文学作品，学生可以了解到不同文化的独特之处和共通之处，学会尊重和理解文化差异，从而提升自己的国际视野和文化自信。以《海底两万里》为例，在阅读过程中，学生不仅能够感受到科幻文学的魅力，还能够体会到不同文化背景下的科幻作品虽然在表现形式上存在差异，但在追求真理、探索未知、追求科学发展等方面却有着共同的追求。

二、锤炼语言运用

语言运用，在学生语文课程核心素养的培育中，起着“以一带三”的作用。“语言运用是指学生在丰富的语言实践中，通过主动的积累、梳理和整合，初步具有良好语感；了解国家通用语言文字的特点和运用规律，形成个体语言经验；具有正确、规范运用语言文字的意识和能力，能在具体语言情境中有效交流沟通；感受语言文字的丰富内涵，对国家通用语言文字具有深厚感情。”②“从语文实践活动层面看，整本书阅读能够将识字与写字、阅读与鉴赏、表达与交流、梳理与探究融合在阅读过程之中，持续提升学生运用语言文字积累解决现实问题的能力。”③整本书阅读首先为学生提供了大量的语言材料和语境，通过阅读，学生可以接触到丰富的词汇、多样的句式结构和复杂的篇章布局，从而在潜移默化中提升自己的语言感知能力和表达能力。同时，整本书阅读为学生提供了大量实

---

① 义务教育语文课程标准修订组. 义务教育语文课程标准（2022 年版）解读［M］. 北京：高等教育出版社，2022：188.

② 中华人民共和国教育部. 义务教育语文课程标准（2022 年版）［S］. 北京：北京师范大学出版社，2022：4—5.

③ 义务教育语文课程标准修订组. 义务教育语文课程标准（2022 年版）解读［M］. 北京：高等教育出版社，2022：187.

践机会。“整本书阅读不能停留在‘阅读’层面，教师在规划学习方案之后，还需要考虑如何组织多样的读书交流活动，引导学生掌握阅读方法、形成阅读习惯、拓宽阅读视野，从阅读输入走向阅读输出。”[①]阅读输出的过程也是在进行言语实践。

如在《经典常谈》享读会的活动中，笔者以“同名家对话，享治学之道”为主题，设计了四个逐层深入的探究分享任务。在这一过程中，学生不仅需要深入阅读书籍，还需要将阅读收获转化为讲演内容，用自己的语言围绕任务要求阐述对本书的理解和感悟，这既加深了学生对传统文化的认同与反思，又训练了学生的语言表达能力。

设计读写结合的任务是整本书阅读教学的常用方法，它如同一条纽带，紧密连接着输入与输出。通过不断地阅读与写作实践，学生逐渐积累语言运用的经验，提升语言表达的水平。

三、启迪思维智慧

“思维能力是指学生在语文学习过程中的联想想象、分析比较、归纳判断等认知表现，主要包括直觉思维、形象思维、逻辑思维、辩证思维和创造思维。思维具有一定的敏捷性、灵活性、深刻性、独创性、批判性。有好奇心、求知欲，崇尚真知，勇于探索创新，养成积极思考的习惯。”[②]在整本书阅读过程中，学生的逻辑思维得到锻炼。经典作品往往通过丰厚的内容展现出严密的逻辑结构，学生沉浸于这样的文本世界中，自然能够潜移默化地提升自己的逻辑思维能力。如《儒林外史》中，吴敬梓精心塑造了两类截然不同的人物，其创作意图鲜明。一类是以范进、周进为代表的利禄之徒，他们痴迷于科举功名，将仕途作为人生的唯一追求；另一类则是如王冕、杜少卿等清高自守之士，他们淡泊名利，坚守道德底线。通过对比，吴敬梓的《儒林外史》凸显了科举制度下人性的光辉与阴暗。这样的塑造方式，不仅丰富了小说的艺术形象，更深刻地批判了科举制度的弊端。学生在阅读整本书时，通过理解这种逻辑关系，提升了自身的逻辑思维能力。

整本书阅读还能训练批判性思维。整本书阅读鼓励学生要读懂书中的观点、作者的意图，更要学会分析和评价。例如，在阅读《水浒传》的过程中，学生不仅要

---

① 义务教育语文课程标准修订组. 义务教育语文课程标准（2022 年版）解读[M]. 北京：高等教育出版社，2022：191.

② 中华人民共和国教育部. 义务教育语文课程标准（2022 年版）[S]. 北京：北京师范大学出版社，2022：5.

理解书中的人物性格、“官逼民反”的创作主题，更要学会质疑。江湖文化中的“义气”是如何体现的？这种“义气”在现代社会中应如何评价？它是否完全值得推崇，还是存在某些局限性？通过设问，学生可以对江湖义气背后的价值观念和道德准则进行深入探究。同时也可以对江湖文化中的暴力行为、快意恩仇等观念进行批判性思考。

整本书阅读也能激发创造性思维。文学作品是想象力与创造力的结晶，整本书阅读为学生提供了一个充满无限可能的想象空间，让他们在阅读过程中不断激发和拓展自己的创造性思维。比如在《西游记》的整本书阅读教学中，教师通过设计“八十二难”的写作任务，能极大地激发学生的创造性思维。

四、激发审美创造

整本书阅读也是审美教育的重要途径。“审美创造是指学生通过感受、理解、欣赏、评价语言文字及作品，获得较为丰富的审美经验，具有初步的感受美、发现美和运用语言文字表现美、创造美的能力，涵养高雅情趣，具备健康的审美意识和正确的审美观念。”[①]优秀的文学作品往往蕴含丰富的审美元素，如优美的语言、独特的艺术风格等。通过阅读这些作品，可以培养学生学会欣赏和评价作品中的美，从而提升审美感知力和审美鉴赏力。

如《经典常谈》作为一部解读文化经典的学术著作，却有着委婉平近的散文风格。当学生带着分享讲演的任务探究“《经典常谈》展现了朱自清怎样的治学之道”时，必然需要将朱自清的这一作品作为审美对象，感受、理解、欣赏和评价这一学术散文的“从容委曲，意味深长”。有同学通过阅读探究发现《经典常谈》中多篇文章都是以传说、神话开头，这种写法增强了学术文章的文学性与趣味性。在此过程中，学生感受、发现学术散文的语言表达之美，同时也尝试用或高雅或平易的语言进行分享，完成了对学术散文集进行分享的创造性活动。

如《艾青诗选》以其炽烈的情感、鲜明的意象和独特的艺术风格，为学生提供了丰富的审美体验和创作灵感。在阅读《艾青诗选》的过程中，学生可能会被诗歌中那意蕴丰富的意象所吸引。如《我爱这土地》中的“土地”“河流”“风”等意象，都承载着诗人对祖国深沉的爱。学生通过对这些意象的细致品味，逐渐学会了如何运用意象来构建诗歌的意境，培养了对诗歌意象美的感知能力。

---

① 中华人民共和国教育部．义务教育语文课程标准（2022 年版）［S］．北京：北京师范大学出版社，2022：5.

第二节　整本书阅读的困境

整本书阅读课程化实践已有七八年的时间，但当前学生的整本书阅读现状如何呢？整本书阅读教学开展得如何呢？笔者为了深入了解初中整本书阅读方面的现状，分别针对学生与教师做了问卷调查，通过数据分析，有如下发现：

一、不易看见学生有品质的阅读

针对学生的问卷调查涵盖了初中四个年级，近300名来自不同学校的学生参与了问卷。其中预备年级、初一年级和初二年级的学生占比较大，分别为31.07%、29.66%和31.64%，初三年级学生占比较少，为7.63%。

(一) 学生对整本书阅读态度良好，但时间不足

在整本书阅读与碎片化阅读的对比中，45.2%的学生更喜欢整本书阅读，41.53%的学生表示两者都喜欢，而仅有11.86%的学生偏爱碎片化阅读。这表明，大部分学生受碎片化阅读的冲击小，依然喜欢整本书阅读。

如表1-1所示，在对待语文教材中整本书阅读的态度上，超过六成同学表示会认真阅读，超三成同学能基本翻一遍，仅有少数学生主要借助教辅资料或无暇顾及。这反映出大部分学生对教材中的整本书阅读有一定的重视程度，能以正确的态度对待整本书阅读。

表1-1　学生对语文教材中必读书目阅读态度的基本情况

选项	比例
有认真读	61.27%
基本能翻一遍	32.90%
主要借助教辅资料等	4.77%
无暇顾及	1.06%

如表1-2所示，在投入时间上，44.83%的学生每周用于整本书阅读的时间为1～3小时，21.48%的学生为3～5小时，13.26%的学生能达到5小时以上，6.37%的学生表示基本没时间阅读。从这一数据来看，将近一半的学生平均每天的阅读时间大概在10～25分钟，这对于读一般的名著尚可，但对于阅读体量较大的作品，这一阅读时间显然不足。如《水浒传》大概有70万字，按照每分钟200字的速

度计算，大概需要 3500 分钟的阅读时长，如学生每天读 20 分钟，那么读完一部《水浒传》则需要 175 天，即五个多月的时间，这显然不符合整本书阅读的现实要求。

表 1-2　学生每周整本书阅读时长的基本情况

选项	比例
基本没时间	6.37%
少于 1 小时	14.06%
1～3 小时	44.83%
3～5 小时	21.48%
5 小时以上	13.26%

如表 1-3 所示，通过对学生阅读时段的调查（多选题），近八成学生选择周末或假期阅读，超半数利用课后时间，表明连续时段更利于整本书阅读。仅 7.69% 利用"上学路上或课间"，从中可知碎片化场景在整本书阅读上有一定的局限性。36.87%的学生倾向睡前阅读。这说明教师在开展整本书阅读时可更多地利用好周末或假期这一时间。

表 1-3　学生阅读整本书时段的基本情况

选项	比例
课后空闲时间	50.13%
周末或假期	79.58%
睡前	36.87%
上学路上或课间	7.69%
几乎不阅读整本书	2.12%

（二）学生对教材中的必读书目比较感兴趣，且偏好故事性强的书籍

如表 1-4、表 1-5、表 1-6 所示，对教材中必读书目的兴趣上，比例最大的学生群体是比较感兴趣，也有 2.92%和 0.53%的学生表示不太感兴趣或完全不感兴趣。在喜欢的书籍类型上，《鲁滨逊漂流记》《西游记》等图书较受欢迎，选择比例均超过 50%。相比之下，《儒林外史》《经典常谈》《艾青诗选》等图书的选择比例较低。在喜欢读名著的原因上，80.64%的学生是因为故事性强，49.87%的学生是因为喜欢这种类型的书。这说明教材中的必读书目对学生的吸引力还有待

表 1-4　学生对教材中的必读书目阅读兴趣的基本情况

选项	比例
非常感兴趣	28.12%
比较感兴趣	49.07%
一般	19.36%
不太感兴趣	2.92%
完全不感兴趣	0.53%

表 1-5　学生对语文教材中的整本书喜爱的基本情况

选项	比例
《童年》	43.5%
《鲁滨逊漂流记》	60.21%
《朝花夕拾》	39.79%
《西游记》	59.68%
《骆驼祥子》	46.42%
《海底两万里》	48.54%
《红星照耀中国》	23.87%
《昆虫记》	29.44%
《经典常谈》	10.61%
《钢铁是怎样炼成的》	39.79%
《艾青诗选》	10.08%
《水浒传》	44.3%
《儒林外史》	17.51%
《简·爱》	35.28%
一本都不喜欢	1.33%

表 1-6　学生对语文教材中的必读书目喜爱原因的基本情况

选项	比例
故事性强	80.64%
喜欢作家的风格	45.89%

（续表）

选项	比例
喜欢这种类型的书	49.87%
其他	9.55%
我也不知道原因	7.43%

提高，缺乏故事情节、与学生有距离的必读书目尤其需要通过组织阅读活动等方式提高其兴趣度。

（三）良好的阅读方法与习惯还有待培养

如表 1－7 所示，大部分学生在阅读整本书时缺乏明确的计划性，仅有 7.96% 的学生总是会制订阅读计划。这种阅读习惯可能会导致学生阅读效率低下，阅读的持续力不足。因此，教师需要加强对学生阅读的计划性，帮助学生养成良好的阅读习惯。

表 1－7　学生阅读整本书时制订阅读计划的基本情况

选项	比例
总是会	7.96%
经常会	15.92%
有时会	33.69%
很少会	25.19%
从不会	17.24%

如表 1－8 所示，在阅读方法的使用上，不到三分之一的学生经常使用教材中所涉及的阅读方法。这一数据体现出，虽然教材中强调阅读方法的使用，但有良好习惯的学生并不多，教师对阅读方法的普及和指导工作仍需加强，以帮助学生更好地掌握阅读技巧。

表 1－8　学生阅读整本书时使用阅读方法的基本情况

选项	比例
经常使用	28.38%
有时使用	44.83%
很少使用	19.36%

（续表）

选项	比例
从未使用过	4.78%
不了解这些方法	2.65%

如表 1-9 所示，在做阅读笔记的习惯上，多数学生未养成这一习惯，这可能阻碍学生对阅读内容的综合理解和深入分析，需加强引导和培养。

表 1-9　学生阅读整本书时做阅读笔记的基本情况

选项	比例
总是做详细笔记	14.32%
偶尔做简单笔记	52.25%
很少做笔记	23.34%
从不做笔记	9.02%
不知道如何做笔记	1.07%

本次问卷调查反映出大部分学生对整本书阅读持积极态度，但在阅读时间、计划性、阅读方法以及深入思考能力等方面存在不足。这些问题带给我们在整本书阅读上的启示有：教师可为学生安排更多的整本书阅读时间，特别是安排在校内与周中时段，这样不仅能确保学生有足够的阅读时间，还能帮助他们保持阅读的连续性和持久力。教师还应引导学生制定阅读计划、掌握阅读技巧，从而有效提高学生的阅读效率和质量。

二、不易看见教师有系统的指导

整本书阅读的开展与实施需要教师提供指导，“要把名著阅读作为语文课程的一部分，有规划，有指导，给时间，出成果，而不是把它当作可有可无的点缀，也不能在教学中放任自流，随意而为。”①但现实情况怎么样呢？以下是来自不同学校近百名教师的问卷调查结果。

（一）教师备课时间不足、经验欠缺

如表 1-10 所示，将近一半的教师每周用于整本书阅读教学的时间在 1 课时

① 王本华．名著阅读课程化的探索：谈谈统编语文教材名著阅读的整体设计与思考[J]．语文学习，2017(9)：5.

以下，这一结果基本符合整本书阅读教学课时安排，但有近二成的教师基本无暇顾及，这折射出教师教学安排上对整本书阅读教学的忽略。课时安排上的不足，意味着教师对这一重要教学内容心力不足。

表 1-10　教师整本书阅读教学每周课时安排的基本情况

选项	比例
基本无暇顾及	18.92%
1 课时以下	48.65%
1～2 课时	18.92%
3 课时以上	13.51%

如表 1-11，表 1-12 所示，进一步分析备课时间，发现备课时间在 5～10 小时的教师占比最高，达到 35.14%，有 27.03%的教师备课时间超过 15 小时，显示出整本书阅读教学的备课任务繁重。同时，有超过一半的教师认为备课时间不太充分或完全不充分。这表明，教师在整本书阅读教学中备课时间的现实分配情况与课程内容的理想要求之间存在显著矛盾。一节普通的单篇短章的阅读课，教师常常需要投入 3 小时左右的备课时间，而整本书阅读涉及的文本体量较大，其常规备课内容通常包括阅读文本、理解内容、制订阅读计划、设计阅读活动、布置阅读任务等，所需备课时间是成倍增加的，这对教师而言，无疑是一个巨大的挑战。

表 1-11　教师整本书阅读教学备课时常的基本情况

选项	比例
少于 5 小时	21.62%
5～10 小时	35.14%
10～15 小时	16.22%
15 小时以上	27.03%

表 1-12　教师整本书阅读教学备课充分度的基本情况

选项	比例
非常充分	0%
比较充分	10.81%
一般	35.14%

（续表）

选项	比例
不太充分	43.24%
完全不充分	10.81%

如表 1－13 所示，教师在整本书阅读的备课过程中，依赖网络、教材与练习册作为参考资源的比重最高。网络资源虽丰富，但质量参差不齐；教材与练习册虽能保证质量，却难以满足深度备课的需求。这一现状揭示出整本书阅读在备课资源上也面临挑战。

表 1－13　教师整本书阅读教学备课资源的基本情况

选项	比例
教材与练习册	81.08%
网络	86.49%
学术论文和书籍	62.16%
同事或专家的建议	54.05%
已有的专业基础	62.16%
其他（请填写）	0%

教学经验是影响整本书阅读教学效果的重要因素之一。如表 1－14 所示，近六成的教师表示自己在整本书阅读教学中缺乏经验，感觉需要学习。教师缺乏经验，往往就很难抓住文本内容的关键，在设计阅读活动或任务上也会感觉困难不小。教学经验不足，无疑是横亘在语文教师面前的高山。

表 1－14　教师对自身整本书阅读教学认知的基本情况

选项	比例
经验丰富，得心应手	8.11%
有一定的经验，能顺利完成教学任务	32.43%
缺乏经验，感觉需要学习	59.46%
经验严重不足，教学有困难	0%

（二）教学指导存在较大困难

在初中整本书阅读教学中，教师们普遍面临诸多指导上的困难。设计阅读活动成为教师们的一大难题。如表 1－15 所示，高达 94.59％的教师认为平衡阅读进度与教学计划存在着明显的困难，这也是设计整本书阅读活动时遇到的主要困难之一。此外，激发学生的阅读兴趣、设计符合学生水平的阅读任务以及评估学生的阅读成果也是教师们普遍遇到的困难。这些困难使得教师在设计阅读活动时需要花费更多心思和时间，同时也对语文教师整本书阅读教学中的教学能力和创造力提出了更高要求。

表 1－15　教师设计整本书阅读活动时遇到困难的基本情况

选项	比例
激发学生的阅读兴趣	51.35％
设计符合学生水平的阅读任务	75.68％
平衡阅读进度与教学计划	94.59％
评估学生的阅读成果	83.78％
其他(请填写)	2.7％

教师在指导学生更深层次地理解整本书方面也面临挑战。如表 1－16 所示，超过八成的教师认为，在整本书阅读教学中，很难引导学生深入理解图书的内涵，这使得学生的阅读收获往往停留在表面，难以形成深刻的思考。同时，超过六成的教师还表示，让学生读完整本书也是一大难点，这说明针对学生不积极的阅读态度，教师能想到的有效办法不多。

表 1－16　教师整本书阅读教学指导困难的基本情况

选项	比例
让学生读完整本书	62.16％
分析本书的主要内容	10.81％
更深层次地理解本书	81.08％
提炼图书主题和思想	21.62％
将阅读与实际生活相联系	72.97％

(三) 对专业支持诉求大

如表 1－17 所示，当前对整本书阅读教学的支持体系存在明显不足。数据显示，超半数教师认为支持力度“一般”，叠加“不太足够”和“完全不够”，总计 70.27％的教师对现有资源不满，且无人认为“完全足够”，凸显教学资源与政策支持的双重缺口。仅29.73%的教师认为支持“比较足够”,反映现有措施仅覆盖部分需求,系统性优化迫在眉睫。

表1-17 教师在整本书阅读教学中获得支持的基本情况

选项	比例
完全足够	0%
比较足够	29.73%
一般	51.35%
不太足够	8.11%
完全不够	10.81%

从以上数据与分析来看,初中整本书阅读教学在教师层面存在诸多挑战与困难。这些困难与教师的备课时间不足、教学经验有限相关,这对整本书阅读教学的有效实施形成了一定的阻碍。因此,学校可针对教师的需求提供必要的支持,如加强教师培训、提供丰富的教学资源等,以促进整本书阅读教学质量的提升和教师的专业成长。

三、不易看见整本书阅读的价值

在快节奏的现代生活中,整本书阅读的价值往往容易被忽视或低估。这并非因为阅读本身缺乏价值,而是由于其价值的外显方式和程度与我们日常追求的即时满足和量化成果相悖。整本书阅读的价值不仅体现在知识的积累上,更在于对思想的启迪、情感的熏陶和价值观的塑造。然而,这种价值往往不易被立即察觉的原因主要在于以下两个方面。

(一)阅读效果难以衡量

整本书阅读的价值往往体现在对学生思想、情感、价值观等产生深层次、内隐性的影响,这些影响是难以用功利的标准来评估的。阅读一本好书,可能会激发学生的思考,拓宽其视野,提升其审美水平,但这些变化都是潜移默化的,难以通过考试直接验证。因此,很多人可能会因为看不到明显的“成果”而有所懈怠。然而,正是这种难以衡量的阅读效果,构成了整本书阅读最独特的魅力,它让人们在无形中成长,让心灵得到滋养。

(二)阅读价值滞后

阅读对人的影响是潜移默化的,它像一股细流,慢慢渗透进我们的思想、情感和价值观中。阅读的效果并非像开关一样，一打开就能立刻看到明显的变化，它往往需要一段时间的沉淀。当我们读完一本书，可能只是觉得故事有趣，或者对书中的某些观点有所感触，但真正的价值却可能在未来某个不经意的瞬间才会突然显现。也许是在我们遇到类似情境时，书中的智慧如灯塔般指引我们前行；也许是在我们思考某个问题时，书中的观点如钥匙般打开我们的思维闸门。这种滞后性使得整本书阅读的价值容易被我们忽视。我们往往更倾向于追求即时的满足和回报，希望阅读能立刻带来明显的改变，然而阅读的价值却像陈年的酒，越品越有味，需要时间的酝酿和沉淀。

曾经，有一位家长带着一丝焦虑来与笔者进行沟通。她的孩子是一个聪明、学习目标性很强的初中生。当时班级正整体进行《水浒传》的阅读，因其阅读反馈结果不佳，笔者联系了这位家长。这位家长在沟通的话语中透露出几分急切："肖老师，我一直很关心孩子的学习，尤其是语文。她最近在《水浒传》的阅读中需要花费很多时间，现在学习时间很宝贵，想知道有没有更好的方式，让她不用花太多时间阅读整本书，也能快速把握考试的要点？我这里有一些资料，您看是不是可以印给同学们，以减少同学们的阅读时间？"这位家长对整本书阅读的态度与看法，确实在一定程度上反映了目前相当一部分家长的观点。他们忽视了整本书阅读对个体精神世界的滋养与塑造，只接受在题海中产出的现实功利价值。在这种观念下，整本书阅读这种需要时间投入、深度思考的学习活动，便显得"奢侈"且跟进困难。

教育的真谛远不止在于分数，更在于培养学生成为有思想、有情感、有创造力的个体。整本书阅读正是这样一种能够拓宽视野，丰富情感，提升人文素养的学习活动。正是因为整本书阅读的价值不易被看见，语文老师首先不应该成为一个目光短浅的人。只有这样，我们才能共同为孩子们营造一个更加健康、更加有益的学习环境。

第三节　整本书阅读的诉求

在上一节内容中，笔者通过问卷调研，发现整本书阅读存在一些突出的问题：学生难以展现出有质量的阅读，教师缺乏系统的指导，同时整本书阅读的价值也不易被看见。基于这些情况，解决整本书阅读所面临的这些问题，可以循着"看得见"的研究方向进行。具体而言，要能够看见学生实现有品质的阅读过程，看见教师具备专业的指导能力，进而彰显出整本书阅读课程"看得见"的价值。如此，才能真正推动整本书阅读教学的有效开展。

一、学生:塑造“看得见”的阅读品质

每一个学生都需要参与整本书阅读。整本书阅读学习任务群作为新课标语文义务教育阶段人人学习任务群之[illegible]，其目的与要求非常明确。义务教育课程标准是对每一位义务教育阶段学生所提出的课程要求，目的在于规范义务教育阶段的课程内容、教学目标、教学要求及评价方法等，以确保所有学生都能接受全面、均衡的教育。“义务教育课程规定了教育目标、教育内容和教学基本要求，体现国家意志，在立德树人中发挥着关键作用。”①可见，新课标要求的语文整本书阅读与传统的课外阅读存在差异，前者是对每一个义务教育阶段学生语文学习的必需要求，强调其在语文学习中的重要性和不可或缺性。后者更侧重爱好导向，更多是学生基于个人兴趣和爱好进行的选择性阅读，没有过多的规定性，往往被视为课堂教学的自主补充和延伸。在新课标对整本书阅读新的要求之下，语文教师有责任将每一位同学都纳入整本书阅读的队伍，人人参与阅读，这是塑造“看得见”的阅读品质的基础和前提。

整本书阅读需要系统有序地进行。从第二节的问卷调研可知，整本书阅读教学正面临无序、零散的问题，学生难以形成系统的阅读方法与阅读经验。因此，从无序走向规范，是初中整本书阅读的迫切诉求。无序的阅读状态，往往表现为学生缺乏明确的阅读目标和计划，只是随意地翻一翻，缺乏深入的思考和理解，较难形成有效的阅读经验。为了改变这种状况，整本书阅读需要课程化，学生需要在教师指导下制订科学的阅读计划，包括阅读进度、阅读重点、活动设计、驱动性任务等。同时，学生还可以将阅读单篇短章所积累的阅读方法、形成的阅读经验，例如如何提取关键信息、如何概括主要内容、如何分析创作意图等，迁移到整本书的阅读体验和思考中，从而实现“从阅读行为表现维度，构建了动态的整本书阅读方法体系，更加注重培养学生的独立阅读能力，引导学生综合运用多种方法解决阅读过程当中遇到的现实问题”②的课标要求。

整本书阅读须迈向深度探索。要塑造学生“看得见”的阅读品质，还应向深度探索的新阶段迈进。整本书阅读不是仅仅对文字表面的浏览和表层信息的获得，而是深入文本肌理，挖掘其背后的思想内涵、情感世界与文化价值。深度阅读鼓

---

① 中华人民共和国教育部. 义务教育语文课程标准(2022 年版)[S]. 北京:北京师范大学出版社，2022:1.

② 义务教育语文课程标准修订组. 义务教育语文课程标准(2022 年版)解读[M]. 北京:高等教育出版社，2022:189.

励学生对文本进行合理的多元阐述，强调对文本的多角度解读，理解作品的多样性与复杂性。在深度阅读中，读者需具备批判性思维，勇于质疑、分析、评价书中观点，与作者进行跨时空的对话，形成独立的见解与感悟。“根据阅读进度完成读书笔记，针对作品的语言、形象、主题等方面的话题展开研讨。从这些要求中，我们可以将发现体会、感受、讲述、分享、评析、梳理、交流、研讨等活动渗透在各学段学习过程的始终。”[①]同时，在这一过程中，明确且清晰的阅读策略与方法的运用至关重要。比如精读、略读、跳读等技巧的结合，有助于读者高效捕捉关键信息，深入理解文本。而读书笔记、思维导图等可视化辅助工具的应用，则能帮助读者更好地整理思路，形成阅读成果。

二、教师：展现“看得见”的指导能力

能对整本书阅读教学进行科学的课程规划。整本书阅读可视作独立的单元课程，教师要培养自己进行单元课程规划和设计的能力。规划时不仅需要考虑学生兴趣特点与这本书的特点，还需紧密结合课程目标，以确保教学活动的有效性和针对性。首先，明确课程目标至关重要。新课标对第四阶段整本书阅读的目标是“每学年阅读两三部名著，探索个性化的阅读方法，分享阅读感受，开展专题探究，构建阅读整本书的经验，感受经典名著的艺术魅力，丰富自己的精神世界”[②]。语文教师应根据新课标及学生实际情况，设定每一本书的具体目标，这些目标应贯穿指导“这一本”的教学过程，成为指导教学活动的重要依据。此外，教师还需注重阅读过程的指导和监督。在阅读过程中，教师应指导学生掌握正确的阅读方法，如默读、精读、略读等，并引导学生学会做读书笔记、画思维导图等，以帮助学生读懂整本书，会读整本书。

能上好整本书阅读的三种基本课型。上好三种基本课型，即导读课、推进课和成果汇报（总结）课，是教师进行整本书阅读教学的有效抓手。“整本书阅读教学是一个循序渐进、由浅入深的过程，导读课重在兴趣的激发，让学生能‘读下去’；推进课意在阅读坡度的提升，让学生能‘读进去’，产生情感共鸣；交流课旨在主题内涵的探究，要‘读出来’，实现由感性到理性的升华。”[③]导读课的主要目的在于激发学生的阅读兴趣。但激发兴趣的方式要针对作品的特点，要能点燃学生

---

① 义务教育语文课程标准修订组. 义务教育语文课程标准（2022 年版）解读[M]. 北京：高等教育出版社，2022：189.

② 中华人民共和国教育部. 义务教育语文课程标准（2022 年版）[S]. 北京：北京师范大学出版社，2022：15.

③ 黄成华. 整本书阅读教学的三种课型及其价值[J]. 今日教育，2022(4)：54.

的“兴味点”或“乐趣点”，提升学生对这本书的“阅读期待”。推进课是阅读过程中的重要环节，可从学生已读的内容中精心设计学生感兴趣和关注度高的问题，用于考查学生的阅读进程、阅读方法和阅读成效。教师可以通过提问、讨论、分享等方式，让学生们进行思维碰撞和观点交流。成果汇报课旨在分享学生的阅读成果，提炼阅读方法，反思阅读过程，形成阅读经验。在整本书阅读教学中，把握住“导读课”引导法，落实好“推进课”共研深究，巧设计“汇报课”总结提升，共同帮助学生体验到完整的整本书阅读过程，积累阅读经验，促进精神成长。

能对学生整本书阅读效果进行有效评价。“语文课程评价包括过程性评价和终结性评价。”①整本书阅读学习活动的持续时间往往较长，教师要注意做好过程性评价，“教师需要全程追踪学生真实的阅读表现”②“注意考察阅读整本书的全过程，以学生的阅读态度、阅读方法和读书笔记等为依据进行评价。”③除此之外，整本书阅读强调在评价过程中要注意发现、保护和支持学生阅读中的独到见解，善于发现与尊重每个学生在阅读实践中所形成的独特的整本书阅读经验，并及时组织学生交流分享，这些可作为评价的现实依据。教师可建立多元化的评价体系，评价方式应包括自我评价、同伴评价、教师评价等多种方式。通过评价与反馈，教师可以及时了解学生的阅读情况，调整教学策略，提高教学效果。

三、课程：彰显“看得见”的阅读价值

构建自由阅读、快乐分享的学习情境。营造浓厚的阅读氛围，不仅能使学生置身于阅读的场景中，更能让阅读的价值因情境的营造而熠熠生辉。比如设立一系列与图书主题紧密相关的阅读月或阅读周活动，如“科幻未来周”等，可以围绕特定主题进行装饰、布置，并开展相关的讲座、分享交流等，让学生沉浸式感受阅读的魅力。还可发起一场别开生面的阅读挑战赛，鼓励学生以新颖的方式展现阅读成果。比如，可以制作视频书评来介绍阅读内容、进行阅读推荐，可以设计角色服装并进行走秀展示，或是编写续集、改编成剧本进行表演等。教师设计这些语文实践活动，同时也是在构建阅读场域，引领分享创造的学习情境，积极加强整本书阅读与校园生活的紧密联系。

---

① 中华人民共和国教育部. 义务教育语文课程标准（2022 年版）[S]. 北京：北京师范大学出版社，2022：46.

② 义务教育语文课程标准修订组. 义务教育语文课程标准（2022 年版）解读[M]. 北京：高等教育出版社，2022：191.

③ 中华人民共和国教育部. 义务教育语文课程标准（2022 年版）[S]. 北京：北京师范大学出版社，2022：34.

展示阅读成果与荣誉。通过展示学生的阅读成果和荣誉来彰显阅读的价值。学校或班级可以设立阅读展示墙、阅读之星评选、优秀读书笔记展览等活动，让学生看到自己的阅读努力得到了认可和表彰。这种正面的反馈机制能够极大地增强学生的阅读自信心和成就感，进一步激发他们的阅读热情。同时，阅读成果的展示又可以持续成为阅读交流的平台，让思想的碰撞可以源源不断地发生。

强调整本书阅读的实际应用。为了让学生在阅读过程中不只是停留在文字表面，而是能够深入挖掘书中的内涵与价值，可以将整本书阅读的收获应用到现实生活中。如阅读《西游记》后，将其中的经典故事搬上舞台，进行会演。读完《艾青诗选》后，举办一场艾青诗歌朗诵会。整本书阅读的实际运用也指学习整本书中某些创作手法，将其迁移到实际写作中。如学生阅读了《海底两万里》以后，将科幻小说创作的基本特点——科学元素、合理想象、人文思考——融入校园科幻的创作中，从而提升自己对这类小说的创作能力。强调整本书阅读的实际应用，是为了让学生在阅读中不断成长、进步，让阅读成为学生探索世界、解决问题、创新思维的宝贵资源。

第二章

“看得见”的整本书阅读的内涵

整本书阅读已成为语文教学的重要组成部分，被明确纳入新课标。然而，实际教学中，整本书阅读常面临诸多困境，学生有质量的阅读难见成效，教师系统的指导也付诸阙如，导致其价值难以充分彰显。

在此背景下，“看得见”的整本书阅读理念应运而生。它以认知负荷理论、阅读动机理论及“可见的教和可见的学”理念为基石，从学生与教师两个维度阐释“看得见”的整本书的内涵，强调阅读过程与成果的可视图、可呈现、可观察与可检测。

第一节　“看得见”的整本书阅读的理论基础

“看得见”的整本书阅读三大理论基础：认知负荷理论借视觉化等减少认知负荷；阅读动机理论以多种方式激发并维持阅读动机；“可见的教和可见的学”理念强调教学与学习可见，为其可见性提供理论支撑与实践思路。

一、认知负荷理论

认知负荷理论由澳大利亚新南威尔士大学的认知心理学家约翰・斯威勒(John Sweller)提出，揭示了人类在学习过程中的认知机制及其局限性。该理论以容量有限理论和图式理论为基础，主要从资源分配的角度来考察学习和问题解决过程。认知负荷是指在一个特定的作业时间内施加于个体认知系统的心理活动总量，它反映了处理具体任务时加在学习者认知系统上的负荷。容量有限理论指出人的认知资源总量是有限的，若同时从事几种活动，则存在资源分配较难的问题；图式理论则强调知识以图式的形式存储于长时记忆中，图式构建能降低工作记忆的负荷。在阅读整本书的过程中，学生需要同时从事处理文字信息、构建情节脉络、理解作者意图等多个层面的活动，这无疑对认知资源构成了较大的压力。因此,如何有效管理认知负荷,成为提高阅读效果的关键。

视觉化和图表化是两种有效的认知辅助手段,能减少外在认知负荷。外在认知负荷主要来源于学习材料本身的组织方式,当信息呈现方式复杂、冗余或组织不当时,会额外增加学习者的认知负担。而通过视觉化和图表化方式,我们可以将抽象的文字转化为直观、形象的图像或图表,帮助学生快速捕捉关键信息,减少因信息冗余或组织不当带来的认知干扰。

视觉化和图表化还有助于促进学生的深度阅读和思考。当学生将阅读内容通过视觉化的方式表达出来,需要对信息进行筛选、整合和再创造,这一过程本身就是对阅读内容的深入理解和加工。

由以上分析可以知晓,通过视觉化和图表化等认知辅助手段的应用,我们可以有效地减少学生在阅读过程中的外在认知负荷,使更多的认知资源得以用于辅助理解和深加工阅读材料,从而提高学生的阅读效率和质量。这一理念符合学生的认知发展规律,也为整本书阅读教学实践提供了新的思路和方法。

二、阅读动机理论

阅读动机是推动学生打开一本书的初始力量,更是贯穿整个阅读过程,影响阅读深度、持久性和最终效果的关键因素。在本研究中,阅读动机的激发与维持巧妙地将学生的阅读体验与成就感紧密相连。

阅读动机的多样性决定了其激发方式的多元性。学生的阅读动机可能源自内在的兴趣爱好、好奇心驱使,也可能受到外在奖励、同伴竞争或教师期望等外部因素的影响,还可能来自学生的自我效能感。高自我效能感的个体更有可能维持阅读动机,因为他们相信自己有能力实现阅读目标。通过设计丰富多样的阅读活动,如阅读讨论、角色扮演、创意写作等,可以充分激发学生的内在兴趣,让他们在阅读中找到乐趣,享受阅读过程。同时,设立阅读奖励机制、展示优秀阅读成果等外部激励措施,也能增强学生的阅读动力。

"看得见"的整本书阅读强调阅读成果的可见性,这有助于学生阅读动机的维持和提升。当学生看到自己的阅读成果得到展示时,他们会感受到自己的努力和付出得到了回报。这种成就感和满足感会进一步激发学生的阅读热情,让他们更加积极地投入到接下来的阅读活动中去。

"看得见"的整本书阅读还促进了学生之间的交流和分享,为学生提供了展示自我、获得认可的机会。在阅读过程中,学生可以通过小组讨论、班级分享等形式,与同伴交流阅读心得、分享阅读体验。当学生看到自己的观点得到他人的认同和赞赏时,他们的阅读动机将得到进一步的强化和提升。

三、“可见的教和可见的学”理论

《可见的学习》是澳大利亚墨尔本大学教授约翰·哈蒂(John Hattie)的一本教育学著作。“可见的教和可见的学”作为《可见的学习》一书的核心理念,强调在教学过程中,教师的教和学生的学都应该是可见的,以便教师能够明确辨析出对学生学习产生显著作用的因素,而学生也能清晰地了解自己的学习进程和目标。

“可见的教”意味着教师需要将其教学计划、教学方法、教学资源等,以一种对学生可见的方式呈现出来。通过这种教学过程的透明度,学生能够更好地理解教师的教学意图,感受到学习的过程与目标。同时,教师也能从学生的反馈中及时获得教学效果的反馈,不断调整和优化教学策略,以更好地适应学生的学习需求。

“可见的学”则强调学生的学习过程应当是可观察、可衡量的。这要求学生在学习过程中不仅要关注自己的学习结果,更要关注自己的学习过程和学习方法。通过自我反思、同伴评价、教师反馈等多种方式,学生能够清晰地看到自己的学习进度、学习成效以及存在的问题与不足。这种可见性不仅有助于学生及时调整自己的学习策略,提高学习效率,更能够激发他们的学习动力和自信心,使他们更加主动地参与到学习活动中来。

约翰·哈蒂教授在《可见的学习》中,不仅揭示了教育的众多关键要素,还特别强调了学习过程中明确的目标与标准以及有效反馈的重要性。在《可见的学习》中,哈蒂教授明确指出,学生和教师都需要对课堂上的学习目的和成功标准有明确的认知。具体而言,整本书阅读目的应当与课程目标紧密相连,既体现课标要求,又符合学生身心发展的特点。它应当是一个既具挑战性又可实现的目标,能够激发学生的内在学习动机,促使他们积极投入学习。同时,成功标准则是对学习目的的具体化,它应当是可观察、可测量的,以便师生能够共同监控学习进度,评估学习成效。

在《可见的学习》中,哈蒂教授认为反馈是提升学习效果的关键。有效的反馈应当具备及时性、具体性和建设性三个特点。及时性意味着反馈应当在学生学习过程中及时给予,以便他们能够及时纠正错误、调整学习策略。具体性则要求反馈内容要具体明确,避免笼统模糊的评价,让学生能够清楚地知道自己在哪些方面做得好、哪些方面需要改进。建设性则强调反馈应当具有指导意义,能够为学生提供具体的改进建议和方向。

“可见的教和可见的学”理念强调在整本书阅读过程中,教师需要将其课程化的阅读指导以一种对学生可见的方式呈现,这能促进师生间的有效沟通,使教学策略更加贴合学生的学习需求。同时,该理念也要求学生关注自己的学习过程与方法，通过自我反思、同伴评价和教师反馈等多种方式，使学习进度、成效及问题都清晰可见，从而激发学生主动学习的动力，提高学习效率。

“可见的教和可见的学”理念为“看得见”的整本书阅读提供了理论基础，有助于提升整本书阅读教学质量和学习成效，促进其有效实施。

第二节 “看得见”的整本书阅读的相关概念

近年来教育界对于整本书阅读的研究很丰富，但关于“整本书阅读”却无统一界定，笔者从权威专家的内涵阐释中进行了归纳。何谓“‘看得见’的整本书阅读”？可从以下角度理解：从学生的角度，是从“读”到“读懂”“会读”的能力进阶与外显；从教师的角度，是为学生提供可见的有效指导与及时反馈。

一、整本书阅读

要把握“整本书阅读”的含义，首先要理解“整本书”的内涵。余党绪老师认为“‘整本书阅读’中的‘书’，当然不是产品形态的印刷品，也非指泛意上的文化产品”[①]“这里的‘书’，指的是与作者的生命联系在一起的、有独特灵魂与气质的著作。”[②]徐鹏老师将“整本书”中的“整”和“本”两个字分别做了解释：“‘整’具有完整、整体的意思，既包括对全书脉络的通盘把握，也包括对全书内容的周延思考；‘本’是阅读的数量单位，既可以是独立的一本，也可以是相互关联的多本。”[③]郑桂华老师提出：“‘整本书阅读’是在相对集中的时间里，以完整的一本书为阅读单位，以更接近生活阅读的学习情境组织阅读活动，完成学习要求，从而使学生扩大阅读量，培养阅读能力，学会自主阅读。”[④]

“整本书阅读”的本质就是通过统整性的读书以形成读书兴趣与习惯、方法等素养的阅读活动。[⑤] 新课标在教学提示中强调整本书阅读“应统筹安排课内与课外、个人与集体的阅读活动，宜集中使用每学期整本书阅读课时，兼顾教师指导和学生自主阅读”“引导学生了解阅读的多种策略，运用浏览、略读、精读等不同的阅

① 余党绪.“整本书阅读”之思辨读写策略[J].语文学习，2016(7)：11—14.

② 余党绪，叶开.为什么我们都主张“整本书阅读”？[J].语文教学通讯，2016(7)：15.

③ 徐鹏.整本书阅读：内涵、价值与挑战[J].中学语文教学，2017(1)：5.

④ 郑桂华.“整本书阅读与研讨”任务群：理念细究与实施推进[J].语文建设，2019，(9)：5.

⑤ 贺卫东.“整本书阅读”教学的本质、功能与问题消解[J].课程・教材・教法，2020(7)：73.

读方法”“建立读书共同体，交流读书心得，分享阅读经验”。① 基于以上对整本书阅读的概念梳理，笔者将“整本书阅读”理解为：在教师指导下，以学生为主体，选择整本书作为阅读对象，让学生从书中获取信息、认识世界，进而提升阅读兴趣，积累整本书的阅读经验，养成良好的阅读习惯，并丰富学生的精神世界。

二、“看得见”的整本书阅读

“看得见”的整本书阅读可以从学生整本书阅读与教师整本书教学两个角度来说。

（一）学生：从“读”到“读懂”再到“会读”的递进与外显化

“看得见”的整本书阅读，反映了学生在整本书阅读过程中应具备的态度、能力与水平，并强调这种阅读的综合素养应当是可观察、可检测的。它要求学生从简单的“读”开始，逐步发展到“读懂”和“会读”。

对于整本书阅读而言，学生首先需要具备的是“读”的态度，即愿意翻开书，愿意投入时间去阅读。然而，仅仅“读”是不够的，学生还需要“读懂”，能够理解书中的内容，体会到作者的创作意图。最终，学生需要达到“会读”的水平，即能够根据不同的图书和阅读目的调整自己的阅读策略，最终形成阅读这类图书的经验，从而培养终身阅读的能力。

“看得见”的整本书阅读还强调学生的阅读态度、能力与水平应当是外显化的，即能够被观察和检测。为了实现这一目标，教师可以设计一系列的阅读活动和任务，如阅读报告、读书分享会、角色扮演、写读后感、创意写作等，让学生展示自己的阅读成果。同时，教师也可以通过观察、检测等方式，评估学生的阅读进展和成效，为他们提供更有针对性的指导和帮助。

从学生角度而言，要具有从“读”到“读懂”再到“会读”的能力进阶，并将这种态度、能力、水平外显化，使其能被观察，被检测。

（二）教师：进行让学生可见的有效指导与及时反馈

教师在整本书阅读教学中，是课程的设计者、引导者、评价者，为了让学生能够在整本书阅读中获得进步，教师需要进行让学生可见的有效指导与及时反馈。

进行“让学生可见”的阅读指导，教师需要确保自己的指导不仅仅是口头上的建议或要求，而是能够通过具体的行动和展示，让学生清晰地看到并理解。例如，在阅读前，教师可以将导读的内容以视觉化的方式呈现给学生，激发他们的阅读

---

① 中华人民共和国教育部．义务教育语文课程标准（2022 年版）[S]．北京师范大学出版社，2022：33.

兴趣，还可以将对于整本书的阅读规划及阅读引导制作成任务单，让学生清楚具体的要求。在阅读过程中，教师可以利用思维导图、批注示例等工具，帮助学生深入理解内文，培养思维能力，并让学生看到如何实际操作阅读工具。在阅读结束后，教师可以组织学生进行小组讨论、阅读成果展示等活动，让学生的阅读收获以具体的形式得以呈现，这样的活动形式也能让学生看到自己具体的学习成果和进步。通过这样“让学生可见”的有效指导，学生能够将内隐的阅读思维具象化、外显化，同时与同伴互享阅读成果，为教师有效评价阅读行为与成果提供可见的依据。

反馈是整本书阅读教学中的一个重要环节，且教师的反馈评价等也需要“让学生可见”。教师需要关注学生的阅读进展，了解他们在阅读过程中遇到的困难和问题，并及时给予反馈和帮助。这种反馈应该是具体的、建设性的，并且能够让学生看到自己的进步和不足。在对学生阅读成果的评价中，评价量表就可在成果展示的设计中让学生“可见”，用“可见”的评价引导阅读与阅读展示，增强其阅读行为的目标意识。

第三节 “看得见”的整本书阅读的基本特征

“看得见”的整本书阅读其基本特征在于可视图、可呈现、可观察、可检测。

一、可视图：构建阅读理解的视觉工具

可视图，是对学习工具的运用，它让阅读过程变得生动、直观。“语文课堂教学中，教师将思维可视化工具应用于整本书阅读教学，让学生通过具体方式了解抽象的思维，并跟随教师的指导实现阅读思维的建构，有利于学生通过阅读汲取养分，并在可视化思维和整本书阅读的有机结合中发挥阅读潜能。”①

可视化将阅读中的关键信息从文本的海洋中提炼出来，以图表、思维导图等形式展现，这些图形化的工具如同一幅幅清晰的地图，帮助学生迅速把握整本书的主要内容。在思维导图的引领下，复杂的情节线索变得井然有序，错综的人物关系变得一目了然。

可视化鼓励学生在整本书阅读过程中进行主动思考与创造。绘制视觉笔记，不仅考验学生识别重点信息、提取重要内容的能力，还能成为学生理解的载体，呈

---

① 陈旭英.整本书阅读教学中思维可视化工具的运用[J].当代教研论丛，2024(5)：70.

现学生思维的过程与层次。同时,视觉笔记的创造性也激发了学生的想象力和创造力,让他们在阅读中发现新的视角和观点。

可视化还拓宽了阅读的表现形式,通过引导学生将书中的文字内容转化成视频等多媒体形式,并在班级或网络上分享,阅读变得更加生动有趣且富有互动性,在这个过程中,学生不仅是知识的接收者,更是知识的创造者和传播者。

二、可呈现:进行阅读分享的直观展现

整本书的表现性评价强调任务设计,特别需要注意任务的可呈现特征,即是否外显化。外显化不仅是思维活动与情感体验的外部展现,更是深化理解、促进交流与启发的关键。当学生将自己的阅读感悟、思考过程通过口头报告、书面表达、活动展示等形式进行呈现时,他们不仅形成了固化的阅读成果,还构建了一个动态、互动的阅读共同体。

口头报告鼓励学生用语言将自己的阅读收获与见解表达出来。新课标强调培养学生的综合素养,包括语言表达、思维能力等。口头报告正是综合性的活动,它要求学生不仅能做到理解整本书的内容,还要能够将自己的理解和思考用清晰、准确的语言表达出来,做到言之有据,并与听众进行真实的动态交流和互动。同时,听众的反馈与互动又为报告者提供新的视角和思考点,促进了思维的碰撞与融合。

书面表达则是另一种外显化方式,帮助学生将阅读过程中零散的感悟条理化。在书面表达中,创作型表达和评论性表达是两种常见的形式。创作型表达是指学生在理解阅读内容的基础上,进行创造性的想象和写作。例如,读完《西游记》后续写“八十二难”,学生可以在理解原著的基础上,设想唐僧师徒在取得真经后返回东土途中可能遭遇的新的困难和挑战,以此来锻炼自己的创作能力和想象力。而评论性表达则是指学生对阅读材料中的人物、事件或观点进行客观、理性的评价和分析。例如,对于《水浒传》中的人物,学生可以选择其中一个或几个角色,如宋江、武松等,对他们的行为表现、性格特点等进行评论,以此来提升自己的评价能力和批判性思维。

活动展示是学生将阅读体验、思考过程等通过活动呈现给他人的过程。学生可以通过演讲、表演等多种形式,将自己对整本书中的故事、形象、主题的理解生动地演绎出来。这种展示方式有助于激发学生的表达欲望和创造力。整本书阅读的活动展示可以与校园活动节日结合起来,如戏剧节、读书节等,为学生创造更多的展示机会和更广阔的交流平台,这也为学校营造了一个充满书香和创意的文化氛围,促进了全校师生之间的阅读交流和思想碰撞。

三、可观察:实现阅读过程的动态监控

“看得见”的整本书阅读重视对阅读全过程的观察与反馈。阅读过程的动态监控涵盖了学生阅读行为的前后,包括学生的阅读态度、阅读水平;阅读笔记记录的有效性与思考容量,是否包含个人见解、疑问;课堂讨论中的参与度与贡献,能否积极发言、提出独到见解、有效倾听他人观点;阅读进度的持续跟踪与适时调整,阅读难点的及时发现与解决,以及阅读策略的有效运用与调整等。此外,学生完成阅读任务的质量与效率也是观察的重要内容之一。

教师是这一动态监控的参与者之一。通过细致观察,教师可以获取大量关于学生阅读状态、能力水平及个性化需求的信息,从而为后续的教学指导提供事实依据。学生之间的相互观察同样重要,通过小组合作、同伴互评等方式,学生可以近距离观察他人的阅读行为、笔记记录、讨论表现等情况,从而发现他人的优点和不足,进而反思自身的阅读方式和习惯。

通过实现阅读过程的动态监控,为教师和学生搭建了一个互动、开放、个性化的学习平台。它让阅读过程变得更加透明、可观察,为教师的精准指导和学生的个性化成长提供了有力支持。在这一过程中,学生不仅能够提升阅读能力和素养,还能培养批判性思维、合作精神和社会交往能力,为未来的学习和生活奠定坚实基础。

四、可检测:确保阅读效果的有效评估

阅读效果的有效检测是对学生阅读成果的总结与评估,更是促进学生不断积累整本书阅读经验、养成良好的阅读习惯的手段。

为了确保评估的有效性和科学性,需要设计多样化的评估工具。这包括阅读测试、任务布置、项目实践、口头报告等。阅读测试可以覆盖文本理解、阅读感受、阅读方法等多个维度,通过选择题、填空题、简答题等形式,检验学生的阅读程度与收获。任务布置是让学生在完成具体任务的过程中展现其阅读能力和综合素养,任务可以是图文绘制、创意写作、表演活动等,这些任务还能激发他们的创造力、想象力和团队协作能力。项目实践则鼓励学生将阅读所得应用于实际生活中,通过团队合作、实践探索等方式,展现他们的综合运用能力。

评估之后,教师可根据评估结果,给予学生具体、明确的反馈,指出他们的优点和不足,并提供相应的改进建议。这种反馈应基于学生的个体差异和实际情况,注重差异化和实效性。同时,教师还可鼓励学生进行自我反思和同伴评价,让他们在相互学习和借鉴中不断提升自我认知能力。通过这样的反馈与指导,我们

可以帮助学生明确整本书阅读的方向，激发他们阅读的动力，促进他们持续阅读。

通过设计多样化的评估工具、注重评估内容的深度与广度，以及提供精准的反馈与指导，我们可以为学生营造一个全面、深入、互动的阅读学习环境，让他们的阅读之路更加宽广、坚实。

第三章
“看得见”的初中整本书阅读的实施

整本书阅读是一座宝藏，对学生语文素养提升的重要性不言而喻，“看得见”的整本书阅读的实施，正是开启这座宝藏的关键密钥。整本书阅读，凭借其完整的结构、丰富的内容，为学生搭建起一个沉浸式的阅读空间，助力他们在深度阅读中提升理解、分析与鉴赏能力。本章将围绕“整本书阅读的实施”展开深入探讨。从科学合理的阅读规划与具体专业的阅读指导，到涵盖起始、推进、总结阶段的阅读过程；从多维整合、聚合阐释等阅读策略，到问题活动式、学习任务群等多样课堂样态。以期点亮整本书阅读的前行之灯。

第一节　“看得见”的阅读规划与指导

在整本书阅读的实施中，科学规划与专业指导，是阅读活动有效开展的关键指引。统编教材为整本书阅读提供了重要参照。必读书目按年级布局，各年级对特定名著明确阅读时间、方法及专题探究内容。为营造浓厚的书香氛围，华东师范大学第二附属中学附属初级中学（以下简称“华二附初”）还秉持科学性、系统性、趣味性等原则，精心推荐百本好书，书目涵盖多领域，满足学生多元阅读需求。

教师的专业指导同样不可或缺。学生阅读时，常遇文本理解、方法运用等难题。此时，教师凭借深厚专业素养与丰富经验，化身引路人，助力学生在整本书阅读中积累知识、拓展思维、提升素养。

一、学校科学合理的阅读规划

（一）必读书目的阅读规划

1. 规划目标

通过系统的整本书阅读活动，培养学生良好的阅读习惯，提升阅读能力，包括精读、略读、快速阅读等技巧的运用能力；加深学生对不同文学体裁、文化背景作品的理解，拓宽文化视野；锻炼学生的思维能力、表达能力和批判性思考能力，促进学生综合素养的全面发展。

2. 规划安排

表 3-1 统编教材必读书目的阅读规划安排(2023 年)

年级	名著	阅读时间	阅读方法	专题探究
六年级	《童年》：培养良好的阅读习惯	8 周	1. 阅读读前言、后记和目录 2. 略读和精读相结合 3. 做读书笔记	1. 绘制人物关系图 2. 梳理小说的情节 3. 分析人物性格
	《鲁滨逊漂流记》：张开想象的翅膀	8 周	1. 借助思维导图，梳理情节 2. 放飞想象，把握内容 3. 探究人物形象，理解小说的主题	1. 梳理情节 2. 分析人物的性格特点 3. 重写或续写故事
七年级	《朝花夕拾》：消除与经典的隔膜	8 周	1. 查阅作者传记资料或相关评论，了解作者作品的一些情况 2. 观看相关的影视作品，注意课内外学习的贯通	1. 鲁迅的童年 2. 鲁迅笔下的那些人物 3. 鲁迅的儿童教育观念
	《西游记》：精读和跳读	12 周	根据兴趣或读书目的的不同，可以分别采取精读或跳读的方法	1. 取经故事会 2. 话说唐僧师徒 3. 创作新故事
	《骆驼祥子》：圈点与批注	8 周	1. 点出作品中的重点语句、关键词语和段落 2. 对重要的人物形象、情节发展和主题思想进行批注 3. 结合自己的生活经验和社会现实，分析和评价小说中的人物和情节	1. 给祥子写小传 2. 探寻悲剧原因 3. 话说"洋车夫" 4. 品析"京味儿"
	《海底两万里》：快速阅读	8 周	1. 集中精力，专心致志 2. 以默读为主 3. 眼睛的视域要宽 4. 善于抓住书中的关键信息和主要线索，有所取舍	1. 写航海日记 2. 介绍尼摩船长 3. 绘制潜水艇示意图
八年级	《红星照耀中国》：纪实作品的阅读	8 周	1. 把握作品所写的事实 2. 边读边注意梳理作品中事实的前因后果、发展线索 3. 明白作者想用事实说什么"话" 4. 从中获得启迪，用来指导自己的学习与生活	1. 领袖人物和红军将领的革命之路 2. 关于长征 3. 信仰与精神

（续表）

年级	名著	阅读时间	阅读方法	专题探究
	《昆虫记》：科普作品的阅读	8周	1. 借助前言、后记或附录，了解作家的生平事迹、科学成就和全书的大致内容 2. 遇到一些专业性较强的概念、术语，要查找工具书或相关资料 3. 体会科普作品所蕴含的科学思维、科学理念和科学精神 4. 关注科普作品的艺术趣味	1. 跟法布尔学观察 2. 跟法布尔学探究 3. 跟法布尔学写作
	《经典常谈》：选择性阅读	8周	1. 选择自己最感兴趣的部分作为切入点 2. 直接根据自己的目的去选择最需要的内容来阅读	1. 和朱自清一起"谈"经典 2. "我"向大家介绍经典 3. 读经典的意义
	《钢铁是怎样炼成的》：摘抄和做笔记	8周	1. 摘抄，就是选摘、抄录原文中的词语、句子、段落等 2. 做笔记，主要有写提要和写心得两大类	1. 保尔·柯察金的成长史 2. 保尔·柯察金的形象分析 3. "红色经典"的现实意义
九年级	《艾青诗选》：如何读诗	8周	1. 注意诗歌的表现形式 2. 品味诗歌的语言 3. 把握诗歌的意象 4. 体味诗歌的情感 5. 体会诗歌的理性美	1. 探讨诗歌的意象 2. 分析诗歌的艺术手法 3. 举办诗歌朗诵会
	《水浒传》：古典小说的阅读	12周	1. 把握题材特点 2. 了解古代白话小说的艺术手法 3. 分析人物形象 4. 体会语言风格	1. 探究《水浒传》中的情节 2. 为《水浒传》人物立传 3. 分析章回体小说的艺术特点
	《儒林外史》：讽刺作品的阅读	8周	1. 体会批判精神 2. 欣赏讽刺笔法 3. 联系现实深入理解	1. 故事会 2. 《儒林外史》讽刺艺术探究 3. 续写故事
	《简·爱》：外国小说的阅读	8周	1. 了解小说的创作背景 2. 理解小说的文化内涵 3. 关注小说的叙事角度	1. 探究简·爱的形象 2. 思考爱的真谛 3. 欣赏与排演

(二)学校一百本好书的阅读规划

青少年是祖国的未来,是民族的希望,初中阶段也正是他们完成精神成长和心灵发育的关键时期,莘莘学子有必要从丰富广袤的课外阅读中汲取精神动能,为成长奠定厚实基础。新课标明确规定:"义务教育阶段要激发学生读书兴趣,要求学生多读书、读好书、读整本书,养成良好的读书习惯,积累整本书阅读的经验。"①

基于以上认识,按照新课标的相关要求,华二附初为学生拟定一份书单,希望这份书单能帮助学生走过一段丰盈的初中时光,构建一个和美的精神乐园。在拟定书单的过程中,主要遵循了以下原则。

1. 推荐来源多元参与,注重经典性与趣味性

谁来推荐图书,推荐哪些图书,是书单推荐工作中需要着重考虑的问题。为了兼顾经典性与趣味性,本次推荐倡导多元主体参与,书目来源主要涉及教材必读(选读)、教育部推荐、教师推荐、学生推荐几个渠道。统编语文教材在整本书阅读中每个学期对必读书与选读书都有规定,一个学期 2 本必读、4 本选读(预备年级每学期是 1 本必读、2 本选读);教育部在 2020 年由基础教育课程教材发展中心发布了一份《中小学阅读指导目录》,这份书单中共有图书一百本,多是经典之作,本校书单对其有所参考与借鉴。教材推荐与教育部推荐的图书权威性高、科学性强,纳入学校推荐书单中,也是落实课程要求、做到精准推荐的重要保障。除此之外,教师的推荐也必不可少,教师是学校教育的主体,是营造良好的读书氛围,带动学生阅读的重要力量。本次推荐,多学科教师共同参与,以求避免图书的单一性与局限性,如历史老师推荐的英国前首相温斯顿·丘吉尔耗费六年时间所撰《第二次世界大战回忆录》、数学老师推荐的米卡埃尔·洛奈所撰《万物皆数》。当然,学生是阅读的主体,其读书的趣味性更不可忽略,学校语文组曾组织全校学生进行图书推荐活动,本书单对其中广受学生欢迎的好图书有所吸纳,尤其是为书单增添了一些当下的热门作品,如哈珀·李《杀死一只知更鸟》、石悦《明朝那些事儿》等。

2. 图书门类广泛涉及,实现综合性与基础性

推荐主体的多元,目的是指向图书门类的广泛。初中生正处于身心发展迅速的青少年时期,他们求知欲强,具有强烈的好奇心。在学习的过程中,他们不仅不满足于课内的书本阅读,也不愿局限在某一门类图书的单一空间里,他们更渴望从广泛的渠道去开拓视野,扩大知识面,丰富自己的精神世界,走向更广阔的阅读

---

① 中华人民共和国教育部. 义务教育语文课程标准(2022 年版)[S]. 北京师范大学出版社,2022:62.

天地。在这种情况下，本书单根据教学需要和学生发展需求，按照《中小学生课外读物进校园管理办法》的规定，力求在以文学作品为主的情况下，广泛地选取优秀图书：包含历史、文化、社会、心理在内的社科类读物，如李长之的《孔子的故事》、崔丽娟的《写给中学生的心理学》；包含物理、化学、科学、地理在内的自然科学类读物，如魏格纳的《海陆的起源》、杨建邺的《科学大师的失误》。除此之外，在“五育并举”的教育新发展下，亦选取了一些艺术类经典性读物供同学们选择阅读，如朱光潜的《谈美》、傅雷的《世界美术名作二十讲》等。文学作品作为书单的主体，在推荐时也注意涉及各类文学体裁，有中外长篇小说，如卡勒德·胡赛尼的《追风筝的人》、老舍的《骆驼祥子》；有诗歌散文，如孙洙的《唐诗三百首》、沈从文的《湘行散记》；有传记纪实，如罗曼·罗兰的《名人传》、王树增的《长征》；有科普科幻，如刘慈欣的《三体》、阿西莫夫的《基地》等。在类别上，尽量做到兼收并蓄，同为文学类的图书，长短篇都有涵盖，虚构、非虚构类型丰富，使学生对文学作品有比较全面的了解。关注图书门类的综合性、内容的基础性，希望能满足兴趣广博的同学们的阅读需求，方便其不断充实精神生活，完善自我人格，提升人生境界，逐步加深对个人与国家、个人与社会、个人与自然关系的思考和认识。

3. 年级分布科学设置，追求合理性与灵活性

本次推荐图书共百本，分布到每个年级为二十五本。需要说明的是，并非要求每一个学生都要读完这一百本，也并非每个年级只能读这二十五本。百本图书的推荐是尽量让更多优秀的读物进入同学们的视野，让那些找书难、找到一本好书更难的同学避免寻觅的曲折。书单中对每个年级推荐阅读的图书尽量根据教材内容、学习进度、年龄特点等来排布，力求做到科学合理。如六年级学生在课内学习了阿西莫夫的《他们那时候是多么有趣啊》，于是拓展了中国的科幻小说代表作家刘慈欣的《三体》，这有利于学生将课内外阅读进行迁移、比较，从而在科幻小说阅读中积累更丰富的经验。与此同时，在六年级还推荐了《基地》，其作者阿西莫夫奠定了“机器人学三大法则”，读完这部作品，有助于学生了解科幻小说的要义。如六下语文第六单元的主题为“走近鲁迅”，在该年级推荐了林贤治的《人间鲁迅》，有助于同学通过课外阅读进一步走近鲁迅，并从不同视角了解鲁迅。又如七年级推荐了《趣味物理学》，从国家课程安排来看，中学生从八年级正式学习物理，七年级推荐此书，有利于激发学生对这门新学科学习的兴趣，消除内心的陌生感，从而更好地悦纳即将到来的物理学科的学习。比如《认识自己，接纳自己》一书在七年级推荐，是因为七、八年级是学生自我意识形成的关键时期，学生在这时阅读此读物，有助于形成良好的自我感受、建立健康的自我认识。另外，在图书版本的选择上，本书单也力求符合学生的认知特点。如七年级推荐杨伯峻版《论语

译注》,七年级在教材中有学习《论语》十二章,故放在该年级有利于师生拓展延伸;选择“译注”作品,是考虑到文言的隔阂,有译注可消除学生的阅读障碍;在译注作品较多的情况下,选择杨伯峻的译注,是因为此版本得到学界普遍认可。长篇小说在书单中比较丰富,贯穿了初中四年,在考虑时也注意了层次性与递进性,如六年级推荐了宗璞的《野葫芦引》,此作品故事性强,思想内容理解障碍小。七、八年级推荐了路遥的《平凡的世界》、乔斯坦·贾德的《苏菲的世界》等,这些作品叙事更复杂、主题意义的理解难度变大。九年级推荐了吴敬梓的《儒林外史》、勃朗特的《呼啸山庄》,这两部小说对学生的阅读整合能力与理解领悟能力的要求则更高了。根据学生的心理和认知发展水平来推荐课外读物是理想的状态,但学生个体之间存在差异,学生在选择图书时不需要固守条规,而是可以从兴趣、需求出发,灵活选择。

4. 关注小初高衔接,重视连贯性与独特性

我校是一所初中学校,从学段而言,初中阶段具有承前启后的作用。小学阶段因孩子认知局限,在阅读类型上以趣味性强的儿童文学为主,在阅读导向上往往以兴趣为核心,倡导“开卷有益”。基于小学阶段课外阅读的特征,我校在预备年级的书目考虑上,重视与小学阶段的连贯性,多选取故事性强、语言活泼有趣的图书作为课外读物,如殷健灵的《废墟上的白鸽》、圣-埃克苏佩里的《小王子》等。当然,不同年龄阶段学生的阅读需求有显著差异,应重视初中阶段课外阅读的独特性。在预备年级短暂的过渡与适应后,初中学生的见识随着学科的丰富、涉猎的广泛逐步变得广博,对课外图书的阅读需求变得充盈迫切,他们阅读不同类型图书的方法与能力在课内也得到了指导与实践,这时,有一份沉甸甸的书单对于求知若渴的初中生而言,犹如久旱逢甘霖。初中阶段的课外阅读不再局限于儿童文学,在以文学类图书为主的基础上,社会科学类、自然科学类、美学类图书都有所涉及。另外,初中阶段的广泛涉猎还希望能为高中的课外阅读做好衔接。在《普通高中课程标准》中,高中课外阅读书目不仅含有文化经典论著,甚至还含专业著作,对学生的抽象思维、辩证思维、审美能力、文化修养和人格塑造提出了更高的要求,关注时代和思考社会是学生随着年龄递增应逐步培养的综合素养。为此,我们根据九年级学生思维、情感发展特点,推荐学生阅读时评类著作。时评文章紧扣时代脉搏,关注社会热点,特别适合训练学生的议论分析、逻辑思辨的能力。通过阅读内容典范、思想有深度、语言规范、论述技巧娴熟的时评文章,可促进学生思维质量的提升,进而培育学生关注当下、心系祖国的情怀。九年级推荐了时评写作方法类的书籍,如曹林的《时评写作十六讲》,还推荐了高质量的时评文章类书籍,如曹林的《时评中国 3》。我校制作这份书单,希望能构建起学生小

初高课外阅读的连贯性，减少其进入高一阶段学习可能会遇到的不适应感，又关注初中阶段学生的独特性，满足初中学生特定阶段真实的阅读诉求。

推荐一份书单并非易事，还需要反复推敲；拥有一份书单也不代表走进了阅读，“好读书”也许是阅读的真谛。

表3-2 华二附初课外阅读百本图书推荐书单

序号	年级	书名	作者	类别
1	六年级	《童年》	高尔基	文学/长篇小说
2	六年级	《林海雪原》	曲波	文学/长篇小说
3	六年级	《鲁滨逊漂流记》	笛福	文学/长篇小说
4	六年级	《草房子》	曹文轩	文学/长篇小说
5	六年级	《飞向人马座》	郑文光	文学/科幻小说
6	六年级	《海底两万里》	凡尔纳	文学/科幻小说
7	六年级	《汉字奇兵》	张之路	文学/长篇小说
8	六年级	《基地》	阿西莫夫	文学/科幻小说
9	六年级	《孔子的故事》	李长之	文学/历史故事
10	六年级	《科学大师的失误》	杨建邺	自然科学
11	六年级	《俗事奇人》	冯骥才	文学/短篇小说集
12	六年级	《海陆的起源》	魏格纳	自然科学
13	六年级	《漫步中国星空》	万昊宜　齐锐	自然科学
14	六年级	《写给中学生的心理学》	崔丽娟	心理学
15	六年级	《左传选》	朱东润	文学
16	六年级	《追风筝的人》	卡勒德·胡赛尼	文学/长篇小说
17	六年级	《野葫芦引》	宗璞	文学/长篇小说
18	六年级	《废墟上的白鸽》	殷健灵	文学/长篇小说
19	六年级	《小王子》	圣-埃克苏佩里	文学/童话
20	六年级	《重返狼群》	李微漪	文学/长篇小说
21	六年级	《撒哈拉的故事》	三毛	文学/散文
22	六年级	《三体》	刘慈欣	文学/科幻小说
23	六年级	《念楼学短》	钟叔河	文学/古典散文
24	六年级	《荒野求生》	贝尔·格里尔斯	文学/传记

（续表）

序号	年级	书名	作者	类别
25	六年级	《人间鲁迅》	林贤治	文学/传记
26	七年级	《朝花夕拾》	鲁迅	文学/散文
27	七年级	《西游记》	吴承恩	文学/古典小说
28	七年级	《骆驼祥子》	老舍	文学/长篇小说
29	七年级	《钢铁是怎样炼成的》	奥斯特洛夫斯基	文学/长篇小说
30	七年级	《白洋淀纪事》	孙犁	文学/短篇小说集
31	七年级	《猎人笔记》	屠格涅夫	文学/中短篇小说集
32	七年级	《青春之歌》	杨沫	文学/长篇小说
33	七年级	《湘行散记》	沈从文	文学/散文
34	七年级	《镜花缘》	李汝珍	文学/古典小说
35	七年级	《哈利·波特与死亡圣器》	J. K. 罗琳	文学/长篇小说
36	七年级	《创业史》	柳青	文学/长篇小说
37	七年级	《科学发现纵横谈》	王梓坤	自然科学
38	七年级	《趣味物理学》	别莱利曼	自然科学
39	七年级	《谈美》	朱光潜	艺术
40	七年级	《论语译注》	杨伯峻	文学/国学经典
41	七年级	《春牧场》	李娟	文学/散文
42	七年级	《认识自己，接纳自己》	马丁·塞利格曼	人文社科
43	七年级	《明朝那些事儿》	石悦	文学/长篇小说
44	七年级	《我与地坛》	史铁生	文学/散文
45	七年级	《我们仨》	杨绛	文学/回忆录
46	七年级	《枪炮、病菌与钢铁》	贾雷德·戴蒙德	人类学
47	七年级	《摆渡人》	克莱儿·麦克福尔	文学/长篇小说
48	七年级	《杀死一只知更鸟》	哈珀·李	文学/长篇小说
49	七年级	《机械宇宙》	爱德华·多尼克	自然科学
50	七年级	《灿烂千阳》	卡勒德·胡赛尼	文学/长篇小说
51	八年级	《红星照耀中国》	斯诺	文学/纪实文学
52	八年级	《红岩》	罗广斌　杨益言	文学/长篇小说

（续表）

序号	年级	书名	作者	类别
53	八年级	《昆虫记》	法布尔	自然科学
54	八年级	《经典常谈》	朱自清	传统文化普及读物
55	八年级	《平凡的世界》	路遥	文学/长篇小说
56	八年级	《名人传》	罗曼·罗兰	文学/传记
57	八年级	《给青年的十二封信》	朱光潜	文学/书信集
58	八年级	《苏菲的世界》	乔斯坦·贾德	文学/长篇小说
59	八年级	《长征》	王树增	文学/纪实文学
60	八年级	《飞向太空港》	李鸣生	文学/报告文学
61	八年级	《星星离我们有多远》	卞毓麟	自然科学
62	八年级	《寂静的春天》	雷切尔·卡森	环境科学
63	八年级	《美丽的化学结构》	梁琰	自然科学
64	八年级	《世界美术名作二十讲》	傅雷	艺术
65	八年级	《人类的故事》	房龙	世界通史
66	八年级	《万历十五年》	黄仁宇	中国历史
67	八年级	《图解时间简史》	二间濑敏史	自然科学
68	八年级	《欧亨利短篇小说集》	欧亨利	文学/短篇小说集
69	八年级	《飘》	玛格丽特·米切尔	文学/长篇小说
70	八年级	《人间有味》	汪曾祺	文学/散文
71	八年级	《文化苦旅》	余秋雨	文学/散文
72	八年级	《雅舍小品》	梁实秋	文学/散文
73	八年级	《苏东坡传》	林语堂	文学/传记
74	八年级	《菊与刀》	鲁思·本尼迪克特	文化人类学
75	八年级	《人类群星闪耀时》	斯蒂芬·茨威格	文学/传记
76	九年级	《唐诗三百首》	孙洙	文学/诗歌
77	九年级	《水浒传》	施耐庵	文学/古典小说
78	九年级	《儒林外史》	吴敬梓	文学/古典小说
79	九年级	《简·爱》	夏洛蒂·勃朗特	文学/长篇小说
80	九年级	《聊斋志异》	蒲松龄	文学/古典小说

（续表）

序号	年级	书名	作者	类别
81	九年级	《世说新语》	刘义庆	文学/笔记小说
82	九年级	《围城》	钱锺书	文学/长篇小说
83	九年级	《契诃夫短篇小说选》	契诃夫	文学/短篇小说集
84	九年级	《泰戈尔诗选》	泰戈尔	文学/诗歌
85	九年级	《格列佛游记》	乔纳森·斯威夫特	文学/长篇小说
86	九年级	《我是猫》	夏目漱石	文学/长篇小说
87	九年级	《史记》	王伯祥	中国古代史
88	九年级	《中国古建筑二十讲》	楼庆西	艺术
89	九年级	《科学的社会功能》	贝尔纳	自然科学
90	九年级	《对年轻科学家的忠告》	P. B. 梅尔沃	自然科学
91	九年级	《哲学的故事》	维尔·杜兰特	哲学通识
92	九年级	《第二次世界大战回忆录》	温斯顿·丘吉尔	文学/回忆录
93	九年级	《万物皆数》	米卡埃尔·洛奈	自然科学
94	九年级	《时评中国 3》	曹林	时事评论
95	九年级	《美的历程》	李泽厚	文艺美学
96	九年级	《如何阅读一本书》	莫提默·J. 艾德勒	学习技能
97	九年级	《爱因斯坦传》	鄂华	文学/传记
98	九年级	《时评写作十六讲》	曹林	时事评论
99	九年级	《呼啸山庄》	艾米莉·勃朗特	文学/长篇小说
100	九年级	《呐喊》	鲁迅	文学/短篇小说集

二、教师具体专业的阅读指导

整本书阅读以学生自主阅读为主，而且是以课外自主阅读为主，这是大家有关整本书阅读的共识，“教师在设计和组织语文实践活动时，应以学生自主阅读、撰写笔记、交流讨论为主。兼顾其他多样的语言实践活动，促进和深化整本书阅读。”[①]但学生的阅读离不开教师的指导，“整本书阅读不能采用‘放羊式’教学，它

① 义务教育语文课程标准修订组. 义务教育语文课程标准（2022 年版）解读[M]. 北京：高等教育出版社，2022：191.

和单篇阅读一样，需要基于特定的学习目标开展系统的、科学的语文实践活动。”①教师通过自身的深度解读、适时的反馈交流、精心设计的阅读活动和任务，帮助学生达成整本书阅读的要求。同时，教师的指导还能促进学生阅读策略的形成，如勾连策略、对照策略等，为更丰广、持续的课外阅读夯实能力、奠定基础。“教师要统筹安排课内与课外、集体与个人的阅读活动，指导学生在遵循全班整体阅读要求的基础上，根据自己的需求和实际制订整本书阅读计划，具体规划每周、每月的阅读进度、阅读内容，以及阅读过程中的小组合作、探究和反思等学习活动。在实施过程中，教师还需要根据学生的真实表现对阅读方案进行灵活调整。”②因此，在整本书阅读教学中，教师需要呈现给学生“看得见”的指导。

(一) 看见经典多元化的价值

在整本书阅读教学中，教师作为引导者与启发者，其对整本书这一阅读对象理解的广度与深度直接影响学生对文本理解的程度。看见经典作品多元化的价值，具体而言，可从类型价值、独特价值以及思想价值来分别看。

1. 类型价值：培养阅读能力

每本书都属于某一特定的作品类型，初中统编语文教材中的整本书有散文集《朝花夕拾》，有诗歌集《唐诗三百首》，有中国小说《骆驼祥子》《水浒传》《儒林外史》《西游记》，有外国小说《简爱》《海底两万里》《童年》《钢铁是怎样炼成的》，有纪实文学《红星照耀中国》，有科普读物《昆虫记》等。不同类型的图书有不同的作品形态、表现手法、艺术风格，也对应着不同的阅读方法。学生读完这十四本名著，在一定程度上能感知古今中外经典文学作品的多样风貌，拓宽阅读视野，形成阅读能力，为终生阅读打下良好基础。

教师需指导学生理解并欣赏不同门类作品的类型特征，例如，小说的人物塑造、情节发展、叙述视角等；散文的抒情性、语言美；诗歌的意象、节奏和韵律等。从这一本到这一类，学生能够更加精准地把握作品的魅力，提升文字感受力，同时也能够渐渐具备阅读此类作品的能力，从而为进一步的课外延伸阅读打下基础。以《海底两万里》为例，科幻小说的阅读可以围绕“科学元素”“逻辑自洽”和“人文思考”这三个特点展开。

(1) 科学元素。《海底两万里》中，作者儒勒·凡尔纳对潜水艇“鹦鹉螺”号及

---

① 义务教育语文课程标准修订组. 义务教育语文课程标准(2022年版)解读[M]. 北京：高等教育出版社，2022：190.

② 义务教育语文课程标准修订组. 义务教育语文课程标准(2022年版)解读[M]. 北京：高等教育出版社，2022：190.

其内部设备的详细描绘是科学元素的重要体现。教师可带领学生走进小说中的这一内容，了解潜艇是当时尚未实现的科技设想。同时，学生可以查阅相关资料，了解小说中提到的科学概念和技术，如电力驱动、潜水衣等在现实中的发展情况及其与小说描述的异同。虽然科幻小说中的科技设想往往超越现实，但读者可以尝试用现有的科学原理去分析这些设想的合理性和可能性。例如，思考“鹦鹉螺”号的能源供应、航行原理等是否符合物理学的基本原理。学生在完成这些文本探索后就能对科幻小说中的科学元素有具象的感受。

(2) 逻辑自洽。《海底两万里》符合故事发生发展的逻辑性。小说以 1866 年海上发现的一只疑似独角鲸的大怪物为开端，阿龙纳斯教授及仆人康塞尔受邀参加追捕。在追捕过程中，他们与鱼叉手尼德·兰不幸落水，沉到了怪物的脊背上，并发现这怪物其实是一艘构造奇妙的潜艇——“鹦鹉螺”号。随后，潜艇的尼摩船长邀请他们作海底航行，他们从太平洋出发，经过了珊瑚岛、印度洋、红海、地中海、大西洋等多个海域，途中遭遇了搁浅、土著围攻、鲨鱼突袭、冰山封路、章鱼袭击等多种险情，最终当潜艇到达挪威海岸时，三人不辞而别，返回了家乡。结局既在意料之外又在情理之中，让读者在享受亦真亦幻的文学魅力的同时，也深深感受到了作品所展现的逻辑自洽之美。除此之外，《海底两万里》中的科学幻想虽然充满了想象力和创造力，但都是基于当时科学技术的发展水平和人类对未来科技的合理推测。例如，小说中描述的“鹦鹉螺”号潜艇在当时看来是一种尚未实现的科学技术，但凡尔纳却通过详细的描述和科学的解释，使得这一幻想具有了很高的可信度。他介绍了潜艇的构造、动力来源、航行方式等细节，使得读者能够感受到这一幻想的科学性和合理性。

(3) 人文思考。小说展现了尼摩船长的人物复杂性，他既是坚持正义的天使，又是实施无差别报复的恶魔。尼摩船长对压迫和不公深恶痛绝，他选择远离人类社会，在海底建立自己的独立王国“鹦鹉螺”号，以此作为反抗陆地社会不公与侵略的避风港。他利用自己的智慧和科技力量，探索未知的海底世界，展现了人类对自然奥秘的无限向往和追求。在小说中，尼摩船长还多次表现出对弱者的同情和保护，这些都体现了他内心深处的正义感和不畏强权的精神。然而，尼摩船长的性格中也有着复杂的一面。他因过去的痛苦经历而心怀仇恨，对那些曾经伤害过他的国家怀有深深的恨意，并对该国无辜的男女老幼实施无差别报复。他利用“鹦鹉螺”号的强大力量，攻击一艘载满老人与孩子的军舰，不惜牺牲无辜者来实现自己的复仇计划。尼摩船长这样一个复杂而多维的存在，让人思考小说所探讨的人文主题，如人类对未知世界的探索、科学技术与人类社会的关系、人性的光辉与阴暗等。

当学生依循“科学元素”“逻辑自洽”和“人文思考”这三个特点来阅读《海底两万里》时，不仅能够深入理解凡尔纳这部作品的创作意图，还能逐步构建起科幻小说的阅读路径。

2. 独特价值：挖掘作品魅力

每本书，无论它属于哪一种作品类型，阅读时都不应该局限于该类型的基本特点，还应该敏锐捕捉到该作品拥有着超越类型价值的独特魅力，整本书阅读教学，除了看见文本的类型价值，还应该看见文本的独特价值。聚焦“这本书”的内容与特点，发掘“这本书”独特的教育价值与内涵，是做好课程化的前提。看得见的阅读指导，还应该按照整本书的规律教，教出这本书的个性来。

比如《简·爱》，我们不仅应该看到这是一部小说，更应该看到这是一部经典的女性主义作品，其在文学史上有着独特的艺术价值与思想内涵，值得我们咀嚼。

(1) 女性自我意识的觉醒与抗争。《简·爱》最显著的独特价值在于它以第一人称视角，深入刻画了一位平凡女性——简·爱——在从孤儿院到桑菲尔德庄园再到荒原庄园的曲折经历中，自我意识逐步觉醒，勇于追求平等、自由与尊严的过程。在那个男性主导的社会下，简·爱拒绝成为任何人的附属品，她的“我贫穷、卑微、不美丽，但当我们的灵魂穿过坟墓站在上帝面前时，我们是平等的”这一宣言，成了女性主义文学的里程碑，激励了无数女性追求自我价值和独立人格。

(2) 爱情观的独特诠释。简·爱与罗切斯特的爱情故事，超越了传统爱情小说的模式，它不仅仅是两情相悦的浪漫叙事，更是建立在精神平等与相互尊重基础之上的情感交流。简·爱拒绝罗切斯特的求婚，不是出于物质或地位的考量，而是因为她无法接受情妇的身份，这体现了她对爱情纯粹性和个人尊严的坚持。她的爱情观，是对当时社会普遍存在的金钱与地位决定婚姻观念的有力对抗，具有极强的时代进步性和思想启迪性。

(3) 社会批判的隐晦与深刻。《简·爱》虽以爱情和个人成长为主线，但其中蕴含的社会批判意识同样不容忽视。作品通过对孤儿院恶劣环境的描绘、对贵族阶层虚伪面目的揭露，以及对女性攀附男性的反思，隐晦而深刻地批判了当时社会的种种不公与偏见。夏洛蒂·勃朗特以笔为剑，呼唤社会正义与人性光辉，展现了作家深刻的社会责任感和人文关怀。

3. 看见文本的思想价值

在整本书阅读中，我们不仅要领略文本的类型魅力、独特的文学魅力，更应深入挖掘并重视其蕴含的思想价值，让学生通过阅读，汲取成长的力量，形成正确的世界观、人生观、价值观，丰富精神世界。“义务教育语文课程围绕立德树人根本任务，充分发挥其独特的育人功能和奠基作用。”[①]以奥斯特洛夫斯基的《钢铁是怎样炼成的》为例，这部作品是一部富含育人价值和精神力量的文学瑰宝。

(1) 坚定的信念与不屈的意志。奥斯特洛夫斯基说：“钢是在烈火与骤冷中铸造而成的。只有这样它才能坚硬，什么都不惧怕。”坚强的意志，一定是经历“烈火与骤冷”才能“炼成”。《钢铁是怎样炼成的》以主人公保尔·柯察金的生活经历为主线，展现了一个青年是如何在艰苦的环境考验中，凭借坚定的信念和不屈的意志，成长为一名成熟的无产阶级革命战士的。保尔的故事对青少年的教育意义是显然的：无论面对多大的困难和挑战，只要心中有光，脚下就有路。这种对信念的坚守和对意志的磨砺，是作品给予读者最宝贵的精神财富。

(2) 个人命运与国家兴亡的紧密相连。小说揭示了个人命运与国家兴亡之间的紧密关系。保尔的成长历程与苏联革命和建设的历史进程紧密相连，他的每一次选择和行动都深深烙印着时代的印记。通过保尔的故事，读者能够感受到个人的价值实现离不开对国家和民族的贡献。这种家国情怀的传递，同样也是作品思想价值的重要内容。

(3) 为理想而献身的精神。保尔在追求革命理想的过程中，展现了为理想而献身的崇高精神。他历经无数次的挫折与失败，却从未动摇对理想的执着追求。这种为理想不懈奋斗、积极向上的精神力量，对于今天同样在追寻理想道路上砥砺前行的学生们而言，无疑具有无限的激励与鼓舞作用。

(4) 对生命意义的探索。作品还深刻探讨了生命的意义和价值。“人最宝贵的是生命。生命对每个人只有一次。人的一生应当这样度过：当回忆往事的时候，他不会因为虚度年华而悔恨，也不会因为碌碌无为而羞愧；在临终的时候，他能够说：‘我的整个生命和全部精力，都已经献给了世界上最壮丽的事业——为人类的解放而斗争。’”保尔在经历生死考验、面对人生抉择时，始终保持着对生命的敬畏和热爱。他用自己的行动诠释了生命的真谛。保尔的故事启示我们：要珍惜生命、热爱生活，用有限的生命去创造无限的生命价值。

虽然这部小说的背景对当下的青少年来说是陌生的，但小说的思想价值却能超越时代和国别，体现文学的担当。把握住小说的精神内核，便能读懂保尔的成长与奋斗，理解他的爱情选择，为他那钢铁般顽强的意志而震撼。因此，保尔的思想价值可作为开启本书的“法门”。在整本书阅读的过程中，我们应该关注并珍视这样的思想价值，让它们成为丰盈学生精神世界的宝贵源泉。

---

① 中华人民共和国教育部. 义务教育语文课程标准(2022 年版)[S]. 北京：北京师范大学出版社，2022：2.

（二）看见阅读中的三类问题

课程化的整本书阅读与学生完全独立自主的课外阅读不能等同视之，前者注重构建阅读共同体，学生在老师的引导下共同参与，不仅能享受集体阅读的乐趣，还能在交流中相互启发，发现个人阅读时难以察觉的盲点，老师的专业性亦能引导学生深入准确理解作品内容，及时纠正理解偏差，有效弥补独立阅读中的不足。相比之下，完全独立自主的课外阅读虽自由灵活，但缺乏阅读指导支持和即时反馈互动等，学生阅读能力的提升完全依靠自省自悟，阅读的盲点往往难以及时发现与解决。

1. 看见学生独立阅读时未能发现的问题

教师的指导要能洞察到学生独立阅读时难以察觉的有价值的问题，教师的专业视角如同一盏明灯，能照亮学生阅读的盲区，助力其阅读能力的提升。比如学生独立阅读《骆驼祥子》，往往会被祥子勤劳却命运多舛的故事所吸引，却未必能关注作品为什么还要写其他多位与祥子命运相近的底层人物。这些底层人物的群体性悲剧，体现了当时社会的黑暗。这个问题需要教师在引导时，帮助学生跳出个人命运的框架，从社会环境的角度去审视和分析。

2. 看见学生凭借个人力量无法解决的问题

教师在整本书指导中，需敏锐洞察学生仅凭个人之力难以逾越的难题。教师应成为学生的领读人与伴读者，通过组织集体讨论交流等方式，帮助学生突破个人阅读的局限，共同解决难题。比如《水浒传》作为一部古典名著，不可避免地包含了一些封建糟粕，如江湖义气、滥杀无辜、对女性的不尊重等，这些内容与现代价值观存在冲突，学生可能因此产生困惑，不明白这样一部武打场面较多作品为何会成为初中整本书阅读的必读书目。教师可引导学生关注历史背景，帮助学生理解这些封建糟粕是特定历史时期的产物，带有鲜明的时代特征。同时，还可以组织课堂讨论或辩论活动，让学生就《水浒传》中的封建糟粕与现代价值观之间的冲突发表自己的观点。通过辩论，学生可以更深入地理解不同观点，培养他们的批判性思维。

3. 看见学生轻轻滑过却未曾深究的问题

教师在整本书指导过程中，需细心观察学生轻轻滑过、未曾深究的问题。这些问题往往隐藏着文本的深层意蕴或作者的独特匠心。教师可扮演伴读者、引导者的角色，通过提问、讨论或设计活动，引导学生放慢阅读脚步。比如在指导《简·爱》阅读时，教师可引导学生关注易被忽略的细节。本书是以简爱的几次离开展开叙事的，这正好是其自我认知和成长的里程碑。启发学生思考，培养其文本阅读的敏锐度，领悟夏洛蒂·勃朗特对女性处境的深刻洞察。

（三）看见能力提升的生长点

教师在整本书指导中，应敏锐捕捉学生阅读能力提升的生长点，这些生长点如同种子，一旦得到合适的浇灌，很容易在学生阅读天地里生根发芽、蓬勃生长，引领他们向更广阔的阅读领域、向深度阅读迈进。教师应根据学生的阅读兴趣与认知水平，精心设计活动或任务，鼓励学生运用阅读策略，向文本深处跋涉，让阅读成为一次心灵的旅行和能力成长的契机。下面以《钢铁是怎样炼成的》为例予以说明。

表 3-3 《钢铁是怎样炼成的》阅读路径与任务群

阅读路径	阅读任务
核心问题：今天我们为什么读“保尔”？	**核心任务**：完成一期“保尔”专题板报。
纵向理保尔：保尔的人生经历是怎样的？	**任务 1**：完成保尔“遭遇史”“恋爱史”的梳理与板报展示。
横向思保尔：为什么保尔能实现自己的人生价值？联系祥子、阿廖沙的人生命运思考。	**任务 2**：联系祥子、阿廖沙，分析保尔能实现自己的人生价值的原因，板报展示。
当下议保尔：保尔的形象具有鲜明的时代烙印，今天的我们，身处新的时代背景下，你觉得保尔哪方面仍值得我们学习？而在哪些方面，我们也可以有其他选择与追求，为什么？	**任务 3**：参与话题讨论并将自己的意见发表在板报上。
总结	**任务 4**：拟定板报主题

整本书阅读需要建构勾连意识。学生在整本书阅读中往往缺乏勾连意识。整本书文本容量宏大，包含丰富的信息和复杂的内容，而学生在阅读过程中往往容易见树木难见森林，难以建立起对整本书的整体认知。勾连意识需要学生具备较强的综合分析能力，能够跨越文本局部进行综合性思考，这对学生来说是一大挑战，需要他们具备较高的思维水平和阅读素养。因此，教师在指导学生进行整本书阅读时，需要帮助他们建立起勾连意识，培养学生的整体性思维和综合分析能力。在《钢铁是怎样炼成的》中，奥斯特洛夫斯基描绘了保尔从一个懵懂少年成长为无产阶级革命战士的全过程。学生要把握保尔的成长经历，需要纵向梳理保尔短暂而辉煌的一生，在梳理过程中，学生需敏锐地捕捉到见证保尔成长的重要情节，如四次生死攸关的遭遇、三次恋爱等，在捕捉到细节之后，学生需要进一步

将这些细节进行前后勾连，从而建构起保尔的成长脉络，见证他从一个懵懂冲动的少年逐渐成长为有坚定信念和崇高理想的革命战士。通过建立前后勾连的意识与策略，保尔的人生经历在一次次的蜕变中得以清晰呈现，这也有利于把握小说的基本框架。整本书阅读中勾连意识的建立能帮助学生形成对作品内容的整体认知，避免碎片化阅读造成的理解片面，这是学生整本书阅读的生长点，能提升学生的综合分析能力，培养跨章节联系的能力，既助力阅读理解，又锻炼阅读思维。

整本书阅读需要建构比较意识。学生在整本书阅读中，往往容易陷入一种线性的、单一的阅读模式，他们往往较多地关注故事情节的推进，或是某一人物的人生轨迹，而忽视了同一作品中不同人物之间的比较，不同作品中类似人物的跨文本比较等。建立比较分析意识，能够揭示人物塑造的共通性与独特性，拓宽阅读视野，能从更广阔的文学与历史背景中审视人物，激发批判性思维，增强对人性、社会及历史的洞察力，促进跨文本对话。在《钢铁是怎样炼成的》的阅读教学中，笔者为促进学生阅读能力的提升，引导学生形成名著内部与外部人物之间跨文本的比较分析意识，在任务完成过程中，引导学生将保尔与《骆驼祥子》中的祥子、《童年》中的阿廖沙进行比较，探讨保尔能实现人生价值的原因。不同小组因比较的对象有差异，比较的依据有不同，最终结论也不同。与阿廖沙进行比较的小组认为：环境对人的成长虽然有影响，但起决定性作用的是人自身，阿廖沙与保尔都善于从有利的成长环境中汲取力量，即通过比较他们的生活环境、性格特征、人生选择及最终命运，学生可以更清晰地看到不同社会、文化背景下个人命运的共通性。与祥子进行比较的小组认为：保尔之所以能实现自己的人生价值，很大程度上源于他对革命理想的坚定信念、不屈不挠的奋斗精神，这种信念不仅为他提供了精神动力，还指引着他的人生方向，使他在面对困难和挑战时能够保持清醒的头脑和坚定的立场。相比之下，祥子在人生最初阶段虽然也很努力，他希望能拥有一辆自己的人力车，但在残酷的现实面前逐渐失去了生活的信念，并最终堕落。学生在探究中得出结论：一个人的命运是社会环境与个人选择的相互作用的结果，虽然社会环境对个人的成长和发展有着重要影响，但个人的选择和努力同样重要。保尔在革命的大潮中选择了正确的道路，并为之付出了不懈的努力和牺牲。正是这种正确的选择和不懈的努力，使他最终实现了自己的人生价值。

通过跨文本比较分析，学生能够更深入地探究保尔能实现个人价值的原因，还在比较中思考决定人命运的因素。这种跨文本比较分析意识的培养，正是学生阅读生长的重要着力之处。比较意识的建立与对比策略的运用，使学生对人物塑造中的共性与独特点有了更丰富的感受，也为整本书阅读提供了文本阐释的多元空间，增强了对人性、社会及历史的深刻洞察力。

（四）看见课程化指导的关键

整本书阅读不同于单篇短章的阅读，其核心在于“整”，它要求学生不仅仅停留在片段或章节的孤立理解上，而更要将全书视为一个有机整体，把握其内在的逻辑联系、情节与人物的发展及主题思想。其次，整本书阅读追求开放性，鼓励学生跳出程式化思维，主动对文本形成多元阐释，培养独立思考和批判性思维能力。同时，整本书阅读是课下自主学习与课上互动探讨的紧密结合，学生在课下通过阅读形成初步印象与问题，再在课上通过教师引导、同学交流深化理解，形成良性循环，并最终有效提升阅读素养与综合能力。

1. 整本书阅读的核心是“整”

长期以来，教师已经习惯于单篇文本细读的教学。文本细读有其优点，但是过度强化单篇文本阅读的“细”与“深”，容易限制学生的阅读视野，忽视阅读与思考的宽度和广度。读整本书，学生受单篇文本细读的影响，阅读往往呈现碎片化的特点。整本书阅读教学还应该着眼“整”，杜绝碎片化教学和断章取义的理解；在教学目标的制定、作品价值的定位、教学内容的选择等方面，也都要有全面的思考，不是为教学而教学，不能随心所欲。① 整本书阅读教学理所当然要求教师关注文本内容与任务展示的“整合”上，基于此，追求“整合”的教学设计的开放性会更强，研讨的“问题”会更大，需要思考的“面”会更宽，需要勾连的内容自然更广，实践活动的方式会更多。通过“整”的阅读与“整”的教学，培养起学生对作品更全面而深邃的理解能力。

2. 搭建思维支架，允许多元阅读与建构

在整本书阅读之初，教师需要为学生搭建起有效的思维支架，帮助他们构建思维框架和思考路径。对于怎样梳理《钢铁是怎样炼成的》主人公保尔的人生经历，笔者曾给学生提供思维支架，从保尔的人生经历中提取关键性的、在前后情节中都能发挥串联作用的重要文本内容，学生可以从保尔的遭遇史、恋爱史、亲情观、与之相关的物件等角度进行多元阅读与建构。通过这样的支架，既可以帮助学生更加系统地理解和分析文本，避免阅读的盲目性和碎片化，又可以尊重学生的个性化阅读体验，鼓励他们根据自己的兴趣和关注点去发现、探索这些关联点。“无论是具有完整故事情节的文学名著、具有完整结构的科普作品，还是故事集、儿歌集等文集式作品，教师都要从中梳理一条或者多条贯穿全书的主线。通过以

---

① 王跃平. 一书三课：整本书阅读的教学模式建构[J]. 语文教学通讯(初中)，2020(3)：19.

点带面、点面结合的方式，引导学生完成全书阅读。不要把整本书阅读教成单篇阅读的堆积和罗列。”①例如，有同学选择从保尔的四次重要的遭遇入手梳理其充满病痛与磨难的一生，这些学生更关注保尔钢铁般的意志力的形成过程。有同学从保尔的三次恋爱入手来梳理保尔的情感生活，从保尔与冬妮娅、丽达等人的感情故事中可以窥见保尔的爱情观、价值观的变化与成熟，从而也能反映保尔的人生蜕变过程。这种多元阅读尊重了学生兴趣，丰富了学生的阅读体验，还促进了他们之间的交流与分享，教师应支持并鼓励学生进行个性化建构，让他们在阅读分享中表达自己的声音和立场。另外，“教师在评价过程当中要注意发现、保护和支持学生在阅读中的独到见解，善于发现每个学生独特的整本书阅读经验。”②

第二节 “看得见”的阅读过程

整本书阅读需建立“看得见”的阅读过程，教师可设计一系列可视图、可呈现、可观察、可检测的学习活动和教学阶段，让学生的阅读轨迹清晰可见。这一过程不仅关注学生的阅读结果，更重视其阅读过程中的思考、探索与成长。

一、起始阶段：一份计划和一节导读课

（一）制订阅读计划，为阅读做好规划

1. 阅读计划表制订的意义

阅读计划是学生阅读旅程的指南针，更是教师指导与评估学生阅读进度的工具。阅读计划表的意义在于帮助学生明确阅读目标。通过设定具体的阅读任务、时间节点和预期成果，学生能够清晰地认识到自己在每个阶段需要完成的具体内容，从而更加有目的地进行阅读，避免盲目性和随意性。这种有计划、有步骤的阅读方式，能够让更多的学生在有限的时间内读完、读懂、读透这一本书。制订并执行阅读计划表，也是培养学生自律习惯和时间管理能力的有效途径。在执行计划时，学生需要克服拖延、保持专注，这种长期的坚持和自律，将逐渐内化为

① 义务教育语文课程标准修订组.义务教育语文课程标准（2022年版）解读[M].北京：高等教育出版社，2022：190.

② 义务教育语文课程标准修订组.义务教育语文课程标准（2022年版）解读[M].北京：高等教育出版社，2022：191.

学生的个人品质，有利于学生养成良好的阅读习惯。制订并执行阅读计划表，还能促进有品质的阅读，提升阅读质量。借助阅读计划表进行阅读反思、讨论交流等，还能够帮助学生更好地理解文本内容、挖掘文本价值。对于教师而言，阅读计划表还是了解学生阅读态度、进度、质量的重要载体。通过检查学生的计划表完成情况，教师可以及时发现学生在阅读过程中遇到的问题和困难，并给予及时的指导和帮助。同时，阅读计划表也为教师评估学生的阅读能力和阅读成效提供了客观的依据，有助于教师更加精准地制订教学策略和调整教学计划。

2. 阅读计划表制订的要点

(1) 阅读要点明确。制订阅读计划表时，首先要明确阅读要点。可以包含每周的阅读量、阅读章节数、需要完成的批注数量与质量、阅读中应该关注的重要内容和任务等。计划设定越具体，越有助于提高学生的执行力，阅读效果也就越好。

(2) 时间分配合理。在分配阅读时间时，要充分考虑学生的实际情况和阅读内容的难易程度。既要保证学生有足够的时间进行深入阅读，又要避免学生因为阅读时间过长而导致负担过重、产生厌烦情绪等。同时，还要为学生留出一定的时间用于阅读反思、讨论和交流阅读中产生的疑惑等。

(3) 融入个性化元素。每个学生的阅读基础能力有差异，阅读习惯和兴趣爱好亦不尽相同，因此在制订阅读计划表时，教师应充分考虑学情、尊重学生的个性化需求，给予不同层次的学生的阅读要求可以有所不同，并在执行过程中保持一定的灵活性。比如在《红星照耀中国》一书的阅读计划中，挑战性任务可以成为选做的任务，且这一任务可以让学生根据兴趣有选择的空间，这种个性化的阅读体验尊重学生的个体差异，将更加符合学生的实际需求。

3. 阅读计划表制订的举例

阅读计划表在具体制订时，可以关注阅读此类文本的基本路径，让学生通过读懂“这一本”，会读“这一类”。以《红星照耀中国》为例，作为纪实类作品，把握新闻事实与作者的主观评价是解读这类文本的关键。除此之外，阅读评价是学生自我监督与调整阅读的依据，是教师进行阅读监测也是小组互相督促管理的依据。表 3－4 是针对《红星照耀中国》的阅读计划表：

亲爱的读者：

你好！欢迎走进《红星照耀中国》！《红星照耀中国》作为一部纪实文学作品，其阅读要点主要包括：

新闻事实：紧密关注书中记录的大量第一手新闻事实，如红军长征的艰难历程、革命根据地的建设情况、共产党领导人的真实生活与思想理念等。这些事实为我们提供了了解当时共产党的基本政策、军事策略，了解红军战士的生活以及陕北根据地的社会制度、货币政策、工业和教育等情况的宝贵资料。

作者的主观评价：在尊重事实的基础上，留意埃德加·斯诺作为记者想用事实说什么“话”。作品所记录的是经过作者筛选的事实，还有作者对于事实的感受和印象，这当中必然会体现作者的倾向性。作者往往会在记录事实的过程中穿插分析和评论，直接或间接地表达自己的见解。阅读纪实作品，要善于体会和辨别作者对于事实的立场、观点和态度。他对红军战士的敬佩、对共产党领导人的期待以及对革命事业的信心，都融入了他的文字之中。

表 3-4 《红星照耀中国》阅读计划表

<table>
<tr><th rowspan="2">时间</th><th rowspan="2">阅读内容</th><th rowspan="2" colspan="2">阅读要点与任务
（围绕要点进行批注，每天至少 5 处，任务自选）</th><th rowspan="2">阅读思考与疑惑</th><th colspan="2">阅读评价</th></tr>
<tr><th>自评</th><th>他评</th></tr>
<tr><td rowspan="2">第一周</td><td rowspan="2">第 1～2 章：探寻红色中国、去红都的道路</td><td colspan="2">1. 了解斯诺踏上中国西北的初衷与背景。
2. 初步认识中国共产党及革命根据地的基本情况。
3. 体会斯诺在前往红都途中的所见所闻，理解当时中国社会的复杂性和红军所处的艰苦环境。</td><td></td><td></td><td></td></tr>
<tr><td colspan="3">挑战性任务（二选一）：
对比分析：将斯诺对苏区初期的描述与当时国内外主流媒体对中国革命的报道进行对比，分析不同视角下的信息差异与偏见。
思维导图：绘制一张关于“探寻红色中国”的思维导图，包括斯诺的行程路线、遇到的重要人物和关键事件等。</td><td></td><td></td></tr>
<tr><td rowspan="2">第二周</td><td rowspan="2">第 3～4 章：在保安、一个共产党员的由来</td><td colspan="2">1. 深入了解毛泽东等领导人的思想、经历及对革命的看法。
2. 感受苏区人民的日常生活，包括教育、文化、经济等方面。
3. 分析苏区是如何在极端困难条件下维持运转，并展现出顽强的生命力的。</td><td></td><td></td><td></td></tr>
<tr><td colspan="3">挑战性任务（二选一）：
角色代入：选择书中一个你感兴趣的苏区人物（如毛泽东、红小鬼等），尝试从他们的角度撰写一篇日记或短文，描述其日常生活和思想感受。
文化考察：研究苏区时期的教育、文化政策，结合具体实例，探讨这些政策制定的意义。</td><td></td><td></td></tr>
</table>

（续表）

时间	阅读内容	阅读要点与任务 （围绕要点进行批注，每天至少5处，任务自选）	阅读思考与疑惑	阅读评价	
				自评	他评
第三周	第5～6章：长征、红星在西北	1. 详细了解红军长征的历史背景、过程及其重大意义。 2. 探讨红军的战略战术，包括如何在敌强我弱的形势下取得胜利。 3. 分析红军与人民群众之间的紧密联系，以及这种联系如何成为红军胜利的关键因素。			
		挑战性任务（二选一）： **战略分析**：选取红军长征中的一次重要战役或战略转移，运用军事理论进行分析，探讨其成功或失败的原因，以及对中国革命进程的影响。 **口述历史**：假设你是一名红军老兵，为家人或朋友讲述一段长征途中的亲身经历或听闻的故事，注意情感的真实性和细节的生动性。			
第四周	第7～12章：同红军在一起、战争与和平、回到保安、又是白色世界等	1. 深入理解红军的抗日政策与国际视野。 2. 把握斯诺对中国共产党及中国共产党领导下的红军未来的预测与看法。 3. 总结全书，思考《红星照耀中国》对当今世界的启示与意义。			
		挑战性任务： **主题论文**：撰写一篇关于《红星照耀中国》的主题论文，探讨其历史价值和文学意义。			

（二）上好导读课

1. 导读课的目标

导读课的目标主要有两个：一是激发学生的阅读兴趣，让他们对即将阅读的图书产生浓厚的兴趣和期待；二是明确阅读要点与阅读方法，帮助学生掌握有效的阅读策略，以便他们能够更好地理解整本书、习得阅读这类书的阅读路径。

2. 导读课的基本内容

（1）介绍作品基本信息，激发学生阅读兴趣。一节好的导读课，犹如阅读之旅的璀璨启明星，能激发学生对作品的无限渴望。以《红星照耀中国》为例，教师可从本书几次书名的更换入手，讲述这本书背后的故事：原书名因排字工人的误排而定为 *Red Star Over China*，作者埃德加·斯诺认为“错得好”，便正式采用。1938年，胡愈之在上海主持编译此书时，考虑到政治压力，将中译本书名改为

《西行漫记》以掩护真实内容。胡愈之还联合文化教育界的志士成立“复社”，组织专家团队分头翻译，并在艰难环境中成功完成印刷和出版。通过这样生动的故事导入，教师不仅为学生揭示了《红星照耀中国》成书背后的历史波折和出版艰辛，还激发了学生对作品内容的好奇心和探索欲，为后续的深入阅读奠定坚实的基础。同时，这种导入方式也向学生展示了图书背后的文化价值和历史意义。

（2）介绍阅读要点，为深入阅读整本书导航。阅读要点是深入整本书阅读的导航，它包含了揭示这本书创作意图的关键性内容，凸显了这本书独特的文学价值，并间接为读者提供隐含的阅读路径。《红星照耀中国》的阅读要点，既包括纪实类作品所表达的新闻事实，即紧密关注书中记录的大量第一手新闻事实，还包括作者的主观评价。通过这些要点的引导，帮助学生构建起纪实类作品的阅读导引，使他们在阅读过程中能够有的放矢，更加准确地把握这类作品的阅读路径。

（3）精选片段阅读，渗透阅读方法。《红星照耀中国》是一部纪实作品，按照教材的指导，其阅读方法有：利用序言、目录把握作品的整体印象；边阅读边梳理事件的前因后果、发展线索；把握作品通过事实要表达的观点；从纪实作品中获得启迪，用来指导自己的学习与生活等。为了让学生对这些阅读方法有良好的阅读实践，教师可以在导读课中精选书中具有代表性的片段进行阅读示范。

红军经历了无数艰难险阻，横渡中国最长、最深、最湍急的江河，越过一些最高、最险的山口，通过凶猛的土著居民的地区，跋涉荒无人烟的大草地，经受严寒酷暑、风霜雨雪，遭到全中国白军半数的追击——红军通过了所有这一切天然障碍物，并且打破了粤、湘、桂、黔、滇、康、川、甘、陕地方军队的堵截，终于在一九三五年十月到达了陕北，扩大了目前在中国的大西北的根据地。

以上片段描绘了红军长征的艰苦卓绝。红军在面对极端恶劣的自然环境和敌人的重重围堵时，展现出了超乎常人的勇气和毅力，最终成功突围并到达陕北，这充分证明了红军是一支英勇无畏、坚韧不拔的队伍。同时，作者通过红军长征的胜利，想要传达的一个核心思想是中国共产党的革命事业是能够取得胜利的。以上这段文字既反映出红军到达陕北根据地所经历的“事实”，同时又表达出对这一事实的主观评价——中国共产党的革命事业是能够取得胜利的。导读课中，教师针对一定的阅读方法进行示范，学生在随后进行的自主阅读中便能更好地把握阅读的方法，从而更能进行高品质的阅读。

（4）布置阅读任务，进行阅读激励。为了使学生的阅读能够通过外显化的方式进行分享与表达，教师可以布置具体的阅读任务，并进行相应的阅读激励。任务可以包括：设定每周的阅读量，要求学生基本能够按照进度及时完成；撰写读书笔记或做批注，分享个人见解与感悟；参与小组讨论或班级分享会，与同学交流阅读心得；完成指向深度阅读的挑战性任务，并进行公开的成果分享等。同时，建立阅读奖励机制，如评选“阅读之星”、颁发阅读证书或给予小礼品等，以表彰在阅读中表现突出的学生，激发全体学生的阅读积极性和成就感，培养学生养成持续阅读的良好习惯。

二、推进阶段：多种记录和一节推进课

（一）记录阅读过程，积极进行交流分享

1. 阅读记录的意义

通过记录阅读的收获，学生可以不断回顾和反思自己的阅读过程，从而加深对图书内容的理解和感悟。记录阅读过程也是一种与他人分享阅读体验的方式，学生可以将自己的读书笔记、思维导图或阅读日志与他人分享，从而引发更多的讨论和交流。长期坚持记录阅读过程，有助于学生形成良好的阅读习惯。

2. 阅读记录的多种形式

批注是阅读过程中圈画关键信息、记录所思所想的一种最常见的形式。批注能够帮助学生更好地理解整本书内容，促进个人思考和表达。在具体操作中，学生既可以在图书的空白处进行标注，如用直线或波浪线画出重要语句，用不同符号标记疑问或重点，还可以在旁边写下简短的评论、问题，即“旁批”，这种即时记录有助于加深理解。通过掌握有效的批注方法，学生可以更好地与作品对话。

思维导图是一种直观、形象的记录方式，特别适合用于梳理图书的结构和逻辑关系。学生可以通过绘制思维导图，将书中的主要章节、人物关系、情节发展等要素以图形化的方式呈现出来，从而加深对图书整体框架和内在联系的理解。

阅读日志更侧重于记录阅读过程中的所思所感。学生可以在日志中写下每日的阅读进度、对书中某个情节的感想、对某个人物的评价或是阅读过程中产生的疑问和困惑。这种方式能促进学生的反思能力和培养批判性思维。

3. 阅读记录的要点

(1) 根据图书类型选择记录方式。不同类型的图书，其内容和结构各有特点，因此需要采用不同的记录方式。例如，对于小说类图书，学生可能更倾向于使用思维导图来梳理人物关系和情节发展脉络；而对于科普类图书，则可能更倾向于使用批注来记录关键的科普知识和实验方法与研究精神。

(2) 结合个人兴趣和能力选择记录方式。每个学生的兴趣和能力都有所不同，因此在选择记录方式时，应充分考虑学生的个性特点。例如，有些学生可能擅长绘画，他们可以选择用插图来辅助记录；而有些学生则可能更喜欢用文字来表达自己的思考，那么读书笔记就是他们的首选。

(3) 阅读记录不可影响阅读的流畅度。阅读重在本身。当学生过于关注烦琐的记录，无疑会干扰到阅读的流畅性。阅读不是为了向他人展示，而是为了自我成长和精神的丰富。如果阅读的目的仅仅是为了证明“我读过了”或者“我读得很好”，那么这种外在的动机很可能会消解阅读本身的意义。更重要的是，过分强调外在的阅读证明还可能加重学生的虚荣心和表现欲，使他们偏离了阅读的真正目的。

4. 阅读记录的示例

笔者在进行《艾青诗选》整本书阅读的推进过程中，立足学生学科素养，倡议学生利用信息媒介推进阅读分享，丰富阅读交流，实现阅读与表达的转化。《艾青诗选》是一本诗集，在规划阅读进程与阅读任务时，要求学生有计划地展开阅读，选择其中最喜欢的一首诗参与“我为你读诗与解诗”活动，并将音频（或视频）、文字（抄诗、解诗）内容在班级圈实时分享。同时，学生可将音频或视频制作成二维码，与传统手抄报进行结合，从而使交流跨越单一媒介，变得更立体多样。同学们在经典的读诗、抄诗、解诗活动中，培育了少年诗情，丰富了整本书阅读的学习经历（见图 3-1、图 3-2）。

图 3-1　学生《艾青诗选》的阅读记录

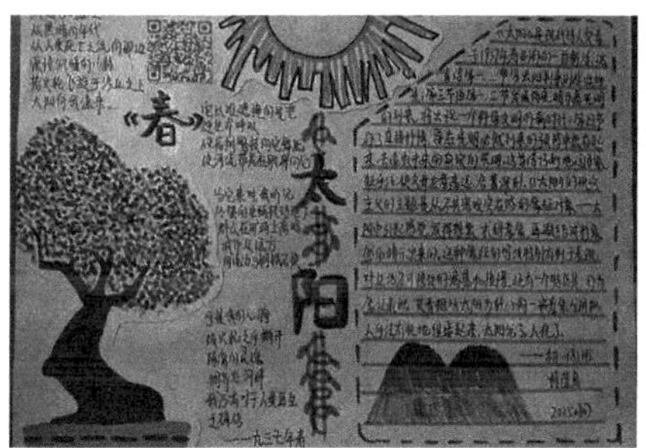

图 3-2　学生《艾青诗选》的阅读记录

（二）处理好通读与重点研读的关系

通读与重点研读相辅相成。通读旨在全面概览，快速浏览作品，形成对作品的整体印象，它帮助学生建立对内容的整体把握。而重点研读则是在通读基础上，针对书中关键部分进行精读。通读是重点研读的前提与引导，通过快速扫描锁定重点；重点研读则是通读的深化与升华，通过对重点内容的着力分析提升理解深度。现以《骆驼祥子》为例予以说明：

《骆驼祥子》展现了20世纪20年代北京底层社会的生活图景，尤其是人力车夫群体的生存状态。在研读这本书时，有几个情节是尤其值得重点关注的，它们是故事发展的关键点，也深刻揭示了作品的主题。

祥子买车梦想的形成与破灭。这一情节是全书的核心，它展现了祥子积极向上的精神面貌，同时也预示了旧社会下小人物个人奋斗是行不通的。祥子买车的梦想及其破灭，反映了旧中国底层民众在动荡不安的社会环境中，追求幸福生活的艰难与无望。

祥子最终的堕落。在经历了小福子的死亡后，祥子彻底堕落为一个麻木、自私的行尸走肉。祥子的堕落是全书的高潮和结局，它不仅是个人命运的悲剧，更是对整个黑暗社会的控诉。

整本书阅读过程中的通读和重点研读相辅相成，将通读与重点研读相结合并灵活调整阅读策略和方法，可以使整本书阅读既能有的放矢，又能兼顾“整”的读书要求。

（三）上好推进课

1. 推进课的目标

整本书阅读推进课的目标在于创设阅读空间和分享交流的课堂氛围；针对学生在阅读过程中可能遇到的疑难问题，提供及时的指导和支持，帮助他们顺利跨越障碍，保持阅读的连贯性和兴趣；围绕作品的关键内容，引导学生进行深度研读，通过小组讨论等多种方式，让学生把握作品的关键。

2. 推进课的主要内容

（1）阅读情况的反馈。教师需要了解学生的阅读进度，确保每位学生能基本跟上班级整体的阅读步伐。教师可以借助阅读计划表在学生中开展自评和他评。自评鼓励学生自我评估，减少对外部监督的依赖，为自我反思奠定基础。他评能够让学生接触到更多的理解可能性，从而拓宽自己的思维视野。通过参与他评活动，学生可学会客观、公正地评价他人的阅读收获，并给出建设性的反馈意见等。

（2）疑难问题的收集与解决。学生在阅读过程中，读出了问题、读出了思考，但又不知道问题如何解决，也不知道思考如何深入的时候，需要教师有意识地去营造并且通过观察和了解及时抓取并收集学生的阅读困惑，进而通过活动等方式给予学生针对性的指导与解答。同时，也可以引导学生通过小组讨论、查阅资料等方式自行解决问题。那么，哪些问题应该是需要解决的关键性问题呢？从来源上说，是教师基于专业视角从学生的疑难困惑中遴选出来的有代表性的问题，这些问题能够反映学生对这本书的普遍关切；从性质上说，它是能够体现该书主要价值、创作意图的问题。比如在《简·爱》的阅读过程中，有学生提出：“简·爱在面对舅妈、学校校长等人的不公待遇时，总是选择反抗而不是忍受。这种反抗精神在现代社会是否还适用？我们应该如何正确面对不公？”学生此问展现了学生将阅读情境与现实情境进行勾连的能力，此问题价值在于它促使我们反思现代社会中公正与勇气的意义，引导我们学习如何在复杂环境中以积极、理性的方式应对不公，促进个人成长。那么，如何解决这一问题呢？教师可以组织一场以“简·爱的反抗精神在现代社会是否适用”为主题的辩论赛，正、反双方需充分准备论据，将简·爱遇到的具体情境与当前现实生活中的情境进行比较，可从个人权利、社会和谐等多个角度进行辩论。辩论结束后，学生一方面将更能理解简·爱这一形象的艺术典型性与价值，同时也会理解在当前社会背景下理性思考个体与社会关系等问题的重要性。

（3）专题内容的突破。经典名著内涵丰富，教学与研究皆无穷尽。在有限的教学时间内，我们只能寄望学生能在某些关键“节点”上实现深刻的理解。这种围绕典型问题进行深度探索的学习方式，我们可以称为“专题学习”。专题学习注重“以专驭博”和“立点深挖”，所挖掘的“点”既聚焦于作品的价值，又源于对作品的整体感知。通过这种方法，学生不仅能找到研读该书的切入点，还可能将这种攻坚克难的研读经验应用到其他书籍的阅读中。在整本书的阅读过程中，选择重点内容进行深入研读，其意义在于深入挖掘文本的核心价值，理解作者的创作意图，从而提升阅读的效率与质量。同时，专题探究的过程也对学生的思维能力提出了较高的挑战，而专题学习则有利于语文学科核心素养的全面发展。

《简·爱》一书，教材中提供了这样一个专题：“思考爱的真谛。小说以大量篇幅描写了简·爱与罗切斯特曲折的爱情故事。对这两个人物的爱情选择，你怎么看？什么才是真正的爱情？围绕这一专题展开讨论，进行思想的交锋和口才的锻炼。”

作者夏洛蒂·勃朗特在小说中以大量篇幅细腻地描写了简·爱与罗切斯特之间曲折的爱情故事。简·爱与罗切斯特先生相爱并即将步入婚姻殿堂，此时简·爱意外得知罗切斯特先生已有妻子——疯女人伯莎·梅森，且被秘密囚禁在庄园的阁楼上。这一发现如同晴天霹雳，简·爱意识到自己的爱情建立在欺骗之上，面临巨大的道德困境。经过一番痛苦的内心挣扎，简·爱最终决定离开桑菲尔德庄园，她放弃了爱情，坚守了自己的原则与尊严。这一情节展现了简·爱的女性觉醒者形象，她追求的是平等、真实的爱情，而非依附于男性或物质利益。

简·爱的选择不仅是对个人幸福的追求，更是对真爱本质的深刻认识。她认为真正的爱情应建立在双方平等、真诚的基础上，不应有任何形式的欺骗与隐瞒，学生能从这一探究过程中学到什么呢？这能使正处于青春期的学生对爱情有更加成熟和理性的初步认识。

要破解这一难题，教师怎样办？学生可以先搜集一些关于19世纪英国社会背景、女性地位以及婚姻制度等方面的资料，这样学生可以更好地理解简·爱所处的时代环境和她的选择背后的社会因素。教师不妨组织情境模拟，尤其关注简·爱得知真相后的心理变化、她与罗切斯特的对话以及她最终做出决定的过程，在情境再现中分析这些细节如何展现简·爱的性格特点和内心世界。当然还可以组织一场“你如何看待简·爱离开后又回来”的话题讨论，指导学生从文本内外广泛搜集有助于讨论的材料，教会学生提炼观点，最终把这些观点和材料组织起来，建构一套逻辑自洽的“解释性理解”，并在班级讨论中观点鲜明、条理清晰地参与分享。经过这般，学生在参与讨论的过程中能在简爱的价值观中受其影响，也会在未来的生活中，以正确的态度面对爱情与女性角色。

三、总结阶段：一点“产品”和一节展示课

整本书阅读的总结阶段，不仅是对前期阅读进程与阅读行为的回顾与总结，更是对学生阅读收获的一次集中展示与评价。在这个阶段，要鼓励学生将无形的阅读启示与感悟转化为有形的“阅读产品”，通过分享和展示这些“产品”，他们不仅能够将阅读收获有形化，还能在有挑战性的展示活动中锻炼思维、锤炼语言表达的能力。同时，这些“阅读产品”也为整本书阅读的评价提供了直观且具象的依据。“读完一本书，可做的事情很多，教师要鼓励学生尽情展示自己的创造力，将自己的阅读成果做成实在的产品。”①

（一）依托“产品”进行阅读内容的分享与阅读经验的交流

阅读成果的展示是整本书阅读总结阶段的核心内容。学生围绕阅读初期的计划，将小组和个人的阅读成果凝练成具体的“产品”，并以多样化的形式在班级或学校进行展示。这些“产品”形式丰富多样，可以是结合PPT的口头报告，图文并茂地展现阅读成果；可以是通过角色扮演、情景剧等表演形式将书中的故事生动地搬上舞台；还可以是任务群成果展示，体现阅读的深度与广度。这些“产品”不仅是对阅读内容的分享，更是学生阅读经验的提炼与升华，是“看得见”的阅读

---

① 吴欣歆. 培养真正的阅读者：整本书阅读之理论基础[M]. 上海：上海教育出版社，2019：121.

成果。

在阅读成果的分享中，要特别注重阅读经验的交流与积累，学生在介绍“产品”的过程中，可以兼顾“产品”完成的过程，学生可以分享如何有效制订阅读计划、运用不同阅读策略以适应整本书的阅读特点、在阅读中进行思考，以及如何将阅读所得应用于产品制作中。同时，他们还可以讲述“产品”完成过程中遇到的困惑与挑战，以及克服这些困难的方法。学生们在反思中认识到，每一次翻页都是能力累积的见证，每一次心灵的触动都是成长的足迹，而这些累积和成长都通过他们制作的“产品”得到了生动的体现。

当然阅读任务多在小组合作中完成，这种学习方式有什么作用呢？有助于培养学生的团队合作意识与积累合作方法。在合作过程中，学生学会了如何与他人共同制作“产品”、分享经验、交流想法，并在合作中不断提升自己的阅读能力和团队协作能力。

教师还要鼓励学生展望未来，针对下一本阅读作品与“产品”制作提出自己的阅读期待与愿景。这样一来学生可以更加清晰地认识自我，了解自己在阅读中的优势与不足，并为未来的阅读与学习之路奠定坚实基础。

（二）依托“产品”观察阅读成效，进行全面评价

整本书阅读的总结阶段，是评价的好机会，教师可以依托学生们的“阅读产品”来观察阅读成效并进行全面评价的时机。教师可以通过观察学生们分享并展示的“阅读产品”，检查他们的阅读记录等，全面评估学生的阅读情况与学习效果。评价时，教师既要眼观群体，也要心装个人。评价包括哪些方面呢？

依托“阅读产品”观察阅读态度与阅读水平的表现是一种“看得见”的评价方式，它能帮助教师全面了解学生的阅读状况，为后续进一步指导提供依据。“阅读产品”作为学生阅读成果的实体化展示，不仅体现了他们对阅读内容的理解和思考，也反映了他们在阅读过程中的态度和努力。当学生在呈现“阅读产品”时，教师也要有所作为——直观地感受到学生是否认真对待阅读任务，是否深入思考阅读内容，以及他们在阅读中所展现出的思维品质和创新能力。同时，教师还要具有一双慧眼，“阅读产品”的质量和内容深度也能够在一定程度上反映学生的阅读水平，包括他们的理解能力、分析能力、表达能力等。阅读是一种理性的行为，尤其是课程化的整本书阅读，是学生践行阅读方法和策略、提升阅读能力的重要途径。学生是否掌握了快速浏览、精读与略读等基本的阅读技巧，并能在“阅读产品”中展示出这些技巧的运用？他们是否能够在阅读过程中灵活运用这些方法，以更好地达到阅读的目的？是否能根据一本书的特点，选择合宜的阅读策略，并

展开行之有效的阅读？教师都要“看得见”！

（三）上好成果展示课

1. 成果展示课的目标

成果展示课旨在通过学生分享阅读感悟、展示成果、进行主题探讨等，在读懂这一本的基础上力求提升为会读这一类，同时注意培养学生的语言表达与团队合作能力，促进知识、能力、情感的全方位交流。

2. 成果展示课的主要内容

回顾在阅读开始时设定的具体任务或目标，详细汇报各小组所承担任务的完成情况，包括小组内个人参与情况、小组完成的过程，以及遇到的挑战和解决方案。然后进行成果展示，展示任务完成的具体成果。在展示完成后可进行自我评估与反思，对任务完成情况进行自我评估，反思自己在阅读过程中的表现，指出优点和不足。比如，在《海底两万里》的整本书阅读过程中，笔者在导读课中主要设计了四个任务，如表 3－5 所示：

表 3－5 《海底两万里》阅读路径与任务群

阅读路径	阅读任务
核心问题：这部科幻小说的主题是什么？	**核心任务：**制作一本《海底两万里》阅读画册。
问题 1：“我”乘坐了一艘怎样的潜水艇？	**任务 1：**绘制“鹦鹉螺”号草图，做必要说明。
问题 2：在这次海洋历险中，“我”有哪些经历？	**任务 2：**绘制“海底两万里”导览图并撰写导游词。
问题 3：尼摩船长是一个怎样的人？	**任务 3：**完成尼摩船长人物画像，做必要说明。
问题 4：如何评价潜水艇、主人公的航海经历、尼摩船长？	**任务 4：**完成《画册》后记的撰写。
问题 5：如何看待这部小说在当下的意义？	

如图 3－3 所示，学生分小组承担相应子任务，包括以提取信息为主的“鹦鹉螺”号绘制、以情节梳理为主的“海底两万里”航程绘制、以探析人物形象为主的尼摩船长画像绘制等，将幻想类作品的阅读策略依托图画、文字等载体，将阅读过程、感受与成果转化为多样化的表达形式，最终提升学生表达的创造力，丰富名著阅读分享交流的方式，增强阅读的趣味度。学生在总结课中完成任务的汇报。

（此课例详见本书第五章第一节）

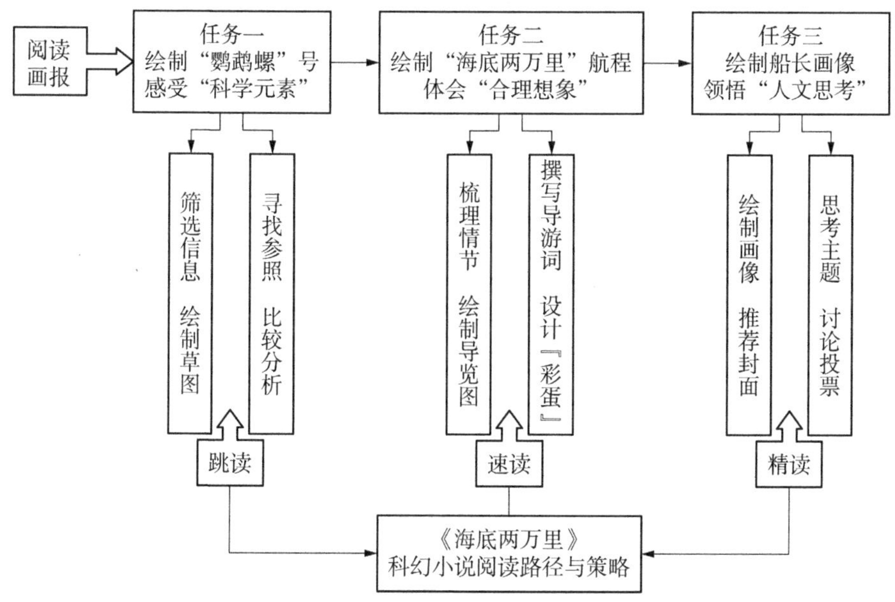

图 3-3 《海底两万里》阅读实施

第三节 “看得见”的阅读策略

“阅读策略”是指读者在阅读过程中，为了更有效地理解、阐述文本内容，而采取的一系列有意识的方法和技巧。这些策略涵盖了勾连、重构、对照、点面、跨界等多个方面，旨在帮助学生根据自己的阅读目的和所读的文本类型灵活运用阅读策略，从而更有利于提升整本书的阅读能力。“为了帮助学生找到阅读的门径，需要多种阅读策略的支持，但阅读策略不是教出来的，而是学生在阅读过程当中自主构建的。”①

在引导学生阅读的过程中，有意识地运用策略并使其外显化，是培养成熟阅读者的重要途径。笔者认为，任务驱动、活动组织、问题指引、工具运用和视角转化等策略，能够有效促进这一过程的实施。通过设定具体任务，驱动学生主动运用阅读策略；组织丰富活动，让学生在实践中展示策略运用；提出问题指引，引导

① 吴欣歆. 培养真正的阅读者：整本书阅读之理论基础[M]. 上海：上海教育出版社，2019：53.

学生深入思考并运用策略解决问题；提供工具运用，帮助学生更好地记录和展现策略运用过程；鼓励视角转化，拓宽学生阅读思维，使策略运用更加灵活。

在实际操作中，这些策略与途径并非一一对应的关系，而是可以根据教学需要自由组合，多重搭配。通过灵活运用这些策略，我们不仅能够使内隐的阅读策略外显化，还能够对其进行观察和评估，从而打通整本书阅读中教与学的联通，提升学生的阅读能力和策略运用水平。以下为了论述的方便，一种策略主要选择一种实施途径来阐述。

一、在任务驱动中见勾连策略

（一）信息多维整合的勾连策略

1. 勾连策略的含义

“学”的本质在于勾连，“教”的本质就是帮助学生学习建立勾连。① 在整本书的阅读过程中，“勾连策略”指学生超越局部阅读，将多个局部的内容巧妙地串联起来，从而形成一个完整、连贯且富有深度的整体理解。

2. 勾连策略的要点

实施“勾连策略”需要关注以下要点：首先，是对文本内容的敏锐捕捉，能够准确识别出书中各个部分的有价值的内容；其次，建立联系，读者需要具备一定的敏锐力，能将具有某种联系的细节等通过某种逻辑关联起来；最后是综合阐释，即在完成局部到整体的连接后，最终对整本书的某一内容形成有意义地阐释。

“勾连策略”的应用，鼓励学生跳出文本局部束缚，能从更广阔的视角审视问题，发现文本在整合后所建构起来的新内容。因此，在整本书的阅读中，掌握并熟练运用“勾连策略”，对于提升阅读质量很重要。“承载荣光的勾连法，在素养视域下重新焕发生机，多维勾连引导学生走向深度学习的审美旅程，走向高阶思维的自觉追求。”②

（二）勾连策略在任务驱动中外显化

在语文新课标中，教学内容的组织方式迎来了“新面貌”，即采用任务群的方式来重构学习内容。“整本书阅读”任务群作为六大任务群之一，倡导围绕整本书的阅读内容设计一系列相互关联、层层递进的任务，这些任务旨在引领学生深入探索阅读内容，积累丰富的阅读经验。为了培育成熟的阅读者，这些任务不仅驱

---

① 成建忠. 无勾连，不设计：整本书阅读勾连技巧的再审视[J]. 语文教学通讯，2024(5)：54.

② 成建忠. 无勾连，不设计：整本书阅读勾连技巧的再审视[J]. 语文教学通讯，2024(5)：57.

动学生理解阅读内容,更巧妙地在理解的过程中融入了阅读策略。“即阅读策略是里,任务群是表,二者内外合一,彼此融合。”①学生完成一个个任务,不仅能深刻理解整本书的内涵,还能逐步掌握并运用多种阅读策略,进而提升自己的阅读能力和思维水平。

以笔者在《钢铁是怎样炼成的》设计的任务1“纵向理保尔”为例,该任务要求学生从保尔的“遭遇史”或“恋爱史”角度出发,梳理出保尔完整的人生经历,并以板报的形式进行展示。对于选择从“遭遇史”角度完成任务的同学,他们需要完成三次关键的勾连:

(1) 将保尔成长过程中所经历的磨难与蜕变进行勾连。保尔有怎样的一生?其成长历程充满了挑战与磨难,这些不仅考验了他的意志,也促使他不断蜕变,最终成为一个具有钢铁般意志的革命战士。

年少就历经牢狱之灾。保尔因救助被逮捕的朱赫来而自己被捕,遭受了敌人的严刑拷打和监狱生活的折磨。这次磨难让保尔初次体验到了革命事业的艰辛与现实的残酷,但他没有屈服于敌人的威胁与恐吓,反而更加坚定了自己的革命信仰。

战场上多次受伤。保尔在战场上经历了累累伤痕,其中最严重的一次伤情险些夺去了他的生命。战场上的生死考验让保尔深刻体会到了战争的残酷与无情,同时也激发了他对敌人的强烈仇恨和对战友的深厚情谊。

保尔带领青年们在严寒的冬天参与修筑铁路的艰巨任务,其间他不幸患上伤寒病和肺炎,几乎丧命。这次磨难体现了保尔顽强的生命力。在病床上,他依然思考着如何更好地为革命事业贡献力量。康复后,保尔没有选择安逸的生活,而是继续投身于繁重的工作中,用实际行动诠释了他的铮铮铁骨。

保尔在长期的革命斗争中积劳成疾,最终失去了视力,这对于一个热爱生活、渴望战斗的人来说无疑是巨大的打击。面对这一几乎无法逆转的厄运,保尔选择了以另一种方式继续战斗——写作。他克服了重重困难,用口述的方式完成了《暴风雨所诞生的》这部小说,以此作为对革命事业的另一种贡献。保尔用实际行动证明了,即使身体残疾,只要心中有信仰、有追求,就能创造出属于自己的辉煌。他要做一只高傲的海燕,在暴风雨中飞翔!

将保尔所经历的磨难与蜕变进行勾连,我们不难发现,保尔是在一次又一次的磨难中,以不屈不挠的精神,历经风雨洗礼,在每一次挑战中锤炼着自己的意

① 肖建红.从“三无”走向“三有”:基于多向融合的整本书学习任务群设计[J].中学语文,2024(10):34.

志，最终在无数考验与锤炼中，蜕变成一名拥有钢铁般意志的战士。

(2) 将保尔每个阶段的重要他人与成长蜕变进行勾连。在保尔·柯察金的成长历程中，他的蜕变除了与他所经历的磨难紧密相关，也离不开他生命中重要他人的支持与影响。这些重要他人在保尔的不同阶段发挥了关键作用，促进了他的蜕变与成长。

朱赫来是保尔成长的第一阶段的重要他人。和朱赫来的几天共处让保尔第一次获得了思想和革命的启蒙，“这几天对这个年轻的伙夫的一生有着决定的意义。”朱赫来告诉保尔：“单枪匹马去斗争，是不能改变现状的。你满可以成为一个献身工人阶级事业的优秀战士，一切条件你都有，只是年纪还轻，而且对阶级斗争的意义还不大明了。现在，小弟弟，我愿意引你走上正路。”朱赫来是保尔接触革命思想的启蒙者，成为保尔心中的一盏明灯，指引他找寻到革命的方向。

牛虻是保尔成长的第二阶段的重要他人。牛虻的英勇无畏和坚定的革命信念深深影响了保尔。“柯察金第一次不用别人搀扶在花园里散步了。他老向我打听，什么时候可以出院。我告诉他快了。每到探病的日子，那两个姑娘就来看他。现在我才明白，他为什么一直没有呻吟，而且从来也不呻吟。我问他原因，他说：‘您读一读《牛虻》就明白了。’”由此可知，牛虻的坚韧不拔和革命精神激励着保尔。牛虻是一个为了革命事业不惜牺牲自己一切的战士，他的坚定信念和顽强意志深深打动了保尔。在保尔受伤后，他正是凭借着这种精神力量，才能够忍受痛苦，坚持不用别人搀扶在花园里散步，并急切地期待着出院继续为革命事业奋斗。

第三阶段重要他人托卡列夫。在修筑铁路的艰苦任务中，托卡列夫作为领导者，展现了卓越的领导力。他的榜样作用激励着保尔和其他工人同志们克服重重困难，完成艰巨的任务。当保尔生病时，托卡列夫给予他特别的关怀与鼓励，让保尔感受到团队的力量与温暖。

第四阶段保尔能走出苦难，实现蜕变，离不开他的妻子达雅。在失去视力后，保尔面临着巨大的心理和生活挑战。这时，他的妻子达雅成了他的精神支柱和生活助手，她无微不至的关怀让保尔感受到了家的温暖。达雅的存在让保尔找到了新的方向和希望，也让保尔在文学创作的道路上实现了自己人生的又一次蜕变。

保尔在其生命旅程中遭遇了四次重大的磨难，一些重要的人如同灯塔一般照亮了他的前行之路。他们不仅是保尔成长的见证者，更是他蜕变过程中不可或缺的推动者。可以说，一个人的成功与他人紧密相关，正是这些人物的影响与帮助，让保尔在革命的道路上越走越远，最终成就了一段辉煌的人生篇章。

(3) 将保尔不同的人生经历进行勾连。保尔·柯察金的人生经历是一幅波澜壮阔的画卷，其中充满了挑战、磨难与成长。通过将这些不同的人生经历进行勾连,我们可以清晰地看到保尔是如何在磨难中逐步成长为钢铁般的战士的。

第一阶段:早年经历与启蒙。保尔早年生活充满挑战与磨难,丧父之痛让他过早面对生活艰辛。求学之路因一次恶作剧中断,被迫踏入社会,在食堂饱受欺凌。遇到朱赫来后,保尔开始接触并理解革命的理想与信念,这为他日后的奋斗奠定了基础。

第二阶段:战场上的洗礼。随着革命的深入,他毅然投身战场,亲身经历了残酷现实的生死考验。炮火连天、硝烟弥漫的战场,锤炼了保尔的意志,使他变得更加坚韧不拔。

第三阶段:劳动中的锤炼。战后,保尔投身于国家建设,特别是在修筑铁路的艰苦任务中,他患上了伤寒病和肺炎,几乎丧命。这一人生阶段,保尔不仅锻炼了身体,更锤炼了意志,学会了团队合作与无私奉献。

第四阶段:病痛中的坚持。病愈后,保尔又面临着双眼失明的巨大打击。然而,正是在这最艰难的时刻,保尔展现出了惊人的毅力和顽强的生命力。依靠妻子达雅的照顾和战友们的帮助,他开始了新的生活。通过口述的方式,保尔完成了小说《暴风雨所诞生的》的创作,实现了自己人生的又一次蜕变。

学生在从"遭遇史"角度梳理保尔成长过程这一任务时,运用了以上多维度的勾连策略,策略在任务完成过程中得到内化,并在任务结果的表达中得到外显。以上完成任务的过程既展现了保尔充满磨难却辉煌的一生,加深了学生对保尔这一文学形象的理解,并使其成为人生蜕变的生动范例,也让学生在潜移默化中掌握了如何运用前后勾连策略来深入阅读和阐释阅读内容。展示任务结果时,学生们通过板报、口头分享的方式,将自己的思考过程、发现和理解清晰地表达出来。这种外显化的过程不仅是对学习成果的展示,更是对阅读策略的一次运用。

对整本书阅读进行任务群设计,是引导学生深入探索一本书的阅读和思考方法,培养他们成为成熟的阅读者的重要途径。在完成任务的过程中,学生需要学会如何主动地、有目的地阅读,如何根据自己的兴趣和需求选择适合的阅读策略,如何在阅读中不断思考、质疑、探究,最终形成自己的独特见解和深刻感悟。(此课例详见本书第五章第二节)

二、在活动组织中见重构策略

(一) 内容聚合阐释的重构策略

1. 重构策略的含义

吴欣歆老师在《培养真正的阅读者》中这样解释"内容重构策略":"可以在通

读全书后回顾梳理，摘取某个人物或者事件的关键信息，将相关信息组织在一起，相对完整地呈现人物形象，勾勒事件发展的脉络，全面了解环境描写的特点。这个阅读策略叫作‘内容重构’。”①吴欣歆老师更多的是立足小说的特点来阐述整本书阅读的重构策略的，如果延伸到其他体裁的整本书，不妨这样理解：在整本书阅读中，重构策略是指阅读主体基于某种阅读目的，通读全书后，提取相关信息，按照新的形式重新组合并呈现，以建构完整的认识，为深入研读、探究奠定基础。这种策略强调对信息的整合与再创造，使读者能够从更宏观、更系统的角度把握书籍的核心内容。“系统论的核心观点是整体大于局部之和，重构的内容即为学生自主构建的整体，整体的存在意义大于局部相加。”②

2. 重构策略的要点

(1) 抓住关键信息进行重构。重构的核心在于形成对某一内容的系统且有意义的阐释。为此，读者必须确保所抓住的是关键信息，因为非关键信息无法为有意义的阐释提供必要的来源和基础。要准确捕捉关键信息，读者首先需要通读全书，对图书的整体内容有一个初步的了解和把握。其次，要根据图书的类型来确定关键信息的范围。例如，对于小说，关键信息可能包括人物、情节、环境、主题等；对于纪实类作品，则可能是新闻事件和作者的主观倾向；而对于科普作品，关键信息则可能涉及科普知识以及作者的科学方法和科学精神等。

(2) 梳理结构，重新组合内容。在提取了关键信息之后，读者需要梳理作品的内在结构，如是小说，则主要指人物关系、事件发展脉络和环境描写相关的内容等。在此基础上，将相关信息按照新的逻辑顺序或形式重新组合起来，以形成对作品的重新构建与阐释。以叙事类文本小说为例，内容重构策略的作用主要体现在全面勾勒人物形象、完整呈现事件过程以及集中讨论环境描写相关的内容三个方面。

(3) 形成新的认知体系。通过实施重构策略，读者能够更系统、全面地理解作品中不同内容的组成关系和内涵。在重新组合内容的过程中，读者会逐渐形成一个新的认知体系，这个体系相较于之前对图书内容的理解会有所不同，因在某一内容上的集中，读者对这一内容的感受与认识将更完整、系统和深刻。这种新的认知体系不仅有助于学生更好地把握作品，还能提升学生对文本内容的分析、综合、阐释的能力。

(4) 保持原著精神，鼓励个性化理解。在重构过程中，尊重原著的精神是至

---

① 吴欣歆. 培养真正的阅读者：整本书阅读之理论基础[M]. 上海：上海教育出版社，2019：55.

② 吴欣歆. 培养真正的阅读者：整本书阅读之理论基础[M]. 上海：上海教育出版社，2019：55.

关重要的。学生在运用这一策略时，应避免对作品进行曲解或误读，以确保重构的基本内容与原著保持一致。然而，这并不意味着学生要完全摒弃个性化理解和感悟。相反，在保持原著精神的基础上，应该鼓励学生在阅读过程中形成自己的独特见解和感受。这种个性化的理解和感悟不仅是对原著内容的一种丰富和补充，也是学生阅读体验和思维能力的一种体现。

（二）重构策略在活动中外显化

整本书阅读的教学，不应仅仅满足于学生完成阅读这一基本环节。在教师们精心规划好学习方案之后，还更应思考如何通过多样化的读书交流活动将阅读引向深入。“教师在设计和组织语文实践活动时，应以学生自主阅读、撰写笔记、交流讨论为主，兼顾其他多样的语文实践活动，促进和深化整本书阅读。”①通过活动设计与组织，可帮助学生掌握与运用有效的阅读策略，逐步养成良好的阅读习惯，并拓宽他们的阅读视野，实现从单纯的阅读输入到能够主动输出阅读感悟的转变。

比如，可以开展师生共赏一本书的活动，鼓励同伴间相互分享阅读心得；举办朗诵会，让学生用声音诠释文字的魅力；组织故事会、戏剧节，让学生以更直观的方式感受书中的情节和人物。此外，名著推介、名著改编、名著评论等实践活动也是极好的方式，能为学生提供一个展示自己阅读成果和交流读书经验的平台。在这些活动的过程中，学生不仅是在参与和体验，更是在运用各种阅读策略。在活动展示的环节，这些阅读策略得以外显化，无论是朗诵时的语调把握，还是戏剧表演中的角色诠释，抑或是名著评论中的观点阐述，都是学生阅读策略运用的具体体现。以下以《经典常谈》中重构策略为例进行说明：

《经典常谈》是一本介绍中国传统国学经典和文化知识的学术散文集，其作品价值主要在于介绍传统文化与指点治学方法。依据这本书的文体特征，笔者在备课组读书节活动中设计了一场“同名家对话，享治学之道——《经典常谈》享读会”的活动来推动此书的阅读。活动主要包含四个逐层深入的探究分享的话题：《经典常谈》是一本怎样的书？朱自清在《经典常谈》里谈了什么？《经典常谈》展现了朱自清怎样的治学之道？如何看待朱自清的《经典常谈》？学生完成享读会的活动，实则将《经典常谈》的写作背景、目的与基本内容，朱自清对经典的基本阐释，朱自清的治学之道，读者对《经典常谈》的审视这些内容进行重构。

在活动中学生们运用 PPT 作为视觉呈现的媒介，将《经典常谈》的分享内容

---

① 义务教育语文课程标准修订组．义务教育语文课程标准（2022 年版）解读[M]．北京：高等教育出版社，2022：191.

通过言简意赅的文本、直观明了的图表、逻辑清晰的流程图等视觉元素表达出来，让听众一眼便能了解分享的结构与内容。同时，口头报告也成为学生们传达思考与见解的载体。他们不仅需要对文本信息进行精心的提炼与组织，更要在其中融入自己的独特视角和创新思考。听众在聆听的过程中，能够清晰地感受到分享者对本书的理解和见解。

整个享读会过程中，学生们充分运用了重构策略，既有对原著的忠实还原，又有基于个人思考的创新拓展，实现了深度与广度的完美结合，并将重构的内容以外显化的方式展现出来。听众们在享受这场视觉与听觉盛宴的同时，也体会到了经过重构的经典作品的魅力，同时，享读会也拉近了经典与听众的距离。（此课例详见本书第六章第三节）

三、在问题指引中见对照策略

（一）异同比较探究的对照策略

1. 对照策略的含义

对照策略是指在整本书阅读过程中，读者自觉地运用对比的方法，将书中或多本书中的某一内容进行比较，探究它们之间的异同点，从而对文本内容形成有意义的阐释，得出有价值的结论。“‘对照阅读’需要对比，还需要在对比的基础上深入思考探究，即在阅读中自觉地将具有一定关联的人物、事物对比参照，区分细微差别，探究差别产生的本质原因。”[①]这种策略建立在勾连策略的基础上，能够帮助学生在阅读中前勾后连，“在人物和事物的不同侧面、不同发展阶段之间建立起联系，生成更为丰富、完整、深刻的认识。”[②]对照策略根据比对资源的来源分为文本内对照与文本外对照。文本内对照是指对同一作品内的相关内容等进行对照。在对照的过程中，学生可以深入地探寻作品隐藏的内涵，增加阅读的深度。文本外对照是指将作品内的内容与作品外部的相关内容进行对照。在对照的过程中，读者可以广泛地挖掘并探究差异产生的根源，拓宽阅读视野，增强对人性、社会及历史的洞察力，更全面地理解作品及其背后的社会文化语境。

2. 对照策略的要点

(1) 确定对照点。如何选择？对于不同类型的作品，当然我们需要关注的对照点也会有所不同。在小说中，我们可能会聚焦于人物的性格特征、情感变化，或是作品中突出的环境描写、叙述视角等，以此洞察作者的创作意图，如《简·爱》中

① 吴欣歆.培养真正的阅读者：整本书阅读之理论基础[M].上海：上海教育出版社，2019：79.

② 吴欣歆.培养真正的阅读者：整本书阅读之理论基础[M].上海：上海教育出版社，2019：79.

第一人称视角。而在散文的合集当中，我们则需要特别留意作者情感的变化等，如《朝花夕拾》。

(2) 系统地提取内容。这一过程教师要引导学生细致地梳理文本，尽可能多收集与对照点相关的细节。如果是分析人物，那么要关注人物的言行举止、心理状态以及情感波动。这些细微之处往往隐藏着人物性格的密码和故事情节发展的线索。通过深入剖析这些内容，学生能够更加准确地把握人物形象特征，如《骆驼祥子》中祥子的前后变化。

(3) 对比分析。学生需要将提取的内容进行对比，找出它们之间的异同点。这种对比能激发我们去探究这些异同点产生的原因。通过深入分析，我们常常能揭示出作者的创作意图。

将这些关联点串联起来，形成一个完整、连贯的理解框架，从而对文本就能产生更深邃的洞察力。

(二) 对照策略在问题中外显化

在整本书的阅读过程中，问题是促使学生深入思考的驱动力。阅读，远非获取信息的简单途径，它更是一场思维的锤炼与升华之旅，让学生的心灵在文字的浩瀚海洋中自由遨游，让学生的智慧在思考的砥砺中熠熠生辉。问题，正是推动这一思维训练不断向纵深发展的关键力量。

问题的存在，犹如一把开启智慧之门的钥匙，点燃了学生持续思考与探索的热情。它引导学生超越故事与情节的表层，深入文本的内核，挖掘其中的深意，形成独到的见解与判断。在追寻答案的过程中，学生不仅需要理解文本的表层含义，更要灵活运用多种阅读策略，这些策略的熟练运用，使他们逐步积累阅读经验，成为成熟的阅读者。

在整本书阅读的教学中，教师应精心设计问题，解决问题的过程视为培养学生思维能力和提升阅读素养的宝贵契机。通过问题的巧妙引导，让学生在探索答案的同时运用阅读策略，最终成为能够独立思考、具备深度阅读能力的成熟读者。

《钢铁是怎样炼成的》是一部经典的成长小说，作者通过主人公保尔·柯察金的成长历程，展现了个人如何在逆境中奋斗并实现自己的人生价值。在任务2“横向思保尔”环节中，笔者设计了一个核心问题：“保尔为什么能实现自己的人生价值?”并设置了明确的问题思考方向：将保尔与《童年》中的阿廖沙以及《骆驼祥子》中的祥子进行横向比较。这一设计将比较阅读策略内嵌于问题中，有意识地引导学生将保尔与祥子进行比较，思考两者在追求人生价值和面对命运挑战时的态度与结果的显著差异；同时，也引导学生将保尔与阿廖沙进行比较，探讨在成功过程中，环境因素与个人自身因素哪个影响力更大。通过这种方式，比较策略在问题中得以外显化，使学生的思考更加深入。

1. 保尔与祥子的比较

保尔之所以能实现人生价值，主要得益于他坚定的理想信念、顽强的意志力、积极的人生态度以及与家人和朋友的深厚情感。在与《骆驼祥子》中的祥子进行文本外对照时，我们可以更清晰地看到这些关键因素的重要性。保尔在面对生活的艰辛和困苦时，正是这些内在与外在力量的支撑，使他能够坚持不懈地奋斗，最终实现自己的人生价值。相比之下，通过对照，我们发现祥子正是由于缺乏这些关键因素，最终未能实现自己的人生价值，反而走向了堕落。这种文本外对照不仅凸显了保尔成功背后的关键因素，也揭示了祥子悲剧的重要原因之一。通过这样的对照，学生能够更为深入地理解人物性格、命运以及社会环境对个体命运的影响度。

2. 保尔与阿廖沙的比较

保尔与阿廖沙虽然都展现出坚韧不拔的精神面貌，但他们之间存在着一些差异。在年龄上，保尔相对成熟，他的经历使他拥有了更加丰富的生活经验和深刻的思想认知；而阿廖沙则更为年轻，他的成长之路才刚刚开始，对世界的理解还带着几分稚嫩。其次，他们所面对的生存环境也大有不同，保尔生活在革命斗争的洪流中，时刻面临着生与死的考验；而阿廖沙则成长在一个相对狭小平静的家庭环境中，尽管也遭遇困境，但性质截然不同。最后，在对抗环境的方式上，保尔倾向于积极的行动和斗争，而阿廖沙则更多是在内心寻求成长的力量。通过对照，保尔的革命激情与阿廖沙的生活理想相互映衬，共同凸显了两者在各自人生道路上的坚韧与奋斗，进一步强调了不同环境下个体成长的多样性与共同点，也体现了人在与环境的相互作用中，自身所能发挥的重要作用。

以上问题设计的核心价值在于使学生在阅读中能够清晰地感知并运用对照策略，并将这一策略外显化。教师将对照策略直接嵌入问题中，使其成为学生思考的显性指引。这种设计不仅帮助学生更好地理解保尔实现人生价值的原因，还促使他们在阅读中主动运用对照策略，深入分析不同人物的命运轨迹与价值追求。通过这种外显化的对照策略，学生不仅能够更全面地理解文本，还能在比较中形成自己的观点，从而提升阅读的深度与广度。

四、在工具运用中见点面策略

（一）要处精读拓展的点面策略

1. 以点带面策略的含义

点面策略，即"以点带面"策略，指在阅读整本书时，首先选取书中的某个或某些重要处进行深入精读,然后通过这些点来连接和拓展到整本书的其他部分,最终实现对整本书内容的全面理解和把握。该策略运用了人类认知的普遍规律,即通过局部(点)来认识整体(面)。在阅读中,精读某个关键点可以帮助读者深入了解该点的细节和内涵,进而以此为基础,推而广之,理解整本书的结构、人物、主题等。

2. 以点带面策略的要点

(1) 选择重要处,深入精读。在阅读整本书的过程中,我们可以根据学习需求或作品特点等因素,选择某些重要处进行精读,这些重要处往往是文本的精髓与关键,它们构成了整本书的骨架和灵魂。

对全书重要部分进行择取时,我们需要特别关注那些精要处和牵一发而动全身的关键点。这些部分往往是核心和要点,通过精读和理解这些内容,我们可以更有效地把握作品的整体和主旨。抓住这些关键点进行精读,往往可以收到纲举目张的效果。

(2) 拓展阅读,延伸到整本书。在精读的过程中,应该注意到,我们不能以这些关键部分代替全部,而应该进一步思考这些精要处与整本书的其他部分的关系。为了全面把握图书内容并显著提升精读效果,我们需要思考这一精要处在整本书中的功能和影响力,探究它与整体情节、其他人物或是主题的相互关系。最终,我们可以将这个精读的关键点作为出发点,进一步拓展到整本书的其他内容,利用比较、联系和归纳等方法,我们可以将精读的部分与全书内容融为一体,真正体现以点带面,以点到面的阅读策略。

(二) 点面策略在工具中外显化

在整本书阅读中,学习工具不仅能辅助学生理解阅读内容,更重要的是能够将阅读策略外显化,助力学生有意识地运用策略,逐步成长为成熟的阅读者。这些工具形式多样,如思维导图、笔记、图表以及任务单等,它们以结构化的方式将复杂信息可视化,有效促进学生对文本内容的理解、分析和内化,同时激发深度思考和知识建构。其中,任务单作为一种经典且高效的学习工具,凭借其简洁明了、逻辑清晰的特点,在整本书阅读中展现出独特优势。通过任务单,书中的关键信息得以系统化地以行和列形式呈现,深化学生对文本的理解。尤为关键的是,在设计任务单时,教师可以巧妙地融入点面策略等阅读方法,使学生在完成任务单的过程中自然地展示和运用这些策略。最终,学生不仅掌握了阅读策略,还通过任务单将其外显化,逐步成长为具备独立思考能力和深度阅读能力的成熟读者。

笔者在《儒林外史》这部讽刺小说的教学中,采用的是“以点带面”的阅读策略，采用这种策略的主要原因有以下几个方面：

小说结构特点。《儒林外史》采用了连环短篇缀连的结构，每个故事相对独立，但又通过人物和情节的关联形成整体。这种结构使得读者可以通过关注关键人物和情节，进而理解整个故事。

人物塑造与关系。小说中的人物众多，但并非所有人物都占据同等重要的地位。通过关注主要人物，如周进、范进等，读者可以深入理解小说的主题和讽刺意图。这些主要人物的故事往往具有代表性，能够反映出当时社会的普遍现象。因此，通过“以点带面”的策略，从关键人物入手，也可以把握小说通过人物形象体现的社会现实。

讽刺艺术的体现。《儒林外史》作为一部讽刺小说，其讽刺艺术可以通过阅读关键人物和情节来窥知“全豹”。这些关键点和面不仅展示了人物的荒诞行为和社会弊病，还通过讽刺手法揭示了人性的弱点和社会的黑暗面。因此，“以点带面”的阅读策略有助于读者更准确地捕捉和理解这些讽刺元素，并进而把握作者对社会对人生的思考与态度。

在本小说的教学中，笔者选取了两个重要人物进行精读——一个正面人物“王冕”和一个反面人物“周进”，通过这两个典型角色来带动对全书人物群像、主题、艺术特色的理解。

正面人物：王冕

关键点选取：王冕是《儒林外史》开篇即出现的隐士形象，他淡泊名利、勤学善画，拒绝为官，是书中少有的清流人物。

深入精读：精读王冕的章节时，需重点关注他如何拒绝权贵的邀请，坚持自己的生活方式和艺术追求。批注或笔记中可以记录他对功名的看法，思考王冕这一形象在整部作品中作为理想化人格的象征意义，以及他对当时社会风气的一种反衬作用。

延伸阅读：从王冕出发，可以延伸阅读书中其他类似淡泊名利、保持节操的人物。杜少卿无视功名，将山水当作自己的精神家园。杜少卿的性格中既有传统风骨，又有名士个性，他将儒家思想与个性解放色彩有机结合，展现了一种超脱世俗的生活态度。虞育德是一位信奉“得之我命”的隐士，他虽然到了五十岁才考中进士，但始终保持着随遇而安的心态。虞育德不追慕做官，只把当官当成谋生的手段，他的襟怀冲淡，和谐安详，不为外物所囿，体现了儒家隐逸精神中的淡泊与从容。这些人物与王冕一样，都代表了儒家传统中的正直、清廉、学问渊博的品德与特质，他们以维护儒家道德秩序为己任，与世俗社会的腐败和庸俗做着不懈的抗争。

反面人物:周进

关键点选取:周进,年迈始中科举,命运起伏跌宕,其对功名的痴迷,映照出科举制度下人性的扭曲,追求功名成执念,反映了社会对成功的界定单一。

深入精读:带领学生精读《儒林外史》中的周进这一人物,首先应抓住主要情节把握人物形象,包括他见到贡院时触景生情大哭,以及中举后生活发生的巨大变化。这些情节生动地展示了他对功名的渴望,以及科举制度对人性的扭曲。其次应进而探讨作者创作周进形象的意图。周进的故事不仅是对科举制度的批判,更是对人性弱点的揭示。

延伸阅读:以周进为起点,延伸阅读书中其他因科举而命运多舛的人物,如范进、匡超人等。范进是书中极具讽刺意味的反面人物,他科举考试屡试不第,最终中举却喜极而疯,展现了科举制度对人性的扭曲。匡超人,初时勤勉向学,及至功名渐显,人性渐变贪婪,其堕落轨迹揭示科举制度对人心的腐蚀,社会纯真消逝,唯利是图成风。在延伸阅读中分析他们各自的遭遇与周进的相似之处,探讨科举制度对人性的扭曲,对社会风气所形成的影响。

运用“以点带面”的阅读策略阅读《儒林外史》,先让学生从关键人物和情节切入,例如通过关注如王冕的高洁和周进的悲剧,可洞察封建科举制度的弊端和人性在科举制度下的异化等。此外,学生可以以这两个人物作为据点,延伸到小说中儒林的其他人物,通过延伸辐射式的阅读方式,学生可以在精读与略读中,更有效地把握小说的主题,探索小说的讽刺艺术,能够既把握《儒林外史》这部文学杰作,又习得阅读策略,提升阅读能力。

为了将“点面策略”转化为具体的学习工具,引导学生在完成任务单的过程中内化这一策略,笔者设计了两张任务单,具体见第五章第三节课例《儒林外史》。

第一张是“人物档案制作任务单”。此任务单设计的目的是引领学生深入挖掘《儒林外史》中的典型人物,从封面内容与设计意图等维度出发,表达对人物典型特征及整体感受的见解。学生需选取书中的典型事件,对人物进行分类与梳理,同时关注人物对待功名利禄的态度,通过摘抄与分析,深刻理解人物形象特点及其与社会背景的内在联系。这一过程完成了对“点”的剖析,是点面策略应用的起点。

第二张是“‘请为人物找朋友’任务单”。此任务单的设计是为了引导学生在关注书中典型人物的同时,延伸对其他人物的理解,从而把握作者吴敬梓的创作意图和情感态度。任务单分为“能成为朋友的人”和“不能成为朋友的人”两部分。在填写“能成为朋友的人”时,学生需寻找人物间可能形成的朋友关系,并总结他们的共同点,这些共同点涉及性格、价值观或经历等方面。通过分析共同点,学生理解人物间友谊的成因。而在填写“不能成为朋友的人”时，学生则需探寻并分析人物间的差异，以及这些差异如何阻碍友谊的建立。这一过程促使学生在人物言行中洞察性格、价值观等深层次差异。最后，通过对比两部分内容，学生更深入地领悟作者的创作态度和情感倾向。这种由点到面的阅读策略的运用，不仅增强了学生的阅读理解能力，还锻炼了他们的分析能力和逻辑思维，使点面策略在任务单中得到了有效内化和外显。

这两张任务单的设计，巧妙地将由点到面的阅读策略融入其中。学生在使用任务单的过程中，不仅是在完成一项项具体的任务，更是在实践这一阅读策略，逐渐学会如何从一个典型人物出发，扩展到对整部作品中其他人物的理解和分析。而教师在审阅学生的任务单时，可以清晰地看到学生运用策略的情况，及时发现学生在阅读过程中的优点和不足，进而调整教学指导，确保学生能够真正内化点面策略，为未来的阅读学习奠定更加坚实的基础。（此课例详见本书第五章第三节）

五、在视角转化中见跨界策略

（一）多元感受认识的跨界策略

1. 跨界策略的含义

跨界阅读的“界”，既指的是学科间的界限，也是艺术表现形式之间的分野。跨界阅读，顾名思义，就是跨越不同艺术门类边界的阅读，是突破学科边界、纸质媒介进行的综合阅读。[①] 其本质在于跨越传统阅读框架的界限，实现知识与艺术的广泛交融。在整本书阅读过程中，有时需要超越语文单一学科的束缚，融合历史、地理、政治等多学科的知识，从多学科视角解读经典名著；有时，也需要跨越不同艺术表现形式的边界，让读者能够在戏剧的张力、电影的视觉冲击、评书的生动叙述中，多维度地感受名著的魅力。通过打破这些界限，读者得以享受一场跨越学科的文学与艺术盛宴。这种阅读策略的运用有助于打破单一视角的局限，从多个维度深入理解作品，同时增强阅读的趣味性和互动性。

2. 跨界策略的要点

（1）明确跨界阅读的目标。在实施跨界阅读之前，需要明确跨界阅读的目标，一般而言，跨界阅读的目标是丰富对原著的理解，在比较中提升跨界思维。明确目标有助于更好地选择视角，确保整本书阅读的针对性和有效性。

---

① 吴欣歆. 培养真正的阅读者：整本书阅读之理论基础[M]. 上海：上海教育出版社，2019：88.

(2) 整合资源,构建跨界阅读环境。跨学科资源整合:整合与原著相关的历史、地理、政治等学科资源,为学生提供全面的知识背景,为转变学科视角做准备。例如,在阅读《海底两万里》时,可整合19世纪科技革命、海洋地理与探险史知识,帮助学生理解小说的科幻背景与探险精神。跨艺术形式资源整合:利用戏剧、电影、评书、连环画等多种艺术形式的资源,为学生提供多元化的体验,为转变艺术视角做准备。这些资源可以通过学校图书馆、网络资源等途径获取。

(3) 常见的转变视角的途径。跨学科项目化学习:设计并实施一个跨学科的项目,邀请具有不同学科背景的教师或专家参与组织讨论,为学生提供项目完成所必备的支持。例如,邀请历史教师交流《红星照耀中国》相关的历史背景,邀请地理老师交流西北地区的地理环境,邀请物理老师交流《海底两万里》中的潜艇构造原理,以此实现跨学科知识的融合与应用,培养学生的综合素养和问题解决能力。跨界阅读、创作与改编:鼓励学生进行跨界阅读,如将《简·爱》的小说与电影进行对比;提倡学生结合原著内容进行跨界创作或改编,例如,引导学生阅读《西游记》后,将其跨界改编成剧本并进行表演。这种创作过程不仅能够加深学生对原著内容的理解,还能培养他们的创新思维、写作能力,让他们在实践中体验到不同文艺表现形式间的交融与互补。

(二) 跨界策略在转化中外显化

1. 转变学科视角

以《红星照耀中国》为例,该书是一部由美国著名记者埃德加·斯诺所著的纪实性文学作品,该书详细记录了1936年6月至10月期间,斯诺在中国西北革命根据地的所见所闻,向全世界真实报道了工农红军在西北的革命生活等。

该书涉及丰富的历史背景。书中详细介绍了红军长征的起因、过程、重大意义以及其中的英雄事迹,如强渡大渡河、过大草原等艰难英勇的事迹。长征是中国共产党历史上的一次伟大战略转移,粉碎了国民党军队的围剿,保存了党和红军的基本力量,使中国革命转危为安。斯诺在书中也提到了抗日战争的背景,包括中国共产党在抗日战争中的战略地位和作用,以及国共两党在抗战初期的合作与分歧。如果不了解这些历史背景,读者在阅读该书时就会难以深刻体会到共产党战略转移的原因,无法理解共产党土地政策的施策背景,也无法真切感受到斯诺在其中表达出的“红星照耀中国”的历史预判等。

地理学科知识也在本书中有所体现。斯诺深入陕甘宁边区,详细描绘了该地区的地理环境,以及红军在这里的生活和战斗情况。书中还详细记录了红军长征的路线,包括途经的重要地点、地形地貌、气候条件等,这些地理因素对了解红军战略转移的原因与转移过程的艰难很有帮助。

基于以上特点，可以请某些同学担任历史小专家，以“微报告”形式介绍中国共产党从成立到抗日战争、长征时期的重要历史事件和人物，为学生构建一个清晰的历史脉络。邀请历史老师担任嘉宾，对同学的微报告进行指导、点评与补充。也可以利用红军长征路线图，组织学生进行地图探索活动，学生需分组研究长征途中的重要地点、地形地貌及其对红军行军的影响，通过视频、图片等方式，感受西北地区的地形地貌，理解红军在当地的生活和战斗环境。邀请地理老师担任嘉宾，对学生的活动进行指导、点评与补充。

当学生以历史、地理等视角来看《红星照耀中国》这本书时，就实现了跨界策略，为阅读打开了全新的维度。通过跨界阅读活动，学生不仅能够更加深入地理解原著中的历史事件和人物，还能够将阅读与其他学科知识进行有机融合，形成多样化的学习活动。例如，在历史小专家的微报告活动中，学生们被鼓励以历史的视角深入原著，结合自己所学的历史知识来梳理中国共产党的发展历程。学生们在梳理过程中，仿佛穿越时空，亲身经历了那段波澜壮阔的历史。而在地图探索活动中，学生则需要运用地理视角来研究长征路线。他们仔细研究书中的地图，分析地形地貌对红军行军的影响，探讨中国共产党施行战略转移的原因。这种跨界学习方式不仅让学生更加直观地感受到红军长征的艰辛，还使他们在实践中锻炼了地理空间思维和综合解决问题的能力。

可以说，跨界阅读不仅丰富了学生的阅读体验，还极大地促进了他们跨学科思维的发展。通过这样的阅读方式，学生们学会了如何综合运用多学科知识来解决问题，为未来的学习和生活打下了坚实的基础。

2. 转变艺术形式视角

艺术形式的多样性带来了话语表达方式的显著差异，其中，视听语言作为与文学语言并立的重要形式，是跨越媒介学习时常见的选择。视听语言，这一融合了声音、光影、色彩与影像的独特表达体系，其核心由画面与声音两大支柱构成。画面，常被誉为“镜头语言”，它巧妙地交织着构图、色彩、光线等元素，不仅描绘环境，更深刻塑造角色，传达作品的核心思想。而声音，则涵盖了人物对话、背景音乐等多个维度，它们共同作用于影视作品中，为情感的渲染、氛围的营造及主题的深化添上了浓墨重彩的一笔。

相较于文学语言，视听语言具有直观性与明确性等特点。在文学作品中，读者需通过文字构建内心图景，这种构建因人而异，往往带有读者视角。然而，在视听语言中，这一体验相对变得统一而直接，所有观众共同目睹了一个个具象的场景，实现了理解的共识与情感的共鸣。“从文学语言到视听语言再到其他艺术形式采用的话语方式，学生行走在不同的艺术形式中，可以获得比单纯阅读文本更为多元的感受和认识。”①

《简·爱》作为一部经典文学作品，因其独特的女性形象与女性视角而在初中整本书阅读中有其独特性。通过跨界阅读，即将原著与电影《简·爱》进行对比分析，学生可以对简·爱有更具象的感受与认识。

电影作为原著的改编作品，在视觉和情感上可以给观众带来更具象的体验。通过对比分析，学生可以观察到原著中的情节、人物和主题如何在电影中得到呈现，以及电影对原著的诠释和再创作。这种观察和分析能帮助学生把握住原著中的经典情节与典型的形象特征。

跨界阅读能够使学生更全面地理解《简·爱》这部作品。原著和电影各有其独特的表达方式和艺术特点，通过对比分析，学生可以从多个角度审视作品，发现其中更多的文学价值和艺术魅力。这种全面的理解不仅能够提升学生的文学素养，还能帮助学生更好地培养他们的审美情趣和人文精神。

转变艺术视角有多重途径。可将原著与电影情节对比，学生需分别阅读原著和观看电影，并按照时间顺序梳理两者的主要情节。主要步骤有：绘制两份时间线，一份针对原著，一份针对电影；对比两份图表，找出情节上的异同点，并记录在表格中；分析电影改编时对原著情节的增删改动，探讨这些改动的原因和效果。可将人物形象对比分析，选取简·爱、罗切斯特等主要人物，结合原著和电影中的描写，进行深入分析。主要步骤有：阅读原著中相关章节，圈点批注人物的语言、心理等描写；观看电影中相关片段，注意演员的表演和镜头语言对人物形象的塑造；撰写人物评传，比较原著与电影中人物形象的异同，分析电影改编的优缺点。可改编创作，将原著中的某个精彩片段改编为短剧，并进行表演。主要步骤有：小组讨论，选取原著中的一个片段进行改编；编写剧本，注意保留原著精神，同时发挥创意，加入适当的视听语言元素；分组排练，准备表演道具和服装。在班级或学校范围内进行表演展示，邀请老师和同学观看并给予反馈。

当学生穿梭于文学语言、视听语言以及其他艺术形式之间，他们其实是在开启一段段超越文字的创作之旅。这不仅仅是简单的阅读或观看，更是一场场触动心灵、激活感官的盛宴。每一种艺术形式都以其独特的方式讲述着故事，传递着情感，而学生在这种跨界的探索中，得以从不同视角感受艺术的深邃与丰美。这种体验远比单一文本阅读要丰富得多，它让学生在多元的情感体验和认知深化中，更加深刻地领略到艺术的无穷魅力。在多元话语的交织下，艺术的每一个细

---

① 吴欣歆.培养真正的阅读者：整本书阅读之理论基础[M].上海：上海教育出版社，2019：91.

节都仿佛被点亮，熠熠生辉，令人陶醉。通过这种跨界的艺术探索，学生的精神世界得以拓宽，审美情趣和人文素养也在潜移默化中得到了提升。

第四节 "看得见"的课堂样态

课堂样态是指在特定的课堂教学环境中，由教师与学生共同塑造的一种教学状态和表现形式。整本书"看得见"的课堂其核心在于通过一系列精心设计、可视化且具体化的教学步骤和活动，引导学生完整阅读一整本图书，并帮助学生完成对整本书的理解，提升阅读能力，培养文学素养，进而丰富他们的精神世界。

整本书阅读追求"整"，但课堂教学是按照一定的步骤循序渐进进行的，它往往被巧妙地分解为若干明确、具体的环节，每个步骤都设定了明确的目标和要求，为学生设计了一条清晰的学习路径，使他们能够预见自己的学习成果。

同时，教师为学生布置了多样化的阅读任务，如制作思维导图、撰写序言、进行创意图文写作等。这些任务不仅引导学生深入探寻整本书的内容，还直观地展现了他们的阅读态度及阅读能力，使得学习过程变得可见可感。

整本书"看得见"的课堂样态因教学方法的差异、教学活动的不同而呈现出各种不同的形态。目前，整本书课堂样态根据其鲜明的外显特征主要有以下五种。问题活动式课堂样态，教师精心设计问题链，引导学生逐步深入文本，课堂与传统课堂接近，以对话为主，学生自主探究的空间略显不足，整本书的独特魅力有待更充分的挖掘；情境任务式驱动的整本书阅读课堂样态，则通过明确的任务驱动，促使学生主动阅读，小组合作构建阅读共同体，共享阅读感悟，共同完成任务；双线融合式的整本书阅读课堂样态，教师巧妙融合线下课堂与线上资源、平台，拓宽学生视野，实现多元立体化施教空间；项目主导式课堂样态则鼓励学生围绕挑战性项目，聚焦核心概念，在项目完成的实践活动中提升学科核心能力；学科融合式课堂样态则打破学科壁垒，整合多学科知识与能力，帮助学生从多维度、多层面理解整本书，培养综合素养。多样化的整本书课堂组织方式共同构建了一个更加丰富、多元、开放的整本书阅读学习环境，为整本书阅读教学提供了支撑。

一、问题活动式：问题主导、活动穿插

问题活动式是整本书阅读课堂样态之一，它与语文传统单篇短章的教学类似，是以问题为教学主导，将活动穿插其中，通过精心设计的问题链引导学生逐步深入整本书的阅读。在这种模式下，教师通过提出问题激发学生的思考，课堂对

话和思维碰撞成为常态。学生围绕问题展开的探究活动是基于问题指引下的活动。问题与活动是这种整本书课堂样态的基本外显形式。

(一)问题活动式课堂的特点

教师主导性强,教师不仅通过一系列预设的教学问题和活动来指引学生的学习路径,往往还控制着授课的节奏和进度,这样的课堂教学其有利的方面是在一定程度上能保证整本书教学内容的系统性和连贯性,但却在无形中限制了学生的主动性和创造性,学生思维的开放度有限。

师生之间的问答互动成为问题活动式课堂样态的基本外显形式。其中,因学生在课堂中所面对的往往是老师提出的问题,所以往往缺乏足够的挑战性,这使得学生在课堂上的主动探索空间变得相对有限,学生更多的是在教师的引导下进行思考和回答。

(二)问题活动式课堂的示例

以下为某网络平台中《红星照耀中国》的教学设计:

表 3-6 《红星照耀中国》教学设计

教学环节	教学活动
教学目标: 1. 了解《红星照耀中国》的成书过程、主要内容、意义及影响,学习阅读纪实作品的方法。 2. 阅读记录中国共产党及红军领袖的文字、记录中国工农红军的章节,了解中国共产党及红军领袖的特点,了解这支军队的过人之处,理解中国共产党及中国工农红军为争取民族独立而进行的艰苦卓绝的斗争情况,概括“红星”精神的内涵。	
教学重点: 了解中国共产党及红军领袖的特点,了解这支军队的过人之处,理解中国共产党及中国工农红军为争取民族独立而进行的艰苦卓绝的斗争情况,概括“红星”精神的内涵。 **教学难点:** 理解“红星”精神的内涵。	
走近《红星照耀中国》	1. 了解《红星照耀中国》的成书过程、主要内容、意义及影响。 2. 了解纪实作品的特点,学习阅读纪实作品的方法。
认识“红星”,感受领袖魅力	1. “红星”的本体是什么?请观察本书开头作者列出来的一系列问题,思考“红星”的具体所指。 2. 阅读书中记录共产党领袖和红军将领的相关文字,给同学们介绍自己印象最深的三位人物,并完成下面的填空。 读了《红星照耀中国》,我看到了那些共产党领袖的非凡魅力,他们______;他们________;他们__________。

（续表）

教学环节	教学活动
深入“红星”，了解中国红军	请阅读书中记录中国工农红军的章节，并结合书中的相关内容说说这是一支怎样的队伍。
理解“红星”精神	斯诺在《红星照耀中国》1938 年中译本作者序言中曾经说过下面一段话，请仔细阅读这段话，并说说震撼斯诺的那种精神力量具体包含哪些内容。 从字面上讲起来，这一本书是我写的，这是真的。可是从最实际主义的意义来讲，这些故事却是中国革命青年们所创造，所写下的……他们的斗争生活就是本书描写的对象。此外还有毛泽东、彭德怀等人所作的长篇谈话……从这些对话里面，读者可以约略窥知使他们成为不可征服的那种精神，那种力量，那种欲望，那种热情——凡是这些，断不是一个作家所能创造出来的。这些是人类历史本身的丰富而灿烂的精华。
总结	总结这节课内容，简单介绍第二课时的教学内容。

从以上教学设计可知，师生问答是课堂互动的主要形式，教师提出问题，引导学生思考并回答，以此推动课堂进程。在“认识‘红星’，感受领袖魅力”环节中，教师通过提问“红星”的本体是什么，引导学生思考“红星”的实际所指，及象征意义；这里设计者同时把问题转化为一个学生填空的写作活动。学生一方面要回答三位共产党领袖和红军将领的人物形象，同时还要将其转化为一组排比句，在规定句式中完成表达。在这个教学设计中，教师主导着整个教学过程，从课堂导入到各个教学环节的实施，再到课堂总结，教师都扮演着重要的角色。教师引导学生阅读相关内容，循着“领袖魅力”到“红军队伍”再到“红星精神”组织教学，教学有梯度，教学目标能有效落实。

（三）问题活动式课堂的建议

（1）多设计具有探索空间的活动。对话式的课堂生态是点对点的思维碰撞，能参与的学生有限，课堂参与方式也较为传统单一，为了突破这些局限可以多设计一些富有创意和互动性的活动。这些活动可以包括角色扮演、辩论赛等，旨在让学生在较大的开放包容的空间中围绕一定内容自主自由地进行创造、表达等，这样将更契合整本书阅读多元、开放等的特征。例如，教师可以组织一场关于书中主题的辩论赛，让学生就某个观点进行阐述和辩论，这样学生可以针对辩题进行发散性思维，既能锻炼口语表达能力，又能加深对书中内容的理解。通过多样化的课堂活动，可以激活学生表达的欲求，提高他们的参与度，使整本书的阅读教学更加生动有趣。

（2）增加有思维容量的挑战，减少被动式阅读结论的接受。在整本书的阅读过程中，教师可鼓励学生进行主动思考和探索，而不是仅仅接受教师给予或引导的结论。可以设置一些具有挑战性的问题或任务，学生完成这些问题或任务，需要提取的文本容量更多，需要进行分析综合思考的挑战更大。例如，可以让学生比较《水浒传》中草莽英雄的差异，如李逵与鲁智深，展示独特见解。通过这样的挑战，可以培养学生的综合性思维和创新能力，使他们在整本书阅读中能获得更大的收获。

（3）多给学生互动交流的机会。在整本书的阅读过程中，学生之间的互动和交流是非常重要的。教师可以组织一些小组活动，让学生在小组内能有充分的机会分享他们的阅读感受、见解和疑问，然后将小组内部的分享进行提炼并将疑惑进行筛选后再在班级进行交流。同时，也可以鼓励学生之间进行互评和互助，共同解决阅读中的难题。通过这样的互动交流，使学生的阅读感受有表达的空间，为学生的思维碰撞提供可能。

这些改进措施目的在于能破解整本书阅读教学中简单对话式这一外显形态的局限性，能多途径多方式激发学生的学习兴趣和主动性，提高他们在整本书阅读中的交流碰撞，使整本书的阅读能呈现更大的生命活力。当然，问题活动式在整本书阅读教学课堂样态中也具有一定的优势，特别是在导读课这一特定阅读阶段，优势较为鲜明。因为导读课的主要目标是引导学生快速、准确地把握整本书的基本内容，为后续深入阅读打下基础，这一阶段教师的主导性很重要。

二、情境任务式：任务主体、隐含策略

在新课标中，学习任务群作为课程内容组织与呈现的重要形式，通过一系列具有情境性、实践性和综合性的学习任务，引导学生进行语文学习。而整本书阅读作为拓展型学习任务群之一，不仅要求学生根据阅读目的和兴趣选择合适的图书，制订阅读计划，还强调综合运用多种方法阅读整本书，并通过分享阅读心得和交流研讨来积累阅读经验，提升整体认知能力。因此，学习任务群为整本书阅读提供了明确的学习路径和目标导向，整本书阅读是学习任务群在拓展型学习领域的具体实践。

（一）情境任务式课堂实施的特点

用任务推动阅读，使阅读目标具体化、可操作，是整本书情境任务式课堂实施的一大特点，也是整本书阅读“看得见”的重要抓手。在问题活动式的整本书阅读的课堂中，学生的学习较为被动，阅读的程度也难以外显化，而学习任务群

主导下的整本书阅读，则通过任务的设计为学生提供一个清晰的阅读方向和可达成的目标。这些任务都具有可操作性，如制作书签、撰写序言、制作展板等，它们是将阅读目标具体化，使学生在阅读过程中能够根据任务需求实施有目标的阅读。

用学习任务群组织实施整本书阅读教学，虽然任务是最显著的外显化形式，但整本书阅读从属于阅读教学，培养阅读能力、提升阅读品质才是其核心的目标指向。所以，结构化的任务设计非常重要，任务与阅读能力之间的关联是衡量任务是否科学合理的重要指标。在整本书任务群设计中，任务往往隐含了阅读策略，阅读任务与阅读策略紧密相连，彼此依存。任务是策略的具体体现，它为读者提供了一个明确的方向和目标，引导读者在阅读中不断深入思考、探索和实践。阅读策略则是完成任务的内在支撑，它帮助读者更有效地理解文本、把握关键、解决问题。在这个过程中，读者需要运用各种阅读策略，如勾连、比照、重构等，来辅助自己完成任务。同时，完成任务的过程也是实践阅读策略的过程，通过实际操作，读者可以更加深入地理解和掌握这些策略，提高自己的阅读能力和思维水平。因此，在整本书阅读中，阅读任务和阅读策略相互促进，共同推动着读者在阅读中不断前行，实现深度阅读和阅读能力的提升。

任务带有情境性、挑战性。情境性的任务往往能够使学生更好地将阅读内容与现实生活相联系，强调阅读内容与收获在具体情境中的转化运用能力。挑战性的任务则能够激发学生的阅读兴趣和探索欲望，使他们在面对具体的情境时能够积极适应情境并找出解决方法，同时提升阅读能力和思维能力。这种带有情境性和挑战性的任务设计，不仅增加阅读与现实的关联，还能够有效提升学生的综合素养。

学习任务群的完成基本是以小组为单位进行的，在整本书阅读的过程中，学生既是阅读个体，更是以小组、班级为单位组成的阅读共同体。他们共同面对阅读任务，共同探讨书中的问题，共同分享阅读的收获。这样一方面能减轻学生整本书阅读的负担，还能提升学生的沟通能力和协作能力，培养团队合作精神。

(二) 情境任务式课堂的示例

以下以《钢铁是怎样炼成的》整本书阅读教学设计为例，从创设情境、设计任务两个角度来呈现。

1. 创设情境

整本书学习任务群的课堂样态中，情境的创设至关重要。通过构建一个贴近学生生活、能够激发学生兴趣的情境，可以引导学生更好地投入到阅读中去。

《钢铁是怎样炼成的》这部经典文学作品，讲述了一个普通工人家庭出身的少年——保尔·柯察金——如何成长为一名坚定的革命战士的故事。为了让学生更好地理解“今天为何读保尔”，笔者在教学设计中创设了“黑板报设计”这一情境。

黑板报作为学校生活中常见的信息展示方式，是学生日常生活中能够真实接触和参与的活动。将这种真实的校园活动融入整本书阅读教学，使得学习任务与实际生活紧密相连，增强了学生的学习体验和参与感。笔者发现，学生在制作黑板报的过程中，不仅能落实《钢铁是怎样炼成的》的阅读要求，还能在实践活动中较为容易地考虑到情境在现实生活中的具体特征，避免了因情境与学生经验世界的隔阂而影响整本书阅读的实质。

在“黑板报设计”这一情境中，学生需要综合运用阅读、表达、设计、绘画等多种技能来完成任务，这不仅丰富了学习实践活动的形式，也满足了不同学生的学习风格和兴趣。多样化的作品设计，既能使学习过程生动有趣，还能更全面地提升学生的综合素养。

“黑板报设计”这一情境还具有很强的诱发性。通过布置黑板报这一具有挑战性的任务，能促使他们主动探索和学习。在制作黑板报的过程中，学生能根据任务要求，较好地将对阅读问题的思考转化为板报作品，培养了在现实生活中的创新能力。同时，黑板报成果的展示也能进一步激发学生的成就感和自信心，促使他们更加积极地投入到后续的整本书阅读中。

2. 设计任务

围绕“保尔”专题板报设计这一情境，通过四个具体任务推进阅读。

核心任务：完成一期以“保尔”为主题的专题板报。这要求学生围绕保尔这一角色进行深入的探索和研究，从而更全面地认识和理解这一角色。

任务 1：学生从保尔的“遭遇史”或“恋爱史”或其他角度梳理其人生经历，并将这些思考成果以板报的形式展示出来。这一任务设计有助于学生深入理解保尔的人生轨迹，在人生轨迹中把握其成长。

任务 2：将保尔与其他文学作品中的人物（如祥子、阿廖沙）进行比较，分析保尔能实现人生价值的原因，并同样需要以板报的形式展示对这个问题的探究结果。这样的任务设计帮助学生通过对比不同的人物来探究影响人物命运的因素，能够培养学生的分析比较能力。

任务 3：参与“当下议保尔”的话题讨论，学生从现实角度出发思考保尔精神的现实意义，并将自己的观点和看法贴在板报的 BBS 区域。这一任务旨在培养学生的批判性思维和表达能力。

任务4:为“保尔”专题板报拟定一个既符合主题又具有吸引力的标题。这不仅考验学生对课堂的总结概括能力,也挑战他们的语言表达能力。

整个任务设计通过板报这一形式,让学生借助任务的完成,更深入地走近保尔这一人物,在任务完成同时提升他们的研究能力、分析能力和表达能力。这样的设计既体现了阅读教学的目标,也符合学生的认知规律和学习兴趣。(此课例详见本书第五章第二节)

(三) 情境任务式课堂实施的建议

(1) 任务设计需紧密围绕阅读目标,避免表面热闹。在设计整本书阅读任务时,我们首要关注的应是阅读目标的明确与达成,任务设计不是为了追求形式上的多样或表面的热闹,而是要确保学生在完成任务的过程中能够深入阅读、思考和理解,真正达到新课标对整本书阅读的课程目标与要求。因此,任务设计必须紧密围绕阅读目标进行,每一个任务都应该有明确的阅读目标指向,确保学生在完成任务的同时能够实现阅读能力的提升。

(2) 整本书阅读任务的设计中,应隐含阅读策略,真正提升学生的阅读能力。任务的设计不仅仅要关注学生对阅读内容的掌握,更要注重阅读策略的培养和运用。有效的阅读策略能够帮助学生更深入地理解文本,提升他们的阅读能力和思维品质。比如对照策略可以让学生将文本中的不同部分进行对比,发现其中的差异和联系,进一步深入理解文本的内涵。而重构策略则可以鼓励学生将文本中的信息进行重新组合、整理,以形成新的认知体系。通过将这些阅读策略隐含在阅读任务中,我们可以引导学生在完成任务的过程中自觉地运用这些策略,从而提升他们的阅读能力,并进而在更广泛的课外阅读中迁移运用这些策略。

(3) 在设计整本书阅读任务时,我们需要坚守学生接受度原则,避免“贵族化”,确保任务既具挑战性又切实可行。为实现这一目标,需深入了解学生的实际情况,避免设计过于复杂或脱离学生生活实际的任务,以免任务难以完成或让学生失去兴趣。比如说“写一个人物小传”是一个适切的任务,此任务虽具挑战性,需学生深入分析并整合信息,但也切实可行,因为学生可从书中获取信息,并利用已有写作技能完成。相比之下,“拍一部纪录片”这个任务虽具创意,但可能过于复杂,需专业设备、技术知识,超出学生能力范围和生活实际,可能给学生带来过高压力,任务达成度难以保障。

(4) 任务应关注个体差异,实现差异化实施。每个学生的学习风格和能力水平都是独特的,因此任务的设计需要充分考虑个体差异。对于阅读能力较强的学生,可以提供更具挑战性的任务,对于阅读能力较弱的学生,则可以给予更多的阅读指导和支持。在阅读小组组建中，也应注重成员的异质性，即有意识地搭配不同能力层级的学生，以便形成互补，让阅读能力较强的学生带动较弱的学生，同时也为所有学生提供一个相互学习、共同成长的平台。

三、双线融合式:优势互补、融合施教

这一课堂样态是将线上与线下两种教学模式有机结合，发挥其各自优势，相互补充，以实现整本书阅读的立体多元化施教。线上教学利用网络平台提供丰富多样的阅读资源和灵活便捷的学习方式，打破时空限制，激发学生的阅读兴趣和自主性;线下教学则注重教师的实时引导和学生的实践互动，通过讨论、分享、展示等多种形式，促进阅读交流。双线融合的模式为整本书阅读扩充了施教空间，使教学更多样化。

(一) 双线融合式课堂的特点

教学将线上与线下两种模式有机结合，打破了传统单一教学模式的限制。拓宽了阅读与交流的空间，是教学与时代特征紧密关联、走向融合的必然。

丰富了整本书阅读资源。在现代社会的学习中，校内学习已不是唯一的场景，通过线上环节，学生可以在网络平台获取大量的与整本书相关的视频和文字资源、阅读指南、讨论区等，这些资源不仅丰富了学生的阅读选择，还提供了多种辅助阅读、展示交流的工具，能有效拓宽学生的阅读视野，突破传统课堂教学的交流局限。

学习方式灵活。双线融合式教学允许学生根据自己的时间和节奏进行线上的补充学习或者多次学习。在线上环节，学生可以随时随地进行阅读、做笔记、参与讨论等学习活动，信息化手段丰富了学习的多样性，学习方式也更灵活。

师生互动及时。在线上环节，教师可以通过网络平台及时关注学生的学习进度和反馈，针对学生的问题和困惑进行及时解答和指导;在线下教学中，教师则可以与学生面对面交流，更加高效地了解学生的阅读情况和阅读感受，从而提供更加高效的互动交流。

(二) 双线融合式课堂的示例

表 3-7 《西游记》教学设计

教学目标: 1. 通过“讲西游故事”活动，提升学生的口语表达能力和对故事情节的把握。 2. 分析“三复情节”在《西游记》中的运用，理解其文学价值和叙事技巧。 3. 激发学生的想象力，通过“续写八十二难”活动，培养学生的创作能力。

（续表）

教学环节	教学内容	设计意图
我来讲 西游故事	线上：组织“讲西游故事”活动，学生录制讲述视频，上传至网络平台，供其他同学观看和点评。 线下：小组择优推荐一人在线下参加展示，共同优化演讲，并进行线下互评活动。	线上视频的录制和分享突破了传统课堂的时空限制，能够让所有学生都有机会展示自己的成果，同时也能获得更广泛的反馈。通过小组推荐等方式再在线下通过面对面的讲述呈现活动中的优秀作品，这有助于培养学生公开演讲的能力。
我来析 “三复情节”	线下：教师以“孙悟空三次借芭蕉扇”为例，与学生一起探讨“三复情节”的基本故事特点与作用，从故事效果、人物形象等角度思考。 线上：推荐阅读其他作品中运用“三复情节”的作品片段，进一步感受这是艺术创作的一种典型手段。学生将线下的探究方法延伸运用到《西游记》中的其他类似情节，教师发布关于“三复情节”的讨论话题，学生在线上发表自己的发现与探究。	“三复情节”是《西游记》等古典文学作品中常见的一种叙事手法。通过引导学生关注并分析这些情节，可以帮助他们更深入地理解作品的文学价值和叙事技巧，从而提升他们的文学素养和审美能力。线上的讨论发帖能够为学生提供一个自由、开放的交流平台，也训练学生的迁移运用能力。
我来写 “八十二难”	线下：启发学生想象，如果唐僧师徒在取经路上再遇一难，会是怎样的情景？引导学生进行“续写八十二难”的创意写作，要求：符合人物形象、体现“三复情节”的特点。 线上：学生将作品上传至网络平台，接受同学和教师的评价和建议，同时可以互相学习和借鉴。	按照要求“续写八十二难”，是将阅读的成果转化为写作能力，通过写作检验学生对师徒四人形象的把握，在语言运用中体会“三复情节”的艺术价值，同时还可以激发学生的想象力和创造力，培养他们的创新思维和写作能力。另外，通过线上平台作品的分享能够为学生提供更广泛的展示和交流机会。通过接受来自不同方面的评价和建议，学生可以更加客观地看待自己的作品，从而不断改进和提高自己的写作水平。

该案例在每个环节基本都有效地利用了线上线下的优势。在线上环节，通过视频录制、网络分享和讨论发帖等形式，突破了传统课堂的时空限制，使学生能够随时随地参与学习活动，大大提高了学习的灵活性和便捷性。线上平台为学生提供了丰富的学习资源和广泛的展示交流机会，使得每个学生都有机会展示自己的成果并获得来自不同方面的反馈和建议。而线下环节则注重内容面对面的交流，比如“三复情节”的特点与作用，续写“八十二难”的方法等。这种线上线下相结合

的教学模式，既保留了传统线下课堂的优点，又充分发挥了网络教学的优势，使得教学更加灵活多样，满足了学生多样化的学习需求，为学生在整本书阅读中的表达交流创造了更多可能。

（三）双线融合式课堂的建议

（1）用好线上教学与线下教学的不同优势。线上教学具有资源丰富、互动便捷的特点，可以为学生提供多样化的阅读材料和在线讨论平台，便于学生随时随地进行阅读和学习。线下教学则更注重面对面的交流和指导，教师可以通过课堂互动、小组讨论等方式，引导学生深入理解整本书中的重要内容与相关知识，提升学生的阅读能力和思维品质。在“双线融合”的阅读教学中，应充分发挥线上和线下教学的各自优势。

（2）追求融合式教学，不是简单做加法。双线融合式开展整本书阅读不是简单地将线上教学和线下教学相加，而是要将两者有机地融合在一起，形成一个整体。在设计阅读任务时，应注重线上和线下活动的相互衔接和补充，确保学生在不同场景下都能进行有效的阅读和学习。同时，教师还可根据学生的实际情况和阅读需求，灵活调整线上和线下教学，以达到最佳的教学效果。

（3）避免学生对电子产品的依赖。在双线融合式开展整本书阅读教学的过程中，虽然线上教学具有一定的优势，但也要避免学生对电子产品产生过度依赖。教师应引导学生合理安排线上阅读和线下阅读的时间，确保学生能够在不同的阅读环境中用其长而避其短。

四、项目主导式：抓住维度、强调运用

“项目化学习”（PBL），全称 Project-based learning，其理念渊源可追溯至杜威的“教育即生活”与“做中学”思想。杜威的学生克伯屈在《项目教学法：在教育过程中有目的活动的应用》一文中，首次提出并实践了项目化学习的概念。“与克伯屈时代相比，当前国际主流的项目化学习更强调设计思维和核心知识的理解，在做事中理解概念，形成专家思维，引发跨情境的迁移。”[①]自 20 世纪 90 年代末，项目化学习被引入中国，并在 2001 年后逐渐应用于中小学基础教育领域。具体而言，项目化学习是一种教学模式，它要求学生围绕复杂且源自真实情境的主题，在精心设计的任务与活动基础上，进行长期开放的探究，最终构建知识的意义并提升个人能力。“学科项目化学习是基于学科中的关键概念和能力的项目化学习。

---

① 夏雪梅.项目化学习设计：学习素养视角下的国际与本土实践[M].北京：教育科学出版社，2021：6.

它将项目化学习的设计要素融入学科教学，将低阶认知‘包裹’入高阶认知。在不降低学科学业成绩和保证基础类知识与技能不损失的情况下，通过项目化学习的设计同时培育学生的问题解决、元认知、批判性思维、沟通与合作等重要的能力。”[①]将学科项目化学习融入整本书阅读教学，通过项目化学习的路径指导学生阅读整本书，利用项目流程来规范阅读的时间、计划与执行，使学生在"完成项目"的过程中实现整本书阅读的目标，从而形成整本书阅读的项目主导式课堂实施模式。

（一）项目主导式的整本书阅读的特点

项目主导式的整本书阅读教学设计有六个维度：核心知识、驱动性问题、高阶认知、学习实践、公开成果和全程评价。那么，这六个维度在整本书阅读中如何落实与实现呢？

（1）寻找核心知识。“因为母语学习中的内容和语言形式的不可分割性，所以母语项目化学习中的核心知识往往包含两类概念。一类是语文学科所涉及的关键概念和能力，比如人物描写、风格、创造性复述和总结等。另一类是与学生所处的生活世界、人生有关的概念，如友情、聪明、宽容等。”[②]由此可以推知，整本书的项目化学习，其“核心知识”可以归纳出以下三点：其一，与整本书阅读紧密相关的关键概念，主要包括文本体裁与结构、主题与思想、文化背景以及艺术风格等。学生需要了解不同文学体裁的结构特点与关键要点，如小说需要抓住人物、情节、环境、主题、叙述视角等，科普作品需要抓住科普知识、实验方法、科学态度与精神、科学表达等。其二，在整本书阅读过程中，学生需要培养一系列关键能力。首先是深度阅读能力，深度阅读指对文本的深刻理解，包括主题思想、情感表达、文化背景等，以形成全面深刻的体验与认知。其次是批判性思维，学生需要对整本书的内容进行独立思考，评价作者在整本书中所传达的对社会、人生的思考，形成自己的见解。最后，学生还需要将整本书阅读中获得的知识、能力和感悟应用于其他学习领域或实际生活中，如写作、演讲、讨论等，这是提升学生综合应用能力的重要抓手。其三，除了以上所说的关键知识、关键能力，“核心知识”还包括整本书阅读中蕴含的母题，这些母题丰富多样，它们构成了图书的核心思想。这些母题可能涉及人性的探索、成长的历程、爱与牺牲、善恶的较量、追寻与实现自我、时

① 夏雪梅. 项目化学习设计：学习素养视角下的国际与本土实践[M]. 北京：教育科学出版社，2021：129.

② 夏雪梅. 项目化学习设计：学习素养视角下的国际与本土实践[M]. 北京：教育科学出版社，2021：150.

间的流逝与影响等普适性话题。

（2）设计驱动性问题。在整本书阅读的项目化学习中，设计驱动性问题是一个核心环节。驱动性问题应当具有启发性、探究性和开放性，能够引导学生深入阅读文本，激发他们的思考，并促进他们的主动学习。在设计驱动性问题时，首先需要确保问题与整本书的核心内容和主题紧密相关，问题应该能够触及这一本书的类型特点或主题思想。驱动性问题还应该具有一定的挑战性，能够激发学生的好奇心和求知欲。问题可以要求学生进行推理、分析、比较、评价或创造，而不仅仅是回忆或复述书中的内容。例如，可以提问：“你认为书中的主人公为何会做出这样的选择？如果换作是你，你会如何应对？”这样的问题能够促使学生深入思考，并将自己的经验与文本相结合。此外，驱动性问题还应该具有开放性，鼓励学生从不同的角度和层面进行思考。问题可以涉及多个可能的答案或观点，让学生有机会展示自己的独特见解和批判性思维。

（3）设计公开成果。这是用来确保学生整本书阅读成效、展示其阅读水平的重要一环，也是整本书阅读项目化实施最具外显化特征的一个维度。公开成果的设计应围绕学生的阅读理解、思维发展和实践能力展开，主要可以包括研究报告、创意作品和展示汇报等形式。研究报告要求学生选择书中的某个主题或观点进行深入研究，通过收集相关资料、进行逻辑分析，最终得出自己的结论。这种成果形式能够全面体现学生的阅读理解和研究能力，同时培养他们的学术素养和批判性思维。创意作品则鼓励学生根据书中的内容创作剧本等，以展现他们的创造力和对文本的独特解读。这种成果形式能够激发学生的想象力和创新精神，同时加深他们对文本的理解和感悟。展示汇报则要求学生通过PPT、演讲等形式，分享自己的阅读体验、思考过程和研究成果。这种成果形式能够锻炼学生的表达能力，同时促进同学之间的交流和学习，共同提升阅读素养。

（4）设计认知策略。在整本书阅读的项目化学习中，设计认知策略是核心环节，尤其是阅读策略的运用。“高阶认知策略在项目化学习中具有通用性，具备共同的心理机制……在具体的设计过程中也可以进一步考虑其独特性。”[①]阅读策略主要包括勾连、对照、重构和跨界等，这些策略有助于学生更深入地理解和分析文本。具体来说，勾连策略鼓励学生将文本内容进行联系，形成更全面的理解；对照策略则要求学生对比不同的内容，分析其中的差异和联系，探究其背后原因，为深度阅读提供基础；重构策略倡导学生以不同的方式重新组织或呈现文本信息，

① 夏雪梅.项目化学习设计：学习素养视角下的国际与本土实践[M].北京：教育科学出版社，2021：134.

如制作思维导图、撰写读书报告等，以更好地整合文本内容、提升结构性思维能力，培养表达能力；跨界策略则鼓励学生将阅读内容与跨学科知识相结合，探索文本在不同领域的应用和意义，培养综合素养和创新能力。通过这些阅读策略的设计和应用，学生可以多维度地阅读、理解整本书，为做一个成熟的阅读者提供方法策略的运用实践。

(5) 设计学习实践。在整本书阅读的项目化学习中，设计学习实践是项目是否能落地、实现项目目标的关键，需明确学习目标，确保实践活动与阅读内容和课程目标紧密相连。设计多样化的实践活动，如有方向的阅读、文本分析、角色扮演、创意写作等，以激发学生兴趣。注重实践活动的层次性和递进性，引导学生逐步深入理解和探究文本。鼓励学生自主选择和设计实践活动，培养自主学习能力和创新思维。教师应提供指导和支持，及时给予反馈和评价，帮助学生反思和改进。

(6) 深化全程评价。在整本书阅读的项目化学习中，设计全程评价能有效引导项目的完成，确保项目完成的质量。首先要确定科学的评价标准，结合课程目标和学生实际情况，制定具体、可操作的评价标准，确保评价的公正性和客观性。然后要采用多样化的评价方式，包括自我评价、同伴评价、教师评价等，以全面了解学生的学习和进步情况。同时，注重过程性评价，关注学生在阅读过程中的表现和努力，及时给予反馈和指导。此外，还可以设计一些具体的评价任务，如读书笔记、阅读分享、小组讨论等，以促进学生深入阅读和思考。

(二) 项目主导式的整本书阅读的课堂示例

项目名称为“追寻法布尔的足迹：自然探究与科学表达”。

本项目旨在通过阅读《昆虫记》，学习法布尔科学探究的方法精神和独具特色的科学表达方式，引导学生以科学家的视角去观察和描述自然世界，提升自己的科学素养和表达能力。表 3-8 为《昆虫记》的教学设计：

表 3-8 《昆虫记》教学设计

项目阶段	项目内容	设计意图
项目启动	**引入**：介绍《昆虫记》及作者法布尔，强调其科学精神和科学表达。 **确定目标**： 深入理解《昆虫记》中的科学内容和文学价值。 学习法布尔的观察和表达方法。 培养科学探究能力和细致的观察力。	项目启动阶段，主要目标是激发学生兴趣，明确项目的目标和任务。引入部分的目的是了解项目的主题和重要性。接着，确定项目的核心目标，使学生建立以终为始的观念。

（续表）

项目阶段	项目内容	设计意图
	分组与任务分配： 学生根据自己的兴趣选择一种自然生物，组建研究小组。	
项目规划	**制定研究框架：** 阅读《昆虫记》中的章节。 设计实地观察计划，包括观察时间、地点、工具等。 规划如何记录和表达观察结果。 **资源准备：**准备观察工具（如放大镜、显微镜、记录本等）。	此阶段的核心是制订详细的研究计划和准备必要的资源。各小组需要制订研究框架，做好资源准备，规划越周到，项目实施的阶段越能接近项目预期目标。
项目实施	**阅读：**精读《昆虫记》中相关章节，学习法布尔的观察角度和描述方式。 **科学观察：**按照计划进行实地观察，记录自然生物的行为、习性等，并拍摄照片或视频作为辅助资料。 **文学表达：**模仿法布尔的写作风格，撰写观察日记或报告。尝试用科学严谨的方式、文学趣味的语言解释观察到的现象与探究结果。	在此阶段，学生将进行深入的探究和表达，这是落实课程目标至关重要的环节，在实施过程中，教师有必要提供指导与帮助。
项目展示	**整理资料：**将观察记录、照片、视频等整理成展示材料。 **展示形式：**制作 PPT 或视频，展示观察过程和结果。进行口头报告，分享阅读心得和观察体验。 **互动交流：**接受同学和老师的提问，进行讨论和反思。	此阶段是学生分享和交流研究成果的环节。展示的过程，也是再现与反思项目实施的过程，分享后，项目组还需接受同学和老师的提问与讨论。
项目评价	**自我评价：**小组内成员对自己的表现进行自我评价，总结收获和不足。 **小组互评：**小组之间相互评价，提出建设性的反馈。 **教师评价：**教师对学生的项目完成情况进行综合评价，给出指导和建议。	项目评价阶段旨在评估学生的表现和项目的完成情况。通过评价，学生可以了解自己的优点和需要改进的地方，为今后的学习提供借鉴。
项目总结	**总结经验：**总结在整个项目过程中的经验和教训。 **拓展延伸：**鼓励学生继续关注和研究其他感兴趣的自然生物，拓展知识面和观察技能。	通过项目总结，学生可以加深对《昆虫记》和科学探究方法的理解，并为未来的学习和发展奠定基础。

以上案例，体现出项目主导式学习的特点主要有：强调学生"做中学"，即通过

学习实践活动来体现学习过程、成果。在这个案例中，学生通过模仿法布尔的观察和实验方式，写“法布尔式”的观察探究笔记，不仅体现了他们在阅读过程中对法布尔科学研究严谨性的理解，也展现了他们在科学表达中追求文学趣味性的尝试。这种方式强调的是学生对相关概念和能力在新情境中的运用能力。“项目化学习中需要学生的亲身实践。这种实践不是观看，也不是只动手，不是去做出来就可以了。这种‘行动’或‘制作’是带有思考、假设、验证概念性质的，是动手动脑，整合了技能、态度的行动。”①“在学科项目化学习的设计中，应该尽可能让学生像真正的学科专家那样进行思考与实践，像一个真正的科学家、工程师、作家、数学家、新闻工作者那样遇到真实的问题并进行决策、思考和解决。”②这样的实践对学生而言，其挑战与对综合能力的培养作用无疑是巨大的；高度重视评价的作用。评价不仅是对学生学习成果的检验，更是驱动项目完成的重要动力。在这个案例中，学生通过自我评价和反思来审视项目的完成情况，这有助于他们更好地认识自己的学习状态，也为后续的学习提供了有益的反馈；强调学生的主动性，与传统教学相比，项目化学习要求学生更主动地理解和规划项目目标。在这个案例中，学生需要自行规划如何写“法布尔式”的观察笔记，这要求他们不仅要理解项目的目标，还要根据自己的实际情况进行合理规划。这种学习方式极大地提升了学生的自主性和能动性，也使得他们的学习过程更加符合自己的实际需求。

（三）项目主导式的整本书阅读的建议

项目主导式的整本书阅读，其核心在于运用项目化的学习方式来进行整本书的阅读。这要求教师不仅要理解项目化学习的本质，更要明确整本书阅读的目标。在实施过程中，我们应始终围绕这些目标进行项目的规划和实施，确保项目的方向与目标保持一致，不偏离整本书阅读的核心价值。

项目的规划是项目化学习的关键。一个好的项目规划应该紧密贴合项目目标，具有预估的可达成度。这意味着我们在规划项目时，要避免“假大空”的现象，即项目目标过于宏大、模糊或难以实现。相反，教师应该设定具体、明确、可衡量的项目目标，并规划出切实可行的实施步骤，以确保项目的顺利进行和最终达成。

项目反思是项目主导式学习不可或缺的一环。通过反思，我们可以总结项目实施过程中的经验教训，提炼出“做中学”的宝贵经验。这些经验不仅可以帮助我

---

① 夏雪梅.项目化学习设计：学习素养视角下的国际与本土实践[M].北京：教育科学出版社，2021：88.

② 夏雪梅.项目化学习设计：学习素养视角下的国际与本土实践[M].北京：教育科学出版社，2021：88.

们更好地完成当前的项目,还可以为未来的整本书阅读项目化学习提供有益的借鉴。因此,我们应该重视项目反思,鼓励学生在项目实施过程中不断进行自我反思和团队反思,共同积累项目化学习的经验。(此课例详见本书第六章第二节)

五、学科融合式:语文本位、自觉整合

《义务教育课程方案(2022年版)》明确提出:加强课程内容与学生经验、社会生活的联系,强化学科内知识整合,统筹设计综合课程和跨学科主题学习……开展跨学科主题教学,强化课程协同育人功能。[①] 在双新课程背景下,跨越学科界限、实现学科融合式学习已成为未来教学方式和学习方式深度变革的必然要求,这也是学科课程发展的一种新趋势。整本书阅读学科融合式教学是基于学生对整部经典作品的深入阅读与通过兴趣探察而积累的基础知识,围绕某一研究主题、概念或者现实问题等,以语文学科内容为本位,自觉跨越学科界限,运用并整合其他学科的相关知识、思维与方法开展的真实情境下解决问题的学习过程。这样的界定在突出语文学科本位的同时,强调了在整本书阅读场域中开展学科融合式学习的基础、内容和一般方法,利于引导教师在开展整本书学科融合式教学活动时注重教学的综合性、逻辑性、实践性。

(一)学科融合式教学的特点

语文本位,主动融合。整本书阅读的学科融合式教学并非要削弱语文学科的固有特性,而是着眼于构建一个能够彰显多学科融合特色的学习实践平台。其核心目的在于增强语文学习的灵活性和包容性,并充分展现多学科协同育人的独特优势。因此,在实施整本书学科融合式教学时,我们既要坚守语文学科的核心地位不动摇,又要积极探索与其他学科之间的内在联系,主动向外“融合”,寻求与其他学科的“关联点”,以找到多学科交融贯通的切入点,从而丰富学生的认知体系与认知途径。当前,整本书阅读的学科融合式实施主要遵循“语文学科为主导,融合其他学科,聚焦中心议题”的主导模式。

注重人与人之间、学科之间的协同性。“学会合作”已成为新的社会环境下对人的新要求,在整本书阅读领域进行学科融合式学习有利于培养学生的合作学习、合作探究以及合作解决问题等一系列关键能力。同时,整本书阅读学科融合式学习倡导打破学科界限,推动学科间的高效整合,并在此过程中特别强调不同学科之间的互动、交流、合作与融合。通过实现学科的协同,来自不同背景的知识

---

① 中华人民共和国教育部. 义务教育课程方案(2022年版)[M]. 北京:北京师范大学出版社,2022:5.

得以自由流动,进而形成结构化、逻辑化的知识链条,这不仅便于学生重构自身的知识体系,也为他们解决阅读过程中遇到的各种难题提供了有力的跨学科支持。

学科融合式实施注重问题导向,在语文学科为主导,融合其他学科,聚焦中心议题的模式下,引导学生围绕议题解决问题的过程中关联并整合多门学科的知识。这种教学方式有助于培养学生的综合思维能力,还能使他们在面对复杂问题时,能够运用多学科的知识进行深入分析并解决问题。值得注意的是,这些实际问题往往与整本书阅读具有紧密关联。整本书阅读为学生提供了一个广阔的知识背景和深入的思考空间,使他们在阅读过程中能够遇到并思考各种实际问题。这些问题可能涉及历史、社会、科学等多个领域,需要学生通过学科融合式的学习和思考来寻找答案。

学科融合式教学的实施注重培养创新能力。在学科融合式阅读的过程中,教师鼓励学生自主探究、发现新的知识和方法。为他们提供足够的自主空间和支持条件,让学生敢于尝试、勇于创新。学生不再局限于某一学科的知识和方法,而是可以通过学科融合式的学习,接触到更多的思维方式和解决问题的方法。这样的学习方式有助于培养他们的创新思维和跨学科的综合素养,使他们能够更好地应对未来复杂多变的社会问题。

(二) 学科融合式教学的示例

课程主题:

红星为何能照耀中国?

课程目标:

通过学科融合式的任务驱动学习,使学生全面理解《红星照耀中国》的内容及其描绘的红色中国全貌。

培养学生的跨学科思维能力,学会运用多学科知识分析和解决问题。

激发学生的爱国情怀和民族自豪感,传承和弘扬红色革命精神。

表 3-9 为《红星照耀中国》的教学设计:

表 3-9 《红星照耀中国》的教学设计

内容	问题	任务	所需学科知识
红色中国的历史背景与革命起源	红色中国是如何诞生的?其历史背景是怎样的?	阅读《红星照耀中国》的引言和开篇章节,结合历史教材,梳理红色中国的历史背景和革命起源。分析革命起源的多重因素,在班级做交流。	语文 历史

（续表）

内容	问题	任务	所需学科知识
长征的壮丽史诗与地理挑战	长征为何被称为壮丽史诗？ 红军在长征途中面临哪些地理环境的挑战？	深入阅读《红星照耀中国》中关于长征的章节，制作一张长征路线图，标注关键地点，在地图中提炼地理环境特征。 分析地理环境对长征战略和行军的影响，在班级做交流。	语文 地理 历史
红色中国的社会结构与民族团结	红色中国的社会结构是怎样的？ 长征途中红军如何与各民族群众建立联系？	研究《红星照耀中国》中关于红色中国社会结构和民族团结的描述。 结合历史资料，分析民族团结对红色中国发展的重要性，在班级做交流。	语文 历史 政治
红色文化与革命精神的传承	红色文化包含哪些元素？ 长征精神和红色革命精神在当今社会有何现实意义？	调研红色文化的具体表现和长征精神、红色革命精神的当代体现。 结合个人经历，撰写一篇关于如何将红色革命精神应用于个人成长和发展的文章。	语文 政治 社会
红色中国的国际影响与当代价值	《红星照耀中国》的出版有何意义？	研究《红星照耀中国》的出版背景，分析其产生的历史与文学价值，在班级做交流。	语文 历史 政治

该课例明确以《红星照耀中国》整本书阅读为核心目标，通过一系列问题和任务引导学生深入探索书中的历史、文化、地理，确保学生在阅读过程中能够全面、深入地理解红色中国的全貌。这种设计方式坚守了学科本质，没有偏离阅读教学的核心目标。课例具有显著的跨学科性，通过将语文、历史、地理、政治等多个学科的知识融合在一起，为学生提供了一个多元化的学习视角，还能有效培养他们的跨学科思维能力和解决问题的能力。

（三）学科融合式教学的建议

整本书阅读学科融合式教学作为一种新兴的课堂教学样态，正逐渐受到广泛的关注和实践。然而，如何将教学有效地实施，使其既不偏离学科属性，又能真正发挥应有的课程价值，值得我们思考。

坚守语文学科本位取向。整本书阅读是语文学科的重要内容，语文作为基础学科，不仅承载着传授语言文字知识的重任，更肩负着培养学生思维能力、审美能力和文化自信的使命。在学科融合式学习中，我们不能因为追求学科的多样性而忽视语文学科的核心地位。相反，应该以语文学科为主导，通过与其他学科的有机融合，共同促进学生的全面发展。

需要明确整本书跨学科学习的目标，避免为跨而跨的虚假学习。学科融合式学习不是简单的学科叠加，而是基于对学生全面发展下所形成的跨学科需求，通过学科间的相互渗透和补充，实现教育目标的最大化。因此，在实施整本书阅读学科融合式教学时，我们应该明确学习的目标，确保每一项学习活动都能有助于学生综合素养的提升，避免形式主义的虚假学习。

需要思考聚合学科融合式资源与思维所需要的主题。主题是整合的联结点，围绕的中心应该是与生活密切相关的真实问题。学科融合式学习的核心在于通过不同学科的视角和方法来共同探究一个问题或主题，如以上案例中，“红星为何能照耀中国”这一主题，学生要解决这一问题，可从阅读文本中去寻找答案，从历史、政治等角度丰富答案。因此，在选择整合的主题时，我们应该关注那些与学生生活密切相关、能够引发学生兴趣和思考的问题。同时，通过引导学生围绕这些真实问题进行学科融合式探究，可以培养他们的问题意识、批判性思维和创新能力。

第四章

“看得见”的初中整本书阅读成果与评价

整本书阅读不仅是阅读，更是思维训练与精神培育。在这个过程中，学生们倾注了大量的时间和精力，他们根据作品的体裁特点和个性特征，进行深入的理解与思考。这份投入应通过具体的阅读成果体现，这是对学生阅读价值和意义的肯定。另外，新课标对“整本书阅读”任务群的教学提示中，明确强调了阅读评价的重要性。它指出，评价应贯穿整本书阅读的全过程，并依据学生的阅读态度、方法以及读书笔记等多方面进行。这种“看得见”的评价方式，能够全面、客观地反映学生的阅读状态和阅读成效。本章将围绕这些方面，详细探讨初中整本书阅读“看得见”的成果与评价。

第一节　“看得见”的阅读成果

整本书阅读需要有成果，这不仅是对阅读过程和投入的肯定，更是对学生阅读能力和思维能力的培养和提升。通过整本书阅读，学生梳理内容情节、分析评价人物、揣摩创作主题、感受作品风格价值等，这些都需要读者具备一定的阅读能力和思维品质才能完成。而阅读成果，如读书笔记、读后感、任务展示、阅读活动等，正是学生阅读能力和思维品质的具体体现。阅读成果还能激发学生的阅读兴趣和动力，当学生看到自己的阅读成果时，会产生一种成就感和满足感，这种积极的情感体验会进一步激发学生的阅读兴趣和动力，促使他们更加深入地阅读和理解作品。

阅读成果交流有多样的形式，具备独特性、创造性、综合性等特点。它们可以以摘录、批注、读书笔记等传统文本形式呈现，也可以用读书交流、阅读展演等更为结构化、综合性的表达方式。此外，成果还可以借助现代媒体技术，以视频文件、音频文件、网页等多媒体形式进行展现。整本书阅读成果一般而言是个人智慧与小组集体智慧的集中。

一、写一写：创作型阅读成果

（一）读与写的必然关联

在整本书阅读中，读与写具有必然关联。

阅读为写作提供了基础。整本书的阅读，就像是一场精神的盛宴，让读者置身于一个丰富的阅读世界中。在这个过程中，学生不仅能够汲取到丰富的语言材料，学习到丰富的表达方式，还能领略到作者的独特视角和深邃思考。这些在阅读中获得的宝贵资源，无疑为写作提供了源源不断的灵感和素材。通过阅读，学生的写作视野得到了拓展，写作思路也更加清晰和开阔。如阅读《西游记》的过程中，感受"三复情节"这一艺术结构的独特魅力；如阅读《海底两万里》的过程中，了解到科幻小说的三个主要特点等。我们可以借鉴这些作品的写作方式，进行模仿性的创作实践。

写作是阅读成果的表达形式。如果说阅读是输入，那么写作就是输出。在阅读整本书之后，我们通过写作来整理和表达自己在整本书阅读中的思考和感悟，既是阅读交流的一种媒介，也是对阅读成果的一种展示。在写作的过程中，学生需要根据一定的需求将阅读中的理解和感悟转化为自己的语言，这不仅能锻炼学生的语言表达能力，更能促使其整理阅读思考，从而进一步巩固和提升阅读的成果。

读写结合强化了语言的运用。在阅读中，学生学习到了丰富的词汇、丰富的句式和一定的表达技巧；在写作中，学生将这些语言进行实际应用，通过不断地练习和修正，逐渐提高自己的语言运用能力。这种读写结合的学习方式，不仅能帮助学生更好地理解和掌握语言，更能提升其语言素养和表达能力，语言运用是语文核心素养的关键，温儒敏教授将其称为"以一带三"的"一"。

（二）创作型阅读成果示例

1. 文学性写作

在整本书阅读读写结合中，文学性写作是指阅读整本书后，通过创作文学性的作品表达个人感悟和思考。

(1)《西游记》第"八十二难"写作。在《西游记》的读写结合设计中，笔者让学生续写第"八十二难"，并提出了以下具体要求：

体现"三复情节"。"三复情节"是《西游记》中的一个显著叙事特点，即相似或相同的情节在故事中重复出现，但每次都有新的变化和发展。在续写第"八十二难"时，学生需要构思三个相互关联又各有特色的挑战或冲突，这些挑战可以逐渐升级，体现情节的层次性和紧张感。

符合师徒四人及其他角色的基本形象。在续写过程中，学生需要注意唐僧、孙悟空、猪八戒、沙僧等主要角色的性格特征和行为方式应与原著保持一致。例如，唐僧的慈悲为怀、孙悟空的机智勇敢等都应在续写的情节中得到体现。同时，新出现的妖怪或其他角色也应符合《西游记》中的奇幻色彩和人物设定。

有妖怪，有武器。《西游记》中的妖怪和神奇的武器是故事的重要组成部分。在续写第“八十二难”时，学生需要创造出新的妖怪形象，这些妖怪应具有独有的特征和背景故事，同时还需为妖怪设计独特的武器或法宝，以增加故事的奇幻色彩。

能合理衔接前面情节。续写的第八十二难应与前面的情节相衔接，保持故事的连贯性和逻辑性。学生需要仔细分析原著中的情节发展，确保续写的部分能够自然地融入整个故事框架中，不出现突兀或矛盾的情节。

通过续写第“八十二难”，学生需要深入理解《西游记》中的人物性格、情节发展和主题，这有助于他们的创作能符合这部古典名著的基本风貌。续写任务要求学生发挥想象力，创造出新的妖怪、武器和情节，这有助于培养他们的创新思维和写作能力。在续写过程中，学生需要描绘场景、塑造人物和展开情节，这能够锻炼他们的语言表达能力。通过阅读《西游记》并基于原著进行续写，学生能够将阅读与写作紧密结合起来，实现从输入到输出的有效转化，提升他们的语文素养。

成果示例

归途遇阻夺真经，三试八戒护真章

——续写《西游记》

话说唐僧师徒四人一行辞别灵山，怀揣真经，腾云驾雾，悠然而行。此时，师徒们心情轻松，早已忘却取经路上的提心吊胆。透过云层，比丘国、女儿国、车迟国之景映入眼帘，众人不禁回忆起往昔岁月，相互间打趣调侃。

一试八戒：金丹诱饵

唐僧感慨万千，言道：“若非悟空时刻警觉，吾等早已沦为妖怪口中之食矣。”八戒附和道：“师傅所言极是，大师兄果然神通广大。不过，弟子亦曾力战群魔。”正说间，一道金光闪现，乃是悟空老友黑虎赵公明。赵公明笑称前去参加仙界美食大会，八戒闻言即垂涎欲滴，讨要美食。赵公明便以两壶炼制的金丹相赠，八戒尝后腹中暖意融融，却不久便觉不适，匆匆离去。

待八戒归来，却见悟空与赵公明战作一团。原来赵公明心怀向佛之志，欲窥真经奥秘，趁机以金丹为饵，布下无形大网，将唐僧、沙僧及经书困住。悟空虽跃出网外，却奈何不得那布兜。

八戒见状，挥舞钉耙，笑道："师兄，莫急，今天就该着俺老猪立一个功劳。"他抡起钉耙，朝着布兜拍下，生生撕开一条缝隙，救出师傅和沙僧。赵公明心中暗惊，金光一闪，遁去无踪。

二试八戒：幻镜迷心

师徒四人继续前行，不料又遇一难。前方突现一面巨大幻镜，镜中映出八戒贪吃懒惰、好色贪财之种种丑态。八戒见状，心中大怒，欲挥耙毁镜。悟空忙阻道："呆子，此乃幻镜，你心若正，镜中自无丑态。"

然八戒心魔难抑，渐入镜中幻境，迷失自我。悟空、唐僧、沙僧三人焦急万分，却无计可施。正当此时，八戒忽闻师傅呼唤，心中一动，猛然惊醒，原来是他心中尚存一丝对师傅的敬畏与忠诚，使他得以破镜而出。

赵公明现身笑道："八戒，此镜乃我心魔所化，你若心正，自无所惧。然你心魔未除，尚需一试。"言罢，又隐去身形。

三试八戒：真经之劫

师徒四人再行数里，突遇一阵狂风，将经书卷走。悟空急追，却见赵公明手持经书，笑道："八戒，你若能过我此关，真经自当奉还。"

八戒怒道："老头儿，你屡次三番为难我等，真当俺老猪好欺负不成？"言罢，挥舞钉耙便欲上前。悟空忙阻道："呆子，且慢动手，看他有何花样。"

赵公明笑道："八戒，你若能在我这法宝'混沌葫芦'中待上半个时辰，我便将真经还你。"八戒闻言，毫不犹豫，纵身跳入葫芦之中。葫芦内混沌一片，八戒只觉天旋地转，头晕目眩。然他心中牢记师傅嘱托，紧守心神，不为所动。

半个时辰后，八戒从葫芦中跳出，笑道："老头儿，你这法宝也不过如此。"赵公明见状，心中暗叹八戒心性坚定，已将心魔除去，便将真经奉还。

唐僧言道："徒儿们，取经之路虽已成功，却仍遭人觊觎。看来这经书之重要，非同小可。我们务必安然带回大唐，将其中的智慧广传于大唐子民。"

"师傅莫忧，有弟子们在，定会护您与经书周全！"三位徒弟齐声应诺，再次聚拢在唐僧身旁，一同向东而行。此次归途，八戒历经三试，心性愈发坚定，师徒四人更加团结一心，誓将真经安全带回大唐。

（张宇轩）

点评 这篇文章在续写《西游记》的过程中，巧妙地运用了"三复情节"的手法，通过"三试八戒"这一创意设定，将故事推向了新的高潮。每一次试炼既独立成章，又相互关联，逐渐升级难度和挑战，不仅考验了八戒的勇气和智慧，也表现了师徒四人之间的深厚情谊和团结精神。文章保留了《西游记》原有的奇幻色彩，融入了作者自己的想象和创新，是一次成功的续写尝试。

(2) 模仿《海底两万里》进行校园科幻写作。在阅读《海底两万里》时，笔者在读写结合的任务设计中，让学生进行校园科幻写作(见图 4－1)，并提出了以下具体要求：

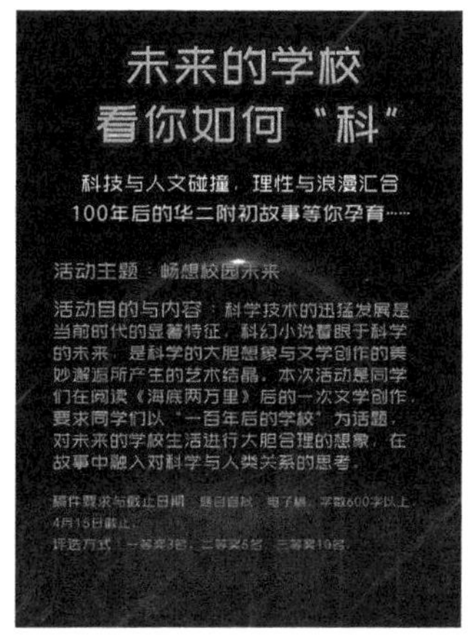

图 4－1 校园科幻创作活动海报

时间在 100 年后。学生需要将故事背景设定在 100 年后的未来，这就要求他们对未来的科技、社会等方面进行合理的想象和预测。这样的设定有助于学生与未来保持一定的时间距离，对未来的科学世界进行合理想象，培养学生的想象力。

符合本校校园场景。写作需以本校校园作为故事发生的主要场景，这要求学生将学校环境或者元素等融入科幻故事中。这样的要求能够提升创作的难度，增强创作的趣味性。

体现科幻小说的三元素。科学元素，故事中必须包含基于科学原理的设想或技术，如先进的 AI、线上授课等。这要求学生对科学知识有一定的了解，并能够将其创造性地运用在写作中；逻辑自洽，科幻故事虽基于想象，但情节设定与发展的逻辑必须严密且自洽，不能出现明显的逻辑漏洞，这锻炼学生的逻辑思维和推理能力；人文思考，科幻小说不仅仅是对科学未来的想象，更应包含对人类社会与科学技术的关系等深层次问题的思考。这一要求促使学生关注科技与人文的交融，培养批判性思维。

这次校园“科”故事的写作，激发了学生的想象力与创新思维。通过设定在 100 年后的未来校园场景，鼓励学生大胆想象未来的教育与学校生活，从而培养他们的想象力和创新思维；强调故事的逻辑自洽性，有助于学生在构思故事情节时更加注重想象的合理性，从而提升他们的逻辑思维能力；要求学生在科幻写作中包含人文思考，引导他们关注科技发展与人类社会的相互影响，培养全面、深入的思考习惯。通过阅读《海底两万里》这部科幻经典，学生不仅获得了科幻小说的阅读体验，还能在阅读的基础上进行创作，实现阅读与写作的有机结合。这样的设计让学生在阅读中汲取灵感，在写作中实践所学，提升了语文素养。

成果示例

人机之战

2123年5月5日，中国，上海，华二附初。冯玺睿上完最后一节集训课，背着书包在洒满夕阳余晖的回家路上走着，他很怀念地看了看身后的母校，看了看用新材料建起的大楼，看了看标志性的金钥匙。这里，也许马上就不再是学校了。

中国在2115年正式批准了《机器人教育法》，第一批从事教育的机器人随即投入使用，这些机器人使学生们能够在家里享受往日学校的服务。渐渐的，越来越多的学校开始使用这样的机器人，学校从一个实体转化为存在于网络上的教育平台。但同时有另一批人反对这种做法，他们认为使用机器人代替人类进行教学会使学生缺少创意，弊大于利。于是机器人教育和人工教育两大“派系”开始对抗，两派互不相让，争得不可开交。最终教育部决定在2123年5月6日开启一场为期三天的比赛，由机器人教育派和人工教育派各出15名学生，在上海进行一次全方位的大型测试赛，胜出的一方成为中国的主流教育方式。冯同学的学校华二附初是人工教育派的代表，最近，这里集结了15名人工教育派中最优秀的学生进行集训，明天就是见分晓的时候。

2123年5月6日，中国，上海，新东方明珠最高层。冯玺睿是顶着巨大的压力来到这里的，他一进门就看见房间里已经坐了一些人了。其中好几个穿着统一而整洁的白衬衫，应该是机器人派的。他们身上散发出一种统一又智慧的感觉。冯玺睿心里像揣了只兔子似的惴惴不安，准备考试时有些手忙脚乱，他仿佛不是在面对这些学生，而是面对冷漠的、理性的、整齐的、统一的机器。

经过了几场考试，冯玺睿渐渐调整好了自己的心态。他感觉自己思路特别清晰，写出了完美的答案。终于到了最后一场语文测验，前面的题他都答得不错，他像是下定很大决心般地翻开了最后一页纸，作文的题目是：我的精神家园。一看到这个题目，冯玺睿突然脑子里有了一个地方，那里有动听鸟鸣，有平静的池塘，有花朵，有高楼，学生们在自动平衡车上来去匆匆，空中停满了老师的飞车，他曾在那里的天幕投影仪上看过电影，曾在球形的多功能教室中上过课，曾在班级的智能黑板上解过题，曾和同学一起走在回教室的林荫小道上……那里，是他的母校华二附初。那里承载了他的酸甜苦辣，有同学之间的玩闹，有与老师的互动，他还记得，老师们有时严肃，有时幽默风趣，他的老师都给过他震撼和感动，这是对职业的坚守，对他们的关爱！这不是一个冷冰冰的机器可以替代的。他们班有数学天才小高，有体育健将小王，他们不是机器培养的人，他们是有创造力的，无可替代的人！他自信地落笔，写下一行又一行发自内心的赞美，像一部动听的乐章，缓缓在笔间流过，他不在意来自那些机器人派的学生的压力了，他的心中只有自己、老师和他的母校。

2123年6月10日，考试成绩公布。冯玺睿紧张地看着排名，从下往上，两派各有输赢，分数咬得死死的。直到看到最后一门语文：他一直没有找到自己的名字，直到看到最顶上那个耀眼的分数。他笑了起来，他得了第一名，并且人工教育派以一分的微小差距赢得了这场决定历史的大战。就在榜单的旁边，评委写了一行字：“相比于全是套路，格式相近的‘机器作文’，本次测验第一名选手的作文更令人为之动容，如果让我说机器人会替代人类吗？我觉得，不会。”

（黄浩铭）

点评 这篇科幻小说以百年后为时代背景，巧妙地将华二附初这一校园场景融入其中，创作了一个既熟悉又充满未来感的故事。小说围绕一场决定未来教育方式的比赛展开，探讨了机器人教育与人工教育的优劣，展现了作者丰富的想象力与严密的逻辑思维能力。小说不仅展示了未来科技对教育的影响，更体现了人类创造力与情感力量不可替代的价值。作品体现了科幻作品的特点，体现了一定的创造性。

2. 评论性写作

整本书阅读的评论性写作，是对整本书进行深入阅读后，对作者观点、叙事手法、结构布局、语言风格等多方面的深入探讨与议论评价。评论性写作要求读者具备敏锐的洞察力、严谨的逻辑思维以及丰富的表达能力，同时融入个人的阅读体验与情感共鸣，使评论既具有学术性又不失个性色彩。通过评论性写作，读者不仅能够提升阅读理解能力，还能锻炼思维深度与文字表达能力。

成果示例

一卷世纪之末的画卷

——《童年》阅读分享

《童年》的作者为苏联无产阶级作家高尔基，他原名阿列克赛·马克西姆维奇·彼什科夫，出生于诺夫哥罗德镇的一个木工家庭，4岁时丧父，尔后跟随母亲一起去外祖父家生活。而他从4岁到11岁的生活经历之后就成了《童年》的故事原型。

《童年》带着非常鲜明的自传色彩。本书讲述了主人公阿廖沙3岁到10岁期间的童年生活，阿廖沙在3岁时父亲因病去世，他随妈妈和外婆一起来到外公——一个残暴、吝啬、自私的小染坊主——家。在外公家中，阿廖沙受尽了毒打，他生活在外祖父的阴影下，过着看人脸色的生活。在这样的环境中，他逐渐长大，并成为一名学徒，进入了“人间”。

关于《童年》的创作背景，据说与列宁有关，当高尔基与列宁讲述他的童年往事时，列宁曾对他这样说道：“您应当把一切都写出来，老朋友，一定要写出来！这一切都是富有极好的教育意义的，极好的！”不久后，高尔基便创作了《童年》。

《童年》作为一本小说来看，其描绘的社会背景和生活现状和我们现在的生活相去甚远。其中许多对于社会的描写在我们这一代人眼中很陌生。若是能静下心来，专心致志地阅读，走近人物以及他们所生活的那个广阔的社会背景，则不难发现作者在全书中对于人物刻画所下的功夫。

首先，《童年》的情节是以阿廖沙——一个10岁不到的男孩的视角展开的。这就给全书所描写的在俄国沙皇统治下的黑暗的现实蒙上了一层彩色的滤镜。在孩子的眼中，世界并不只是无止境的争吵、斗殴、酗酒、盗窃；世界还有着真、善、美的一面。阿廖沙有着许多的在大人眼中看上去是“不务正业”的爱好，比如观察小鸟、布置花园等，但也正是这些爱好，让人感觉到了在当时困苦的社会中存在的美好与温馨。

孩子的天真让全书所描写的黑暗的社会在读者的眼中有了不一样的色彩，让读者发现原来在如此黑暗的境地中，人性的善良尚未泯灭。而从另一方面看，从孩子的视角所看到的人性黑暗，丑恶的一面，则显得更能够让人心灵震撼，更能使人为之动容。

其次，《童年》对次要人物的刻画十分鲜活。书中除了阿廖沙之外，舅舅、外祖父、外祖母、“好事情”等，都有着鲜明的个性，而这种个性并非是单一的、脸谱化的，作者在描写每个人的个性时，结合了人物的背景，社会的实际情况，还有自己的真实经历。例如，外祖父在书中无疑是作者塑造的一个反面角色，他喜怒无常，残暴，经常毒打妻子，甚至于把阿廖沙打到昏厥。但是就是这样一个人物，作者在描写他的个性的时候是做足了铺垫。他自私吝啬，是因为他家业衰落；他喜怒无常，是因为他试图维护他那可悲的小资产阶级地位。而就是这样一个看上去彻头彻尾的恶棍，也并非一无是处。比如作者写外祖父讲述自己年轻时当纤夫的经历，就是为了表现外祖父对于生活的奋斗。通过正反结合的描写，使得每一个人物都有血有肉，有着灵魂，而不是为了存在而存在的工具人，作者写出了人作为生命个体的鲜活与人性的复杂。

再次，本书对于人物的描写是多角度多层次的，而且全书自传色彩浓厚，又加以丰富的描写，给人真切的阅读体验。书中主角“阿廖沙”是高尔基的乳名，也代指着童年时期的高尔基。阿廖沙的经历都取材于高尔基自己的切身体会。因此作者在书中所塑造的人物大部分都来源于自己的真实经历，从而使所塑造的人物带着一份真实，让人们在阅读的时候很容易便沉浸在所营造的情境之中。作者在描写人物的时候以孩子视角为中心，但也夹杂着成人视角加以辅助，通过多角度，全方位的描写，使得对于人物的刻画做到了全面、不脸谱化。

作者写作此书的首要目的显然是回顾自己的童年往事，但与此同时也包含了对于当时社会的不满和批评，同时也表达了作者对于一些人的感谢。作者通过对于阿廖沙的两个舅舅去集市盗窃商品而不以为耻的描写，告诉给读者一个现实——偷窃在当时的沙皇俄国已经成为一种风气，而不是一种罪恶。由此，作者不露声色地发表了自己对于社会风气的强烈不满。而作者在描写外祖母的时候，运用大量对比。最具有典型性的就是当阿廖沙染病时，无人敢照料他，家里人甚至将他缚住手脚弃置在阁楼上任其自生自灭，只有外祖母坚持喂他饭，坚持照料他。外祖母还教给他做人的道理，这对高尔基此后的人生产生了深远的影响。正因此，作者借此书表达了对于以外祖母为代表的对他的成长大有裨益的人的感谢。

本书写作于19世纪末期，在思想上，本书反映出了沙皇俄国小资产阶级的真实面目，无情地揭开了资本主义的虚伪面纱，生动再现了19世纪末期沙皇俄国底层人民所经受的苦难生活，展现了一卷沙俄底层人民在世纪之末为生存而挣扎，为地位而挣扎的真实画卷。作者通过对人性之恶的描写，将资本主义的丑恶揭示出来；又通过对以外祖母为代表的人性之善的描写，歌颂并怀念了这一类在高尔基的童年中对他的未来有深刻的正面影响的人，也正是这些人，造就了此后高尔基对于生活的坚强。

诚然，立足今天，放眼去看《童年》所描绘的19世纪末的社会，无疑是十分陌生的。但这并不代表着我们去阅读这本书就是浪费时间。《童年》所运用的正反结合，详略得当的人物描写和叙事方式都值得我们去学习。而本书在描写社会的同时，也展现出了阿廖沙的自强不息，积极进取的精神，这种精神是很难得可贵的。身处逆境而不沉沦，遭受苦难而不退却，这是我们所需要学习和具备的。不仅如此，《童年》也深刻地批判了资本主义制度对于底层人民物质的压迫和精神的毒害，表现出作者对于一个光明的社会，一个平等的社会的热切追求，对于我们作为未成年人更深刻地学习和理解共产主义也有一定的帮助。

（杨承禹）

点评 本文如同一篇文学短评，有其深刻的洞察力。文章通过对主要人物阿廖沙及次要人物的鲜活描绘，展现了作者高尔基高超的人物刻画技巧与多层次的叙事视角，使读者仿佛置身于那个世纪之末的沙俄社会，感受着人性的光辉与阴暗。尤为值得称赞的是，文章并未止步于对作品的解析，而是进一步挖掘了其背后的教育意义与时代价值，鼓励我们学习阿廖沙的自强不息与积极进取，同时深刻理解并批判资本主义制度的压迫与不公。

3. 应用性写作

在整本书阅读的过程中，学生会产生多种多样的阅读成果。其中，有一些创作型成果，既不同于传统的文学性写作或评论性写作，然而又是以文字表达为主，它们更多地体现出学生对相关问题的深入思考和实际应用能力。例如，重拟目录、撰写前言后记等，就是学生阅读成果的常见形式，它们可以归到应用性写作的范畴。这种写作不仅要求学生具备一定的语言文字功底，还需要他们能够将自己的感受、收获等灵活应用于实际情境中，通过文字来展示自己对图书内容的理解和思考。例如目录的编拟，学生们在阅读完一本书后，会根据自己对内容的梳理与重构，按照一种新的逻辑关系，重新为整本书拟定目录。这一任务的成果案例为：

第一章　人物篇

雄才伟略、高瞻远瞩的毛泽东
百折不挠、儒雅睿智的周恩来
坚定执着、温和谦逊的总司令朱德
身经百战、正直率真的将领彭德怀
侠肝义胆、深孚众望的将领贺龙
英勇无畏、疾恶如仇的将领徐海东
年轻有为、出奇制胜的红军大学校长林彪
淡泊名利、乐观自信的财政人民委员林祖涵
壮心不已、排除万难的教育人民委员徐特立
乐观向上、自尊自强的红小鬼
饱受苦难、拥护红军的农民
…………

第二章　历史事件篇

蓬勃发展、广泛参与的共产革命运动

独立自主、多地集结的苏维埃运动
无惧封锁、绝境求生的第五次反围剿
生死图存、迂回展智的举国大迁移
日夜兼程、血洒铁索的大渡河战役
饱经艰辛、乐观英勇的草地跋涉
创立适应形势、凝聚人心的政治制度
建设自给自足、形式灵活的经济模式
倡导丰富多彩、民主平等的文化生活
…………

二、做一做:制作型阅读成果

在整本书阅读过程中,学生们在理解这一本书内容的基础上,还可以通过一系列“产品”类成果,将阅读体验转化为具有实际应用价值的创作。这些成果,如书签、封面设计与推荐、班刊、黑板报设计等,都是学生阅读后思考与创新性制作的结晶。书签是常见的生活用品,用书签作为整本书阅读的成果形式,能通过其独特的设计展现学生对书籍中重要内容的摘录与理解。封面设计与推荐则要求学生将图书的精髓浓缩于方寸之间,既考验了学生的艺术审美,也锻炼了他们的概括能力,对整本书“整”的综合把握能力。班刊和黑板报设计也能考验学生综合才能的发挥。通过策划、撰稿、设计、排版等一系列流程,学生们不仅提升了团队协作能力,还将阅读所得以更加生动、多样的形式展现给更多人,进一步扩大了阅读的影响力,也加强了阅读的交流碰撞。这些制作型阅读成果不仅丰富了学生的阅读体验,还为他们提供了展示个人才华和团队合作的平台,是整本书阅读的阅读成果形式中不可或缺的一部分。

(一)《钢铁是怎样炼成的》黑板报展示

《钢铁是怎样炼成的》这部经典之作,讲述了一个普通工人家庭少年保尔·柯察金的成长历程。为使学生深刻理解“今天为何读保尔”,教学设计以“保尔”专题板报为核心任务,通过四个具体任务推进阅读:学生需从保尔的“遭遇史”或“恋爱史”等角度梳理其人生经历,并以板报形式展示,以深入理解其成长轨迹;将保尔与其他文学人物比较,分析他能实现人生价值的原因,同样以板报展示,培养分析比较能力;参与“当下议保尔”话题讨论,思考保尔精神的现实意义,并在板报 BBS 区域发表观点,培养批判性思维和表达能力;为板报拟定既符合主题又具有吸引力的标题,考验学生的总结概括和语言表达能力。

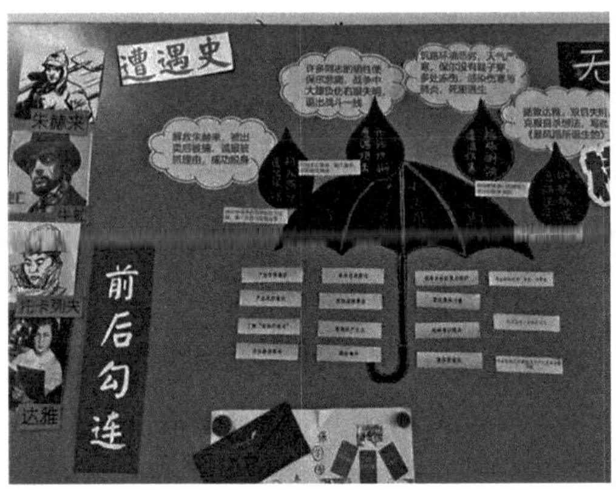

图 4-2 《钢铁是怎样炼成的》学生板报作品

在“横向思保尔”的环节，学生需要在跨文本的分析中，梳理探究人物在环境、他人影响、自身因素方面的差异，并做出合理推断和结论（见图 4-2、图 4-3）。在此过程中，分析比较、归纳判断等思维品质得到运用与提升。学生的审美创造也在板报这一情境中得到培育，板报设计需要构图，需要将阅读思考的结果具象为一幅有整体感的能表达思考内容的板报作品，如梳理遭遇史的同学，将保尔形象化为一把抵挡风雨的伞，用伞表现保尔在遭遇逆境中逐步形成的意志品质，同时用云与雨滴等意象表达他成长过程中遭遇的人生风雨，这样的创意作品，是学生用形象表现美、创造美的过程。

图 4-3 《钢铁是怎样炼成的》学生板报作品

（二）《海底两万里》“阅读画报”封面推荐

在《海底两万里》的阅读教学中，教师设置的主要情境是制作“阅读画报”，学生将《海底两万里》的阅读感受与成果转化为丰富多样的图画，并配以相应的文字解说、阐释等，从而表达对阅读内容的理解，进行阅读的交流分享，在画报制作过程中，隐含了阅读的路径与策略。本情境以“超现实的现实思考——图画中的幻想小说”为任务主题，分小组承担相应子任务，包括以提取信息为主的“鹦鹉螺”号绘制、以情节梳理为主的“海底两万里”航程绘制、以探析人物形象为主的尼摩船长画像绘制等，将幻想类作品的阅读策略依托图画、文字等载体，将阅读过程、感受与成果转化为多样化的表达形式，最终提升学生表达的创造力，丰富名著阅读分享交流的方式，增强阅读的趣味度。

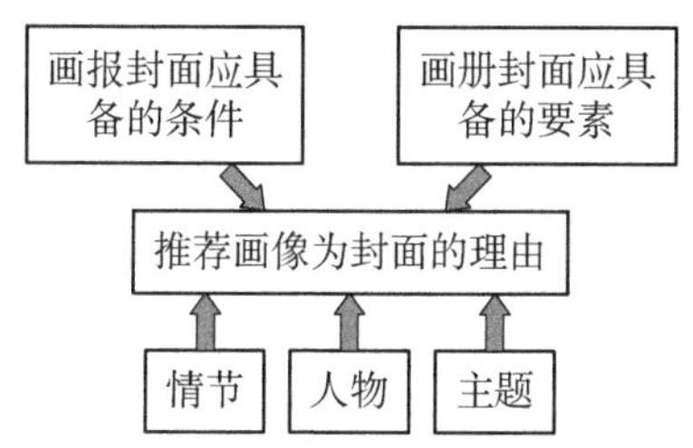

图 4-4 《海底两万里》封面推荐图示

图 4-5 《海底两万里》封面推荐作品

其中，任务三为阅读画报的封面推荐。《海底两万里》塑造了尼摩船长这一复杂形象，赋予其强烈的社会责任感和人道主义精神，以此来表达对现实的批判。同时，在尼摩船长身上，也展现了人的丰富性与人性的复杂性，尤其利用潜艇这一高科技实施无差别的报复行为对社会造成了更大的伤害，也加剧了人类的矛盾，值得反思。本任务板块将人物在具体事件中的表现转化为画像，从而使人物形象变成具体可感的图画，在实现图文转化的同时还考验着同学们将抽象的人物品质用线条、色彩等外显化的艺术表现力；另外，在进行封面画像推荐时，必然要思考局部情节在整体故事结构中的作用，思考人物某一横切面的形象在全书中的重要性、代表性，从而在讨论中形成对人物的整体认识，并进一步思考作者通过人物所表达的对科技发展的展望与隐忧(见图 4-4、图 4-5)。

以下为一个小组对封面作品的介绍：

故事发生在采珠胜地锡兰岛。

在那儿，有一群可怜的采珠人，他们每天都冒着生命危险从海底采珠。尼摩船长挺身而出，从巨鲨的口中救下了一位素不相识的采珠人。他还送了采珠人一袋价值连城的珍珠。尼摩船长在此时已经切断了任何与大陆“野蛮人”的关系，如隐士一般生活在“鹦鹉螺”号上。读到这里，大家一定有个疑问——为什么他要冒着生命危险去救采珠人呢?

要回答这个问题,我们先要了解尼摩船长是一个怎样的人。前面的章节向我们展现的是一个睿智、冷静、果敢的尼摩船长。虽然本书没有具体交代尼摩船长的身世,但我们仍然从一些句子中感受到尼摩船长反抗压迫、痛恨奴役的坚决之心。“海中有无比和平的环境,海不属于压迫者。”“只要我还有一口气,我就会站在他们那边!”因此,在看到悲惨的采珠人即将命丧鲨鱼之口的时候,尼摩船长毫不犹豫地前去营救,与巨鲨展开殊死搏斗,这种舍生忘死的相救正是他对受压迫者的保护。他,就是弱者的守护神!尼摩船长保护弱者,这在后文诸多情节中都有出现。比如在希腊群岛,尼摩船长把一整箱财宝送给了一位受压迫的潜水人。除了保护弱者反抗压迫,船长还有一种品质让我们钦佩,那就是勇敢。让我们来想象一下,在面对巨鲨的血盆大口时,我们会怎样做?书中“我”的话从侧面描写了巨鲨的凶猛恐怖:“我吓得说不出话来,动弹不得”“我真想跑过去助船长一臂之力。可是我像被恐惧钉在那里一样,一步也迈不动。”然而,尼摩船长丝毫没有畏惧退缩,只身向前和鲨鱼展开殊死搏斗,这是一位何等的勇者!

这一章节向我们展现了一个勇敢、善良、富有同情心和正义感的尼摩船长。在字里行间,我读到了人性中最本质的善良和最勇敢的心。尼摩船长让我钦佩。

所以我推荐选用此场景作为封面。

三、说一说:交流型阅读成果

交流型阅读成果在整本书阅读过程中很常见,这类成果符合新课标对整本书阅读的要求。新课标强调,整本书阅读不仅要关注学生的个体阅读体验,更要鼓励他们在阅读过程中进行积极的交流和分享。交流型阅读成果主要包括好书推荐视频、享读会、辩论赛、故事会以及读书报告分享等。好书推荐视频不仅要求学生分享自己喜爱的书籍,更需他们从一个独特的视角出发,以恰当的形式展现出这本书的“好”,从而激发他人的阅读兴趣。2023 年,语文教研组开展了题为“我这样读·你怎么看——好书推荐分享”的读书月主题活动(见图 4-6),同学们从“华二附初百本推荐好书”中选择推荐篇目,用视频的形式推荐自己喜爱的书籍,在这些精彩的作品中,同学们自主选择推荐角度、进行鞭辟入理地分析,谈吐自信、表达丰富(见图 4-7);享读会则为读者提供了一个更为深入的交流平台,在这里,大家可以畅所欲言,分享自己的阅读感悟,碰撞出更多思想的火花,进一步深化对书籍的理解;辩论赛则是另一种富有挑战性的交流形式,它要求读者对书中的某些能引起热议的话题进行深入的思考和整理,并用有力的语言来表达自己的观点。这种形式的阅读成果不仅能够锻炼读者的思维能力，提升他们的口语表达能力，还能促进对书中内容的更深层次理解。2023 年，华东师范大学紫竹基础教育园区开展了“雨润芝兰，阅动思维”的主题阅读活动，活动聚焦“科”作品，即“科普”“科幻”“科学”，探索不同阶段学生在阅读活动中思维品质的培养与炼成。其中，初、高中推荐阅读的书目为《从一到无穷大》《科学史十五讲》《科学发现纵横谈》，活动是以“科技发展与人的关系”辩论赛的形式开展的；故事会则以生动有趣的方式再现书中的精彩故事，为整本书阅读增添了更多的色彩和活力。交流型阅读成果能以多样的形式展现阅读的魅力和价值，不仅提升了读者的阅读体验，也促进了学生之间的交流和分享，是落实新课标关于整本书阅读的一种必要的“看得见”的方式。

图 4-6 华二附初百本好书推荐活动海报

图 4-7 学生好书推荐视频作品

（一）《西游记》中的西游故事会

以故事会的形式开展《西游记》的阅读，是一种化繁为简的方式。《西游记》作为四大名著之一，是一部充满奇幻色彩和丰富想象力的古典小说，故事情节跌宕起伏，人物形象鲜明独特，但由于其故事庞杂，人物众多，情节曲折，学生通读完整本书本已属不易，往往还容易读过就忘了，难以留下深刻的印象。以故事会的形式进行阅读，有助于学生更好地再现里面的经典故事，深入感受故事的精彩。通过故事会，学生们可以听到不同同学演绎的《西游记》的故事，也可以尝试自己讲述和改编故事，从而更深入地了解书中的故事情节和人物形象。用故事会的形式还能锻炼他们的口语表达能力和创造力。在故事会上，学生们可以相互交流、分享，共同成长。因此，以故事会的形式开展《西游记》的阅读，有助于学生更好地感受和理解故事、人物，培养学生的语言表达能力。

（二）《海底两万里》中的“鹦鹉螺”号

《海底两万里》中的“鹦鹉螺”号是这部小说“科学元素”的集中体现，在小说创作的年代，人类还没有发明如此先进的潜艇，凡尔纳想象了科学技术在未来的发展，实现了优秀的科幻小说家用小说引领科技发展的传奇。作为一部科幻作品，教师需要引导学生在阅读时把握科幻小说“科学元素”“逻辑自洽”“人文思考”三要素，同时建构起阅读科幻小说的经验。因此，通过走近“鹦鹉螺”号，理解科幻小说“科幻”的特点就尤为重要。那么如何来做呢？笔者设计了一个任务：绘制“鹦鹉螺”号草图，介绍其设计，即让学生围绕自己绘制的“鹦鹉螺”号草图展开一次分享。当然，分享虽然只是一次几分钟的口头汇报，然而，学生为了进行这次分享，需要经过以下过程：首先，需要仔细阅读小说中关于“鹦鹉螺”号的描述，提取其外形、构造、潜水原理、速度、潜水深度以及动力系统等关键信息，并整理成一份详细的信息收集表。接着，利用现代科技知识和网络资源，查找真实世界中与“鹦鹉螺”号相关的科技设备和构造，比如现代潜艇的设计原理、技术参数以及发展历程等。通过对比分析，可以发现小说中的科幻元素与现实科技之间的异同点，进而理解科幻小说中的科学元素是如何基于现实又超越现实的。最后，可以根据对比分析的结果阐述自己对“鹦鹉螺”号的认识，对凡尔纳科幻小说创作的认识。在这场分享中，学生依照以上步骤将所收集到的信息运用在自己的口头分享中，这样的实践不仅有助于学生更深入地理解科幻小说中的科学元素，还能激发学生的创新思维和想象力（见图 4－8）。

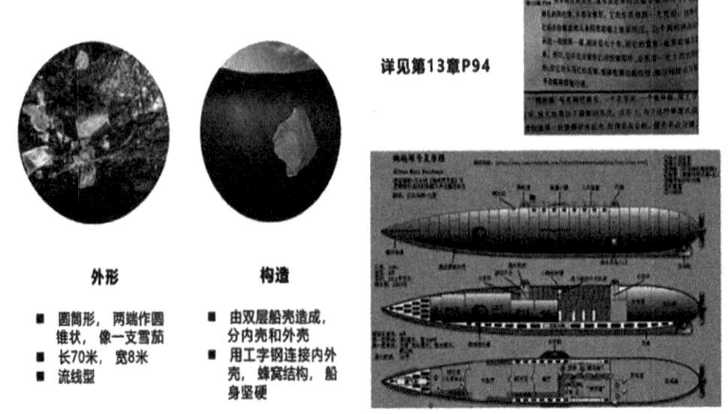

图 4－8 《海底两万里》学生分享

第二节 “看得见”的评价

通过观察学生的阅读状态，可以了解他们的阅读态度和专注程度；评价学生的阅读方法，可以引导他们掌握并运用更有效的阅读策略；而考查学生的读书笔记，则能深入体现他们的阅读深度和思考能力。语文课程评价包括过程性评价和终结性评价。过程性评价贯串语文学习全过程，终结性评价包括学业水平考试和过程性评价的综合结果。① 本节主要从过程性评价与终结性评价两方面来阐述。

一、过程性评价：多角度注重评价

整本书阅读在新课标中被赋予了“课程化”的地位，“过程性评价重点考查学生在语文学习过程中表现出来的学习态度、参与程度和核心素养的发展水平”。② 过程性评价强调对阅读整本书的全过程进行考查，这包括学生的阅读态度、阅读方法以及读书笔记等多个方面。这种评价方式不仅关注阅读结果，更重视阅读过程中的学生表现和发展。通过编制评价量表和制作阅读反思单，教师能够引导学生从阅读方法和阅读习惯等具体维度进行自我反思和自我改进。这种方式有助于学生及时发现并纠正阅读中存在的问题，从而逐步提升阅读能力和阅读质量；过程性评价鼓励学生积极参与阅读过程，培养他们的阅读兴趣和良好的阅读习惯，同时也为教师提供了反馈信息，有助于教师调整教学策略，更好地指导学生进行整本书阅读。

（一）评价过程全程化

对于整本书阅读的评价，新课标突出强调了“注意考查阅读整本书的全过程”。就整本书阅读教学来说，可以分成起始阶段、推进阶段和总结阶段，需要在不同的阅读阶段设计阅读任务，并嵌入相应的评价方式，建构起完整、有效的整本书阅读评价体系。当学生对自己的阅读效果不满意时，还可以按照评价方式的反馈进行调整、修改，促进自我的整本书阅读元认知能力的提升。

起始阶段：在起始阶段，首先，教师应指导学生根据自身阅读速度设定每日阅

---

① 中华人民共和国教育部．义务教育语文课程标准（2022 年版）[S]．北京：北京师范大学出版社，2022.46.

② 中华人民共和国教育部．义务教育语文课程标准（2022 年版）[S]．北京：北京师范大学出版社，2022.46.

读量，比如每天阅读 20～30 页，据此计算出预计多长时间可以读完整本书。同时，鼓励学生采用多样化的阅读方式，如默读、朗读或结合笔记进行深度阅读，以提高阅读效率和理解力。随后，要求学生完成一份阅读计划表，内容包括每日的阅读时间、阅读时长、阅读内容以及个人的阅读体会与收获。这一步骤旨在帮助学生明确阅读目标，培养良好的阅读习惯。在后续的阅读过程中，学生可以对照自定的阅读计划表进行自我监控，确保阅读进度和质量，教师也可以根据这份计划表对学生课外的自主阅读情况进行有效的跟踪评价，从而给予更加个性化和有针对性的指导。

推进阶段：在整本书阅读的推进阶段，评价学生时，我们应特别关注他们是否能够实现深度阅读。通读全书是这一目标的基础，它帮助学生建立起对情节、形象、主题、艺术手法等的整体把握。为了实现这一目标，教师可以巧妙地设计一系列表现性任务，例如绘制故事情节和人物关系图，制作人物名片，以及用自己喜欢的方式讲述故事等。这些任务能够促使学生将所读内容、情节和人物信息进行较为系统的梳理与整合，进而形成对作品内在关联的整体认知。在这一环节的评价中，我们应重点考查学生是否能够保持持续阅读的习惯，是否能够自觉地运用阅读策略进行关联阅读和整体阅读，以及他们能否有效地提取、整合并阐释所读信息。这样的评价方式更能看出学生实际阅读能力和深度理解的程度。

总结阶段：在整本书阅读的总结展示阶段，学生们迎来了阅读的丰收时刻。在这一阶段，学生们不仅是通过多种形式，如演讲、报告、戏剧表演等，与他人分享交流自己的阅读体会和感悟，更是获得了一次全面展示自己阅读能力的机会。这不仅仅是一次简单的成果展示，更是一个获取宝贵评价信息、促进个人阅读能力和教学方法持续改进的重要环节。在总结阶段的成果展示中，小组合作成为主流形式，学生们在小组中共同协作，共同呈现他们的阅读成果。然而，在对这一过程的评价中，我们需要既关注小组的整体表现，如团队协作、主题把握、创新点等，又要兼顾评价到每个小组成员的个人贡献，如参与度、独特见解、表达能力等。这样的评价方式，旨在将评价个体与评价小组紧密结合，全面、公正地反映每个学生的真实阅读水平和努力程度。同时，根据学生的具体成果进行评价，更能激发他们的阅读兴趣，提升他们的阅读素养，为未来的学习和生活奠定坚实的基础。

（二）评价维度丰富化

整本书阅读教学作为语文学习六大任务群之一，是培养语文核心素养的重要途径与载体，其评价维度的丰富化显得尤为重要。它应涵盖阅读计划制订、阅读经验与阅读方法的积累运用、阅读感受的分享交流、良好阅读习惯的养成、认知能力提高以及精神世界丰富等多个方面，以全面反映学生的阅读素养和综合成长。

阅读计划的制订是整本书阅读教学的起点，评价学生阅读计划的制订，不仅要关注计划的合理性和可行性，还要考查学生在执行计划过程中的自我监控和调整能力。一个优秀的阅读计划应能够体现学生对阅读时间的合理安排、对阅读内容的精心选择以及对阅读目标的明确设定。

阅读经验与阅读方法的积累运用是评价学生阅读能力的重要维度。学生在阅读过程中，应不断积累阅读经验，掌握并运用多种阅读方法，在统编版语文教材中，对多种阅读方法有介绍。评价时，教师应关注学生是否能够根据不同的阅读目的和文本特点，灵活地选择并运用适当的阅读方法，以提高阅读效率和理解深度。

阅读感受的分享交流是整本书阅读教学的重要组成部分，也是评价学生阅读素养的重要方面。通过分享交流，学生可以展示自己的阅读成果，表达个人的阅读感受和见解，同时倾听他人的观点，拓宽自己的视野。评价时，教师应关注学生是否能够清晰、准确地表达自己的阅读体会，是否能够与他人进行有效的交流和互动。

良好阅读习惯的养成是整本书阅读教学的长期目标之一。评价时，教师应关注学生是否能够形成持续、稳定的阅读习惯，如定时阅读、专注阅读、做笔记等。这些习惯的养成对于提高学生的阅读能力和阅读素养有重要作用。

认知能力的提高是整本书阅读教学的深层次目标。通过阅读，学生可以接触更广泛的知识领域，培养自己的思维能力、判断能力和创新能力。评价时，教师应关注学生在阅读过程中是否能够进行深入的思考和分析，是否能够形成自己独特的见解和观点。

精神世界的丰富是整本书阅读教学的终极追求。阅读不仅可以提高学生的语文素养，还可以滋养学生的心灵，丰富他们的精神世界。评价时，教师应关注学生通过阅读是否获得了情感的共鸣、价值观的启迪以及人生智慧的领悟等。

整本书阅读关乎学生综合能力与素养，在评价时，应尽可能地关注诸多要素，从而更全面地对学生的阅读态度、行为、结果等进行评价。

（三）评价工具适应化

在整本书阅读教学中，评价不仅是对学生学习成果的检验，更是引导和促进学生持续阅读的重要手段。学生在整本书阅读中的表现有着开放性和复杂性等特点，这使得传统单一的评价方式难以适用。因此，教师需要依据阅读目标，研制能够全面准确地记录和衡量学生表现特质的评价工具，以确保评价的公正性和有效性。

评价工具是教师判断学生是否达到阅读目标的依据，更是引导学生自我监控、自我调整阅读策略的重要参考。在评价工具的类型上，核查表、等级量表和评价量表是三种常用的工具。

核查表：核查表是一种结构化的清单工具，主要用于列出需要观察的特定特质或行为。在整本书阅读教学中，核查表常用于通读阶段，帮助学生初步掌握作品的主要内容，并形成整体的阅读印象。它强调对特定行为或特质的出现与否进行记录，而不涉及表现的质量水平。通过核查表，学生可以清晰地了解自己在阅读过程中是否完成了预设的任务或达到了特定的标准。表 4-1 为《钢铁是怎样炼成的》阅读核查表：

表 4-1 《钢铁是怎样炼成的》阅读核查表

书名：《钢铁是怎样炼成的》 作者：尼古拉·奥斯特洛夫斯基

阅读者：________ 开始日期：________ 结束日期：________

板块	内容	完成打"√"
主要人物核查	保尔·柯察金：主角，记录其成长经历的关键事件。	
	朱赫来：保尔的革命导师，关注其对保尔思想的重大影响。	
	冬妮娅：保尔的初恋对象，记录两人关系变化。	
	丽达：保尔的战友兼爱慕者，关注其互动情节。	
	其他重要人物：________（请自行添加并勾选）	
关键情节核查	保尔加入红军，参与战斗的经历。	
	保尔参与革命建设的经历，如铁路修建等。	
	保尔因伤致残，康复过程及心路历程。	
	保尔与不同政治派别的斗争与合作。	
	保尔的爱情故事及其对个人成长的影响。	
	其他关键情节：________（请自行添加并勾选）	
主题思想核查	革命精神的体现与传承。	
	个人成长与自我超越。	
	爱情与理想的抉择。	
	其他主题思想：________（请自行添加并勾选）	
额外收获与反思	记录在阅读过程中，除核查表内容外，个人额外的收获、感悟或想要进一步探讨的问题：____________________	

等级量表：等级量表是一种将表现或特质划分为不同等级，并用数字或文字描述每个等级标准的评价工具。在整本书阅读教学中，等级量表常用于对学生的阅读任务进行具体的评判。通过设定不同的等级标准，如优、良、合格等，帮助学生明确自己的阅读水平，并激励他们向更高的目标努力。等级量表提供了清晰、量化的评价标准，有助于学生了解自己在不同阅读任务中的表现水平。表 4-2 为“横向思保尔”板报展示等级量表：

表 4-2　“横向思保尔”板报展示等级量表

评价维度	评价内容	完成水平(打“√”)			优点、补充与建议
		优	良	合格	
内容	指向明确：保尔能实现人生价值的原因				
	人物比较有聚焦				
	依据准确、具体				
	有合理推断				
	有合理结论				
形式	根据板报特点，合理设计，展示美观、形象、丰富				

评价量表：评价量表是一种详细规定评价标准、表现等级的评价工具。在整本书阅读教学中，评价量表提供了对等级量表各等级的具体描述，使学生能够更加清晰地了解自己在不同维度上的表现。它通常包括评价指标、表现水平、描述内容等，为学生提供了努力的方向和依据。评价量表强调对表现质量的描述性评价，而非简单的量化评分，有助于学生全面了解自己的阅读素养，并针对性地进行提升。表 4-3 为“纵向理保尔”板报绘制评价量表：

表 4　3　“纵向理保尔”板报绘制评价量表

评价维度	评价指标	优(18～20 分)	良(15～17)	合格(12～14)	总分	反思(建议)
内容	人生经历(20 分)	人生经历有 3 个及以上阶段，划分合理，每个阶段概括准确	人生经历有 3 个及以上阶段，划分合理，每个阶段有概括	人生经历少于 3 个阶段，划分基本合理		
	重要事件(20 分)	每个阶段都与重要事件建立合理关联	每个阶段都与事件建立关联	每个阶段都有事件		

（续表）

评价维度	评价指标	优(18～20分)	良(15～17)	合格(12～14)	总分	反思(建议)
	重要他人(20分)	结合具体内容，能准确分析每个阶段重要他人对保尔的影响	结合具体内容，能分析每个阶段重要他人对保尔的影响	结合具体内容，能将每个阶段重要他人与保尔建立联系		
	人物形象与变化(20分)	能准确分析人物形象，能合理推断其形象变化	能分析人物形象，能推断其形象变化	有人物形象，有形象的前后变化		
形式	展示效果(20分)	能根据板报特点，合理设计，使展示美观、形象、丰富	能根据板报特点，能将内容完整展示，注意美观	能根据板报特点，能展示一定内容		

在运用评价工具时，教师需要根据评价目的、评价目标以及评价工具本身的性质进行恰当选择。例如，核查表能够帮助学生快速掌握作品的主要内容；等级量表能够对学生的阅读任务进行具体的评判和激励；评价量表则能够为学生提供更为细致、全面的反馈，帮助他们进一步提升阅读素养。教师可根据学生的实际情况和阅读需求，灵活运用不同的评价工具，以努力实现评价的全面性和准确性。

（四）评价标准层次化

在整本书阅读中，每个学生都是独一无二的个体，他们拥有各自独特的阅读兴趣、理解能力和个性特点，这构成了实施个性化评价的重要前提。个性化评价的核心在于尊重学生的个体差异，旨在通过入微的观察与交流，深入理解学生的阅读需求、习惯、兴趣以及在阅读过程中遭遇的挑战。这种评价方式要求教师做学生个体差异的敏锐观察者与分析者。

在整本书阅读教学的框架下，教师需采取多样化的手段，如细致观察学生的阅读行为、开展深入的师生对话等，以此为基础，精准判断每位学生的阅读能力和理解水平。随后，教师能够据此设计出有一定个性空间的评价方案，这些方案针对学生的不同特质，采用灵活多样的评价方式、设定差异化的评价标准，并聚焦于学生的特定发展领域。

（五）评价主体多元化

在构建整本书阅读评价体系时，不可忽视评价主体可努力做到多元化。评价不应仅仅局限于教师的单一视角，而应拓展至包括学生、家长在内的多元主体，这些主体共同参与到学生整本书阅读效果的评价中来。

不同的评价主体能够从各自独特的角度提供丰富多样的反馈。教师可能更侧重于评价学生的阅读方法、策略的运用，关注他们在信息提取、文本阐释推断等方面的表现；家长则可能更关注孩子的阅读态度和习惯，比如是否持之以恒、是否愿意主动分享阅读心得等；而学生作为评价的主体之一，可增进同学间的互相交流，从而发现他人亮点，促进相互学习，形成良好阅读氛围，共同提升阅读能力和素养。这种多元化的评价不仅能够全面反映学生的阅读状况，还能在不同评价主体的激励下，进一步激发学生对整本书阅读的兴趣和热情。

多元化评价也是一种有效的反馈与诊断机制。学生可以从教师、家长的不同评价中，获得关于自己阅读行为的多元视角反馈，从而进行深入的自我反思与调整。这种反思不仅有助于学生发现自己的优点和不足，明确改进的方向，还能促进他们对阅读内容更深入的理解，提升思维能力和判断力。

自我评价也很重要。引导学生从阅读方法、阅读习惯等方面进行自我反思、自我改进，不仅能够提升学生的自我管理能力，使他们更好地掌控自己的学习进程，还能帮助他们在未来的学习和生活中更好地应对挑战和压力，这关乎学生终身学习能力的塑造。

（六）评价功能多样化

评价功能的多样化体现教育评价的价值追求，尤其在整本书阅读教学中，其重要性不容小觑。传统的评价往往侧重于给学生一个分数或等级，然而，这种单一的评价方式只是给予学生一个既定的结果，无法促进学生的发展型需求，因此整本书阅读的评价应更加注重评价功能的多样化，旨在通过多种评价方式促进学生的全面发展（见图 4－9）。

评价首先应发挥诊断功能。教师可以通过评价来诊断学生的阅读水平、阅读兴趣和阅读习惯，从而为他们提供更加有针对性的指导和帮助。这种诊断不仅是对学生阅读能力的评估，更是对学生阅读需求的挖掘。

评价的功能还在于发挥指导作用。帮助学生了解自己的阅读情况，包括优点和不足，并为他们指明改进的方向。通过具体、明确的反馈和科学的评价，这种指导作用就像一面镜子，使学生可以更加清晰地认识到自己在阅读过程中的表现，从而有针对性地进行改进。

评价还应具备激励功能。在整本书阅读教学中，教师需要注重鼓励和肯定学生，激发学生的阅读兴趣，提升学生的自信心。通过设立阅读奖励机制、展示优秀作品等方式，教师可以让学生感受到自己的进步和成就，从而更加积极地投入到后续阅读中去。

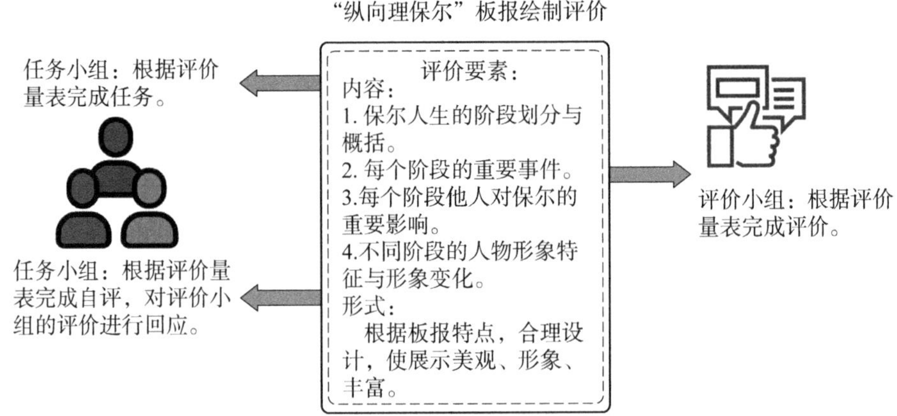

图 4-9 《钢铁是怎样炼成的》评价示意图

最后，评价还应注重发展功能。整本书阅读教学是一个长期的过程，学生的阅读能力、阅读兴趣和阅读习惯都会在这个过程中发生变化。因此，评价需要关注学生的发展过程，注重评价结果的纵向比较，以发现学生的进步和成长。教师可以通过持续的评价来跟踪学生的阅读发展轨迹，为他们提供持续的支持和鼓励。

二、终结性评价：全方位提质评价

终结性评价包括学业水平考试和过程性评价的综合结果。① 因前文已论述了整本书阅读的过程性评价，这部分的终结性评价将围绕“学业水平考试”来进行。新课标提出了学业质量标准是“以核心素养为主要维度，结合课程内容，对学生语文学业成就具体表现特征的整体刻画”。② 从新课标中的“评价建议”来看，对整本书阅读试题命制有所启示的是“学业水平考试”的命题原则、命题规划、命题要求的相关规定。命题原则强调“素养立意”“依标命题”；命题要求强调情境、任务或问题的设计，在一定程度上为整本书阅读学业水平考试的试题命制提供了方向。

---

① 中华人民共和国教育部. 义务教育语文课程标准(2022 年版)[S]. 北京：北京师范大学出版社，2022.46.

② 中华人民共和国教育部. 义务教育语文课程标准(2022 年版)[S]. 北京：北京师范大学出版社，2022:37.

（一）内：命题的价值追求

1. 阅读态度与能力的考查

“整本书阅读”作为教学的重要环节，其核心在于“读”。因此，在命题时，我们需要关注这一核心，确保试题能够导向学生对名著的整体把握和深入理解。具体而言，“整本书阅读”的命题应紧密围绕“阅读本位”，全面考查学生对名著文本信息的认知、理解、归纳等基础阅读能力。同时，我们还应关注学生的高阶思维，如对作品的自主性和批判性表达，从而将内在的价值追求真正融入“整本书阅读”的命题与实践之中。“整本书阅读测评属于阅读综合能力的测评，旨在考查学生在整本书阅读这样复杂庞大的任务情境下，综合运用语文知识和阅读能力的阅读素养。其中，阅读能力是整本书阅读测评的核心目标。”①

通过对第四学段学业质量描述要求进行关键词提炼并进行梳理归类，大致可以将学业质量中涉及阅读的关键能力分为 9 个认知层级：识记、概括、梳理、分析、总结、理解、评价、迁移、体悟。如果说“识记”“概括”“梳理”能力层级考查“读过”，“理解”“总结”“分析”能力层级考查“读懂”，那么“评价”“迁移”“体悟”则考查“会读”。其中，“评价”“迁移”“体悟”能力层级的相关试题指向的是整本书阅读的鉴赏、迁移、评价，考查考生能否对整本书进行个性化解读，能够有自己的感受、体验和思考，指向考生的高阶思维。

（1）关于“是否读了”的考查。识记主要考查文学常识、名著情节类的识记类知识。这类试题在名著阅读试题中最容易，考验学生对经典文学作品的了解程度，也是学生对名著更高层次的能力测评的基础。通过识记类试题的练习与测试，能丰富学生的文学知识。如表 4－4 这道试题，考查作者与梁山好汉中英雄好汉的人数等。

表 4－4 综合运用考题

书目	《水浒传》
作者	元末明初 ①________（人名）
出版社	人民文学出版社
作品简介	《水浒传》记述了梁山好汉们从起义到兴盛再到最终失败的全过程，是中国历史上第一部歌颂农民起义的长篇小说。 作品塑造了一大批栩栩如生的人物形象。其中梁山好汉就有②________个，如宋江、吴用、林冲等，形象鲜明，各具特点。

① 周梦箐，叶黎明．以能力目标为轴，推进整本书阅读测评[J]．语文建设，2020(11)：56.

考查名著的基本信息，如常识、细节、情节、人物等，有一定的弊端，容易导致教学中出现教师要求学生死记硬背复习资料的现象。尽管识记很重要，但阅读的任务不应该只是识记，将整本书阅读的考查内容定位在内容信息的“回忆”上，是对阅读本质的偏离。对于整本书阅读教学而言，其立足点和着眼点都该是指导学生学会自主阅读名著。因此，语文课程中开展整本书阅读的目的，不单是要学生阅读这一本或若干本名著，更是要学生把名著作为学习资源，积累整本书阅读经验，学会独立阅读，进而开展更广泛的阅读。

当然，这类试题在目前的整本书测试中，虽有其身影，但比重较小，且很多时候是将其与更高能力层级的题进行组合命题。如笔者命制的这一题：

为了引导大家用恰当的读书方法关注名著中的英雄人物，小文同学制作了以下读书卡片，其中有些内容还没完成，请你来帮忙。

《红星照耀中国》读书卡片

作品类型：纪实文学

作品特点：既有对英雄人物的事实呈现，也含有作者的主观倾向。

摘　　抄：他们是在做侦察或宣传工作时被捕的，或者是行军时赶不上队伍而被抓的。但是他们的刚毅坚韧精神令人叹服，他们对红军的忠贞不二、坚定如一，只有很年轻的人才能做到。

做 笔 记：在这句话中，“他们”指的是________，作者既客观交代了________，又通过句中加点的词语表达出作者对“他们”的________。

这道题目的设计不仅考查了学生对书中具体内容的识记，还要求学生理解纪实文学中客观事实与主观倾向并重的特点，并能够通过“摘抄”与“做笔记”的阅读方法，有效提取并整合信息，进而进行深层次的思考与迁移，是一道融合了识记、理解、分析、迁移等多方面能力的综合性考题。通过这样的考题，可以引导学生更加深入地掌握《红星照耀中国》这部纪实类作品的阅读方法。

(2) 关于“是否读懂”的考查。“理解”“分析”“总结”能力层级，主要考查考生是否“读懂”了整本书，是否能够进行深度思考，由浅入深，理解文字背后的意义与逻辑关系，因此，该类试题能够体现考生一定的阅读能力和思维水平。学生如果读过这些作品，并对整本书的内容和主题等有一定的理解，基本就能够解决问题。如下面这道试题：

大平对《儒林外史》的情节设计感到不解，“为什么作者把王冕的故事放在整本书的第一回呢？”下列说法错误的一项是（　　）。

A. 开篇表明作者对理想儒士的情感倾向

B. 直接表明作者对封建科举制度的批判

C. 与后文热衷功名的周进等人形成对比

D. 借助王冕的故事来隐括整本书的主题

考查学生对第一回的分析，这涉及学生是否了解王冕故事的基本内容、王冕的人物形象以及王冕与其他人物形象的关联及作品主题等，这属于整本书阅读“是否读懂”的能力层级的范围。

(3) 关于“是否会读”的考查。不同时代的语文教育专家都特别重视学生阅读能力的培养，如叶圣陶指出“中学阶段内虽然只能读有限的几本书，但是那几本书是真正专心去读的，这就养成了读书的能力”。王荣生强调“阅读能力的核心就是阅读方法”。统编版教材利用“名著导读”板块，指导学生积累“阅读策略和阅读方法”。“整本书阅读”考查的不仅是名著具体内容，还考查学生“整本书阅读”的阅读方法和能力，指导学生学会阅读。如表 4－5 这道试题：

表 4－5　综合运用考题

章	节	章	节
第一章 探寻红色的中国	一、一些未曾回答的问题 二、去西安的慢车 三、“大汉的子孙” 四、通过红色的大门	第四章 一个共产党员的来历	一、童年时代 二、长沙时代 三、革命前期 四、国民革命时代 五、苏维埃运动 六、红军的生长
第二章 到红色首都去的路上	一、被“白色土匪”追逐 二、“叛徒” 三、关于贺龙 四、红色伴侣	第五章 长征	一、第五次“围剿” 二、整个国家的迁移 三、大渡河上的英雄 四、通过大草地
第三章 在保安	一、苏维埃的巨头 二、中国共产党的“基本”政策 三、论对日战争 四、红军大学 五、红军剧社	第六章 西北的红星	一、陕西苏维埃的开始 二、死亡与捐税 三、苏维埃社会 四、货币的解剖 五、生活在五十岁开始

（续表）

第七章 到前线去的 路上	一、和红色农民的谈话 二、苏维埃工业 三、"他们唱得太多"	第十章 战争与和平	一、再谈四马 二、"红小鬼" 三、实践中的统一战线 四、关于朱德
第八章 在红军中 （上）	一、"真"的红军 二、对于彭德怀的印象 三、为什么变成一个红军 四、游击战争的战术 五、红军战士的生活 六、政治集会	第十一章 回到保安去	一、途中所见 二、保安的生活 三、苏联的影响 四、中国共产主义与共产国际 五、告别红色的中国
第九章 在红军中 （下）	一、徐海东——一个红色的窑工 二、阶级战争在中国	第十二章 回到白色 区域	一、"叛变"的序幕 二、委员长的被扣 三、蒋、张与中国共产党 四、"针锋相对" 五、破镜重圆 六、未来展望

阅读目录可快速获取对作品的整体印象，还能根据需要安排阅读顺序，提高效率。根据《红星照耀中国》目录，若想了解关于毛泽东的主要事件，可重点阅读第________、________章。

从题中可知，命题者有意对学生进行阅读方法的引导：通过目录快速获取对作品的整体印象，并根据阅读的兴趣与目的，有目的地选择章节进行阅读，满足阅读需求，提高效率。这在整本书阅读中指向的是程序性知识，程序性知识其中较为重要的是以阅读的方法和策略为主的程序性知识。新课标在"总目标"第 5 条中强调"学会运用多种阅读方法，具有独立阅读能力"，同时在第四学段（7—9 年级）"阅读与鉴赏"第 7 条中明确规定了"探索个性化的阅读方法"且在"整本书阅读任务群"里强调了"综合运用多种方法阅读整本书"。① 可见，阅读方法与策略在整本书阅读中的重要性。

除此之外，阅读策略与方法还表现在对文本特质的关注上，有些试题会紧紧把握作品的体式特征，即要把小说当小说读，把诗歌当诗歌读，把散文当散文读。比如下面这道试题：

① 中华人民共和国教育部. 义务教育语文课程标准（2022 版）[S]. 北京. 北京师范大学出版社，2022：6—31.

小张打算在科普周活动中介绍《昆虫记》,包含四个环节:

A. 法布尔及《昆虫记》简介

B. 生动有趣的“昆虫档案袋”

C.《昆虫记》蕴含的科学精神

D.《昆虫记》洋溢的生命赞美

他设计了一张流程图,来展示法布尔探究昆虫“假死”现象的实验过程,你认为这张图应该放入上面哪个环节?并陈述理由。

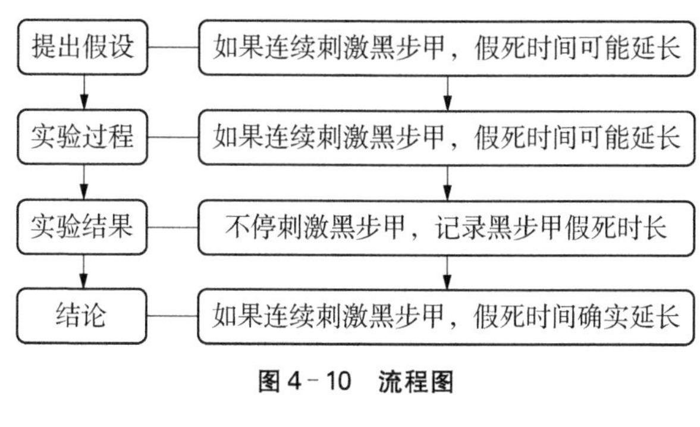

图 4-10 流程图

作为一部科普作品,法布尔的科学方法与精神是阅读《昆虫记》这部作品的着眼点,流程图详细展示了法布尔探究昆虫“假死”现象的实验过程,从提出假设到反复实验获取数据,最终证明假设成立。这一过程不仅体现了法布尔对昆虫的深入观察和研究,更彰显了科学研究的实证方法和严谨求实的科学精神。这道题目的设计很符合科普作品的考查要求,引导学生深入地理解科普作品的价值和魅力。可以说,紧扣了作品的体式特征来进行命题。

统编语文教材的名著导读特别重视读书方法指导,在十四部必读书目中,提供了多样的阅读方法,有些是一般作品普遍适用的阅读方法,如做笔记等,有些是同一类作品的阅读方法,如选择性阅读等,共同形成一个相对完整的阅读方法序列。因此,整本书阅读测评可创设一定的情境,引导学生有意识地总结在整本书阅读实践中积累的读书经验,梳理、总结、反思阅读整本书的方法。这也要求整本书阅读测评考查内容从静态、被动的阅读鉴赏走向动态、主动的读书方法构建,以考查、评估学生在整本阅读经验、方法上的收获与成果。

2. 强调“整”的特点

整本书阅读区别于单篇短章的阅读,强调“整”的特点。以整本书阅读为测评对象，宜整不宜碎，贵在一个“整”字。[①] 在整本书阅读中，有些测评内容能够通过阅读材料来作答，就算没有阅读整本书，学生也是能够顺利将试题完成，学生完成这类试题所需的能力与现代文阅读理解差异性不大，很显然，这类题是对整本书阅读“整”的特点关注不足。为突出整本书阅读的整体性，整本书阅读测评命题应强化关联整合，通过对作品的局部建立关联，提高试题的综合性、探究性。关联整合是指把名著中一些散点的内容，以不同的线索、主题建立联系，使之成为一个整体，以促进学生的深入思考、探究、阐释。其方式主要包括三种：一是散点关联，即基于一定的主题（或话题）将书中不同点的内容进行黏合，如将《水浒传》中鲁智深与武松的鲁莽进行比较；二是连点成线，以同一个人物（或事件）为线，将散见于多部分的内容整合，如根据相应的章回分析林冲性格的发展变化；三是拓展关联，做跨文本的聚合，比如把作品中相似的人物进行比较、分析，可以形成对人物形象的深度把握。比如下题：

“远航”小组对相关书目在主题或内容上的相同点进行了归纳。

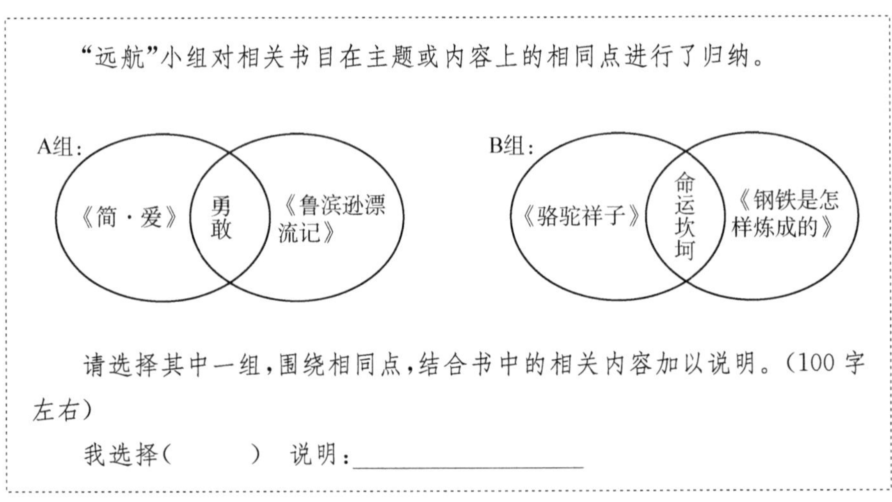

请选择其中一组，围绕相同点，结合书中的相关内容加以说明。（100字左右）

我选择（　　　）　说明：____________________

由上题可知，以上关联属于拓展关联，以“勇敢”来关联《简·爱》《鲁滨逊漂流记》，以“命运坎坷”来关联《骆驼祥子》《钢铁是怎样炼成的》，引导学生思考不同作品在人物形象与经历、主题上的相同点，思考人物性格、环境与命运之间的关联，从而获得对人物鲜明个性和作品艺术魅力的深度把握。

3. 个性化选择

“整本书阅读”命题还应尊重学生的个性化阅读。学生在“整本书阅读”过程所表现出的阅读取向、兴趣点，以及阅读习惯、阅读方法各有特点，在命题时不能

① 张小兵.《高中语文整本书阅读素养测评报告》的四大特色[J].语文教学通讯，2020(Z1)：9.

“一刀切”，也可提供给学生自主阅读与表达的空间。如近年来，很多关于“整本书阅读”的命题是针对多部作品设置同质选择的题型，给学生提供了选择空间。学生根据阅读体验选择自己喜欢的作品和人物形象，结合自己的感受和体验，表达自己的独特思考。这种命题方式给了学生开放性的选择空间，符合学生阅读时的多元状态，有利于真实地反馈学生的阅读品质与思考结果，真正完成“整本书”的阅读。如以下试题：

《童年》《鲁滨逊漂流记》《水浒传》这三部作品也深受读者喜爱。小佳为此设计了“谁是英雄”有奖征集活动，英雄候选人必须是以上三部作品中的主要人物，请结合其性格特点和主要经历等阐释理由。

他的姓名：＿＿＿＿＿＿ 理由：＿＿＿＿＿＿＿＿＿＿＿＿＿＿＿＿

从以上试题可知，在上面三部作品中，都有符合“英雄”特征的人物，学生可以选择自己“喜欢”的作品，“喜欢”的英雄人物作答。这就在很大程度上体现出阅读的“主动性”，也是将命题引向体现“阅读”本质轨道的一种命题方式。

（二）外：整本书测评的重要要素

1. 情境

情境是学生核心素养形成、发展和表现的有效载体。新课标将命题情境分为“日常生活”“文学体验”和“跨学科学习”三类。目前，在整本书测评中，日常生活情境与文学体验情境较为常见。出现这种情况的原因主要有两方面：首先，课程改革以培养学生的核心素养为目标，强调“真实的语言运用情境”，即通过基于现实世界、贴近学生生活经验的场景，让学生觉得在解决有现实意义的任务，从而投入其中。现实情境不仅仅是学科核心素养形成和发展的途径和方式，也是评价学科核心素养的重要依托。其次，由于整本书阅读“整”的特点，其阅读篇幅较长，有着丰富的内容、完整的结构、多元的人物、宏大的场景，本身就具有一定的文内情境，因此，在情境创设中，更侧重“日常生活”“文学体验”的创设。

在整本书日常生活情境的创设中需要更侧重学生主体，更加注重从学生在真实的语文学习中出现的问题出发，进行情境化试题命制。试题大多数是与学生的阅读活动有关的，主要有主题阅读活动、阅读成果分享会等，如“班级读书档案”的编写，读书分享活动，短视频读书推荐活动，这些情境大多都是以班级为单位，在学生的日常学习生活中也时常发生，能够勾起学生的日常学习经验，考生在答题的过程中能够从日常真实的语文学习情境中迁移知识和能力。

当然，虽然整本书测评追求与情境的结合，但有些情境与考查内容结合度较低，主要表现在分离型情境试题上。以笔者曾经命制的试题为例：

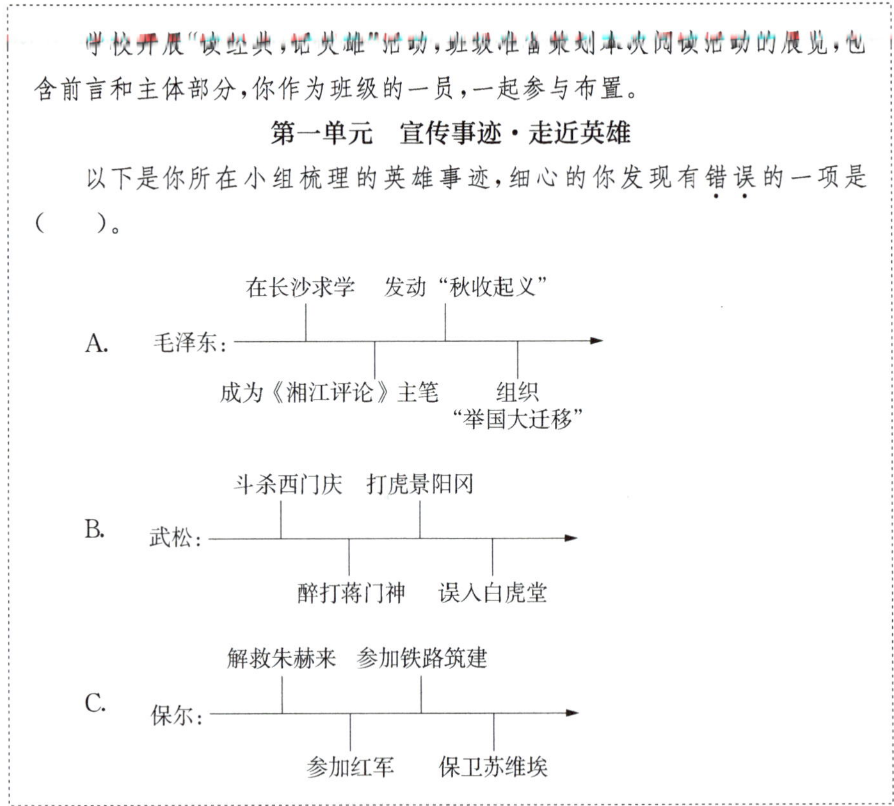

学校开展“读经典，话英雄”活动，班级准备策划本次阅读活动的展览，包含前言和主体部分，你作为班级的一员，一起参与布置。

第一单元　宣传事迹·走近英雄

以下是你所在小组梳理的英雄事迹，细心的你发现有错误的一项是（　　）。

A. 毛泽东：在长沙求学　成为《湘江评论》主笔　发动“秋收起义”　组织“举国大迁移”

B. 武松：斗杀西门庆　醉打蒋门神　打虎景阳冈　误入白虎堂

C. 保尔：解救朱赫来　参加红军　参加铁路筑建　保卫苏维埃

这是一道选择题，考查考生对名著中主要人物与主要事迹及事迹先后顺序的掌握，其设置的情境为“阅读活动的展览”，即使去掉该情境，考生依然能够根据已有阅读情况作答，因此，这是一道情境分离的试题。在分离型试题中，一般读的目的并不指向写，仅为机械记忆的孤立考查，这使得情境化试题中的输入与输出失去了关联，没能充分发挥阅读情境的功能和价值。

情境融合型的试题更能反映考生认知实践的过程，即认知的目的是走向实践，这类题目的作答过程是考生有机地运用认知结果与自身经验来完成语文实践活动的过程，注重考查考生的迁移能力，解决问题的能力。同样以笔者曾经命制的试题为例：

班级准备开展《钢铁是怎样炼成的》读书系列分享活动，现请你参与，并完成下列任务。

【任务二】铁骨柔情尽显英雄本色

同学们围绕保尔形象，从不同角度畅谈体会。

小 A：保尔意志坚定，是钢筋铁骨。他有着四次死里逃生的经历，但都挺过来了。

我说：____

【任务三】经典意义跨越时空经纬

有同学认为，这是一部与我们的生活有隔膜的作品，没必要读。请你针对这一观点依据本书内容与“任务三”主题，写一段 80 字左右的文字，阐述你的看法。

从试题来看，这道题的情境为“《钢铁是怎样炼成的》读书分享”，并以同学之间分享阅读体会的对话展开，在对话的过程中给出了任务二的主题“铁骨柔情尽显英雄本色”，考生需要在这一主题下，结合保尔形象的另一侧面来补充内容并展开交流。考生需要考虑以下几方面：一是要关注并理解人物，形成对人物形象的基本概括；二是需要与书中具体内容进行融合；三是对语言表达也要有一定的考查。在任务三的测试中，学生除了需要关注主题与结合名著内容，还需对同学的疑惑有所回应。以上情境的设置，突出了情境的交互性和认知的实践性，考查了考生在真实的语言实践活动中解决问题的能力，体现了情境融合型试题的基本要求。“整本书阅读”命题强调的情境，是依据学生经验、现实生活和社会实践真实状况，创设出贴近学生阅读和学习内容的关联情境。这样当学生面对具体情境中的真实问题时，能激发出解决问题的欲望。在整本书情境的设计中，当情境为背景性情境时，很难将阅读能力迁移运到到具体的生活场景中，建议多用嵌入型情境，将情境、考点、题干表达三者完美结合，让学生有充分的带入感，使答题充满生活气息，从而实现情境化命题的理想状态。

除此之外，联系名著内容去解决实际问题的试题也很常见。如运用名著中人物的形象或阅读体验去理解生活中常见的母题。这类题目大多是让考生选择整本书阅读中的内容或情节去阐述某个话题的内涵，要求考生能够将名著知识进行迁移，并能够与话题进行勾连，从而解决问题。这对考生的高阶思维进行了一定的考查，即考生需要结合名著知识和自己的阅读经验去解决实际问题，这也与新课标中的“素养立意”相吻合。如下面这道试题：

心理小屋的树洞邮箱收到一封求助邮件。请运用情绪知识，结合《钢铁是怎样炼成的》或《红星照耀中国》中的人物或内容，给X同学回一封邮件，为他/她提供帮助。(100字左右)

树洞：

您好！最近我感到数学学习很困难，今晚我为了一道题目苦苦思索了三个小时，却怎么也解不出来。我感觉自己太没用了！你能告诉我该怎么办吗？

初三7班X同学

学生在回答这个问题时，不仅需要调动情绪知识，还需熟练掌握名著的内容及人物特性，以此为基本内容进行问题的解答。面对这样的挑战，学生实际上是在一个具有现实情境意义的框架内，借助名著的内容为答题做支撑。这不仅仅是对名著主要内容的一次回顾，更是对学生迁移运用能力的一次考验。学生需灵活地将名著中的人物、情节等内容与题目中的具体情境相结合，且逻辑清晰、表述准确地解答问题。这样的过程，无疑锻炼了学生的综合思维能力和文学素养，使他们在面对复杂问题时，能够更加游刃有余地运用所学知识进行解答。

2. 任务

新课标指出：命题应贴近学生生活经验和情感体验，抓住社会生活中常见但又值得深思的真实场景，创设新颖、有趣、内涵丰富的情境，设计多样的问题或任务，激发学生内在动机和探究欲望。任务设计，应成为命题人的自觉追求。以任务的形式组织试题，还需要考虑试题的结构化，使名著的几道试题间形成一个内在的结构化关系：或是内容的连点成线，或是认知能力层级的由浅到深，或者是考查角度的差异互补。单独看一道试题比较一般，但几道题合在一起，就构成了一个很好的系统。以笔者曾经命制的试题为例：

学校开展“读经典，话英雄”活动，班级准备策划本次阅读活动的展览，包含前言和主体部分，你作为班级的一员，一起参与布置。

前　言

【任务一】小语同学为展板的“前言”撰写了文字稿，在句序安排上他有些为难，请帮他确定合理的顺序(　　　)。

① 同学们，让我们从经典名著的英雄人物中汲取成长力量，做新时代好少年。

②《钢铁是怎样炼成的》中的保尔是英雄，他的一生跌宕起伏，极富有传奇色彩。

③《红星照耀中国》中的共产党领袖和红军将领都是英雄，他们为国家民族命运浴血奋战。

④《水浒传》中的“一百零八好汉”是草莽英雄，他们是最富有血性的人物。

⑤ 这些英雄人物来自古今中外的文学作品，他们形象各异，个性鲜明，具有典型性。

⑥ 文学之海浩瀚无边，文学世界美不胜收。读经典文学作品，感受英雄人物风采。

A. ①④③②⑤⑥　　B. ①③④②⑤⑥

C. ⑥④③②⑤①　　D. ⑥③④②⑤①

第一单元　宣传事迹・走近英雄

【任务二】以下是你所在小组梳理的英雄事迹，细心的你发现有错误的一项是(　　)。

A.
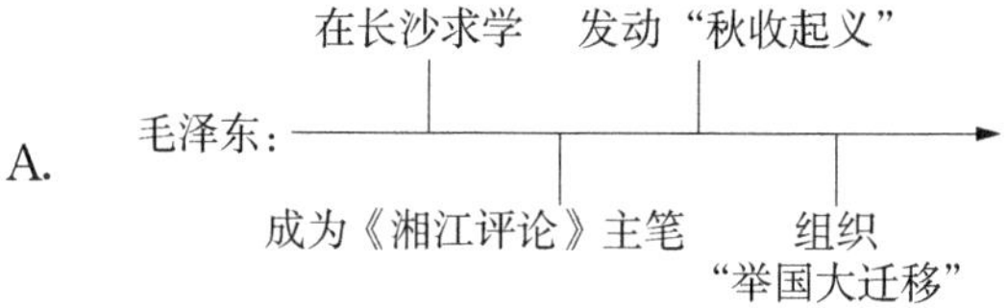

B.
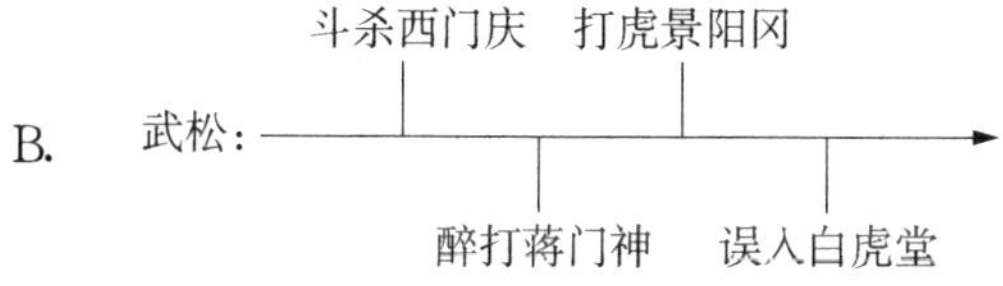

C.
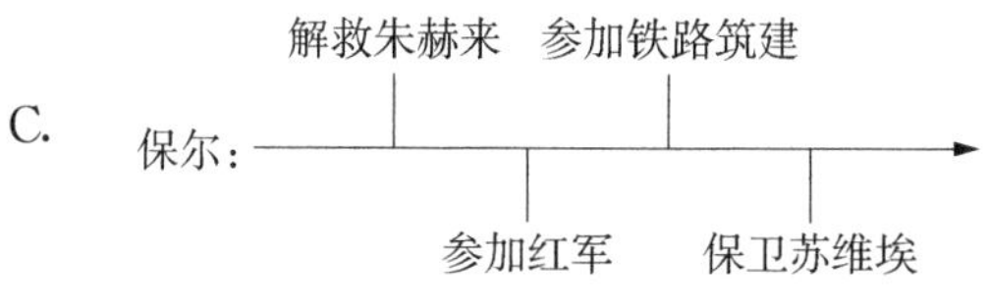

第二单元　关注方法・聚焦英雄

【任务三】为了引导大家用恰当的读书方法关注名著中的英雄人物，小文同学制作了以下读书卡片，其中有些内容还没完成，请你来帮忙。

《红星照耀中国》读书卡片

作品类型：纪实文学

作品特点：既有对英雄人物的事实呈现，也含有作者的主观倾向。

摘　抄：他们是在做侦察或宣传工作时被捕的，或者是行军时赶不上队伍而被抓的。但是他们的刚毅坚韧精神令人叹服，他们对红军的忠贞不二、坚定如一，只有很年轻的人才能做到。

做 笔 记：在这句话中，“他们”指的是________，作者既客观交代了________，又通过句中加点的词语表达出作者对“他们”的________。

第三单元　参与论坛·领悟英雄

【任务四】你还被邀请参与本次论坛发言。论坛主题：**时代造英雄，英雄属于他所属的时代，但英雄的精神是永恒的。** 你从鲁智深、毛泽东、保尔三位人物中选择了一位为例，参与主题发言，80 字左右。____

以上四个任务，第一个任务涉及对这三本名著主要内容，尤其是时间的基本了解，同时也兼顾考查了语句之间的逻辑关系。而后三个任务则由识记、鉴赏到评价，层层递进，旨在引导学生不仅读后能够把握住书中的关键内容，还能走近书中的主要人物，习得纪实作品的阅读方法，最终能够走出书本，将所学所思应用到更广泛的阅读和生活中去。这样的任务设计，既注重阅读内容的了解与理解，又强调阅读方法与能力，还注重将阅读与生活建立关联，构建阅读反思的意义，笔者自认为具有一定的逻辑层次和深度。

整本书阅读的命题在典型真实的任务之外，还需要注意为考生提供适切的任务支架。任务支架指的是在题目信息中能够起到帮助考生理解试题意图、理清答题思路、完成任务探究的程序性知识。有了任务支架的帮助，考生才能更好地进入考查情境，更好地完成测试任务，更好地在测评中展现自身整本书阅读的综合素养；反之，没有任务支架的帮助，考生往往找不到解题方向，更不用说在测评中顺利展现自身的综合素养。以下题为例：

【实践和运用】

阅读下列材料，按要求答题。

“i 人”和“e 人”是 2023 年的网络流行语，“i”指性格内敛，“e”指性格外向。

两者最大的区别是i人比较享受独处，更注重自我反省和内心体验；e人更愿意在与人交往中收获乐趣，坦诚、果断，直言不讳。

小说《钢铁是怎样炼成的》主人公保尔·柯察金是“i人”还是“e人”？说说你的看法，并结合与人物相关的内容，简要说明理由。

学生要回答上题，首先需要阅读名著，结合相关情节内容把握保尔的人物形象，但这还不够，命题者将对保尔形象的判断与当前受大家热捧的“i人”和“e人”之间建立关联，学生需要将这两种人的特点进行对比，发现其区别。命题者所提供的任务支架、任务情境的铺垫为考试的答题方向提供了相关提示和依据，这才不会使考生不知所措，盲目作答。

第五章

“看得见”的初中整本书阅读课例(一)

第五、六章为初中整本书阅读教学的课例研究,所选课例均来自统编教材中的推荐阅读书目,并来源于笔者的教学实践,都聚焦于独特的教学视角。这些课例与第三、四章的内容形成一定的呼应,亦体现了理论与实践的结合。第五章课例对象为小说,展示了同文体下的不同教学方式,并试图体现一定的进阶性。例如,《海底两万里》的课例围绕“问题链”展开,探讨了如何根据小说体式设计问题链、构建阅读路径,并通过外显化任务引导学生思考,凸显小说阅读的类型化价值;《钢铁是怎样炼成的》的课例则构建了“纵向”“横向”“当下”多维度“读人”的新的阅读路径,突破了一般小说的阅读传统,同时将情境、任务、评价融合于整本书阅读教学中,探索了新课标核心概念在课堂中的具体实践;《儒林外史》的课例则抓住了小说在人物群像塑造上的特点,以“以点带面”策略为主线,提供了具体的操作路径。每个课例不仅阐明了“为何这样教”的依据,还详细呈现了“如何教”的教学设计与课堂实录节选,并围绕“看得见”对课例主题进行了反思,形成了较为完整的“教后感”。

第一节　循体施教的整本书阅读

《海底两万里》课例:科幻小说怎么读?

在整本书阅读教学中,循体施教已成为普遍共识,为什么会如此?不仅因为文体是作品的外衣,更是理解作品的坐标系,是连接文本表层与深层意蕴的立体通道。在学生的整本书阅读世界中,建构文体认知体系,是积累阅读经验的关键密钥。

文体认知是读者与文本对话的基础。当学生接触《海底两万里》时,若未启动“科幻小说”的认知图式,就会错失解读密码。作为科幻小说,文体特征主要体现在:科学想象、逻辑自洽、人文思考。这些特征构成了科幻小说的DNA,使其区别于其他类型的小说。如果忽视这些特征,就无法真正理解这部作品的价值。凡尔纳1869年创作《海底两万里》时,正值第二次工业革命前夕,小说中的电力潜艇、深海探测等技术想象,实际上体现了19世纪时大家对科学世界的探索。教学中若忽视这种文体特质,就会将“鹦鹉螺”号简化为交通工具,而忽略其作为工业文明隐喻的深层价值。小说、散文、科普作品,各有不同的表达价值,其背后有不同的表达方式,循体施教如同庖丁解牛,不同文体需要不同的解读路径。

《海底两万里》作为科幻小说,为阅读教学提供了宝贵资源。本书的教学,不仅能够激发学生的想象力和创造力,还能引导学生掌握阅读科幻小说的方法,实现从“这一本”到“这一类”的目标。同时,科幻小说往往蕴含对科学、技术、人性的深刻思考,有助于培养学生的科学素养和人文情怀。

《朝花夕拾》《昆虫记》等作品,与《海底两万里》一样,在体裁类型上独具价值。它们或以散文形式回忆往昔,如《朝花夕拾》让读者在温馨的故事中感受人生滋味;或以科普笔调描绘自然,如《昆虫记》引领读者探索昆虫世界的奥秘。这些作品不仅丰富了学生的阅读体验,还教会了他们如何欣赏不同体裁的经典作品,培养了他们的文学素养和审美情趣。因此,教学这些独特体裁的作品,对于拓宽学生文学视野、提升文学鉴赏力具有重要意义。

是不是所有的作品都一定要按照体裁的一般特点来教呢?答案是不一定的。如《水浒传》,除了遵循小说的一般教学原则外,还需特别关注“链式结构”、人物性格的鲜明多样及古白话的语言特色等。在整本书阅读教学中,还可进一步教出作品的个性,而不仅仅囿于体裁。

一、教学设计

(一)教学目标

(1)展示分享“鹦鹉螺”号草图与“海底两万里”导览图,理解科幻小说“科学元素”“逻辑自洽”的特点。

(2)分析尼摩船长的形象,分析其行为动机,推断小说的主题,理解科幻小说的“人文思考”。

(二)教学重点与难点

(1)教学重点:展示分享“鹦鹉螺”号草图与“海底两万里”导览图,理解科幻小说“科学元素”“逻辑自洽”的特点。

(2)教学难点:理解尼摩船长行为的动机,推断作者的创作意图,理解科幻小说所展现的“人文思考”。

（三）课前准备

（1）完成《海底两万里》导读课，确定其阅读路径及布置任务。

（2）布置阅读《海底两万里》，并分小组完成驱动性任务。

（四）教学过程

教学环节一：复习导入，引导回顾科幻小说阅读路径

回顾导读课中确定的阅读路径与阅读任务。

【设计意图】联系导读课内容，回顾科幻小说的阅读路径及本节课展示内容。

教学环节二：学生展示任务1和任务2，理解科幻小说“科学元素”“逻辑自洽”的特点

（1）学生任务1展示：结合“鹦鹉螺”号草图，介绍其布局、构造、原理等。

（2）学生任务2展示：结合“海底两万里”导览图，做一次导游。

（3）发现潜艇和海洋历险中所体现的前瞻性与合理性。

① 将“鹦鹉螺”号外形、构造、潜水原理、速度、潜水深度与其他潜艇进行比较，发现其科学想象的前瞻性。

② 从南极遇险及脱险、红海穿越到地中海等情节，思考科学想象如何体现逻辑自洽。

【设计意图】展示学生作业的同时，推动学生思考科幻小说所具有的元素，体会“科幻小说之父”凡尔纳的艺术创作魅力。

教学环节三：分析尼摩船长的形象，结合任务3推断小说的主旨，理解科幻小说所呈现的“人文思考”

（1）结合书中具体内容分析尼摩船长的形象。

（2）学生任务3尼摩船长人物画像展示，思考应该选择哪一张作为封面。

（3）归纳本小说所呈现的人文思考：人与自然、人类内部矛盾；科技对上述两类矛盾的影响。

【设计意图】结合具体情节分析尼摩船长的形象，体会人物的复杂性，结合具体画像作品思考三幅画像与小说主题之间的关联，思考小说的人文主题：两类矛盾冲突——人与自然、人类社会内部的矛盾冲突；科学技术对解决人与自然、人类社会内部矛盾的作用。

（五）作业设计

（1）完成后记的撰写。

（2）完成班级《海底两万里》阅读画册的制作。

二、教学实录(片段)

教师:这是一节阅读展示与分享课。九月初,我们上了一节《海底两万里》的导读课,在导读课上,我们根据这本书的体裁确定了读这本书的阅读路径。我们现在来回忆一下,这本书的体裁是?

学生:科幻小说。

教师:我们依此确定了读这本书的核心问题和下位问题。核心问题是?

学生:凡尔纳为什么要创作这本科幻小说。

教师:下位问题有哪些?

学生:问题1,“我”乘坐了一艘怎样的潜艇?问题2,在这次海洋历险中,“我”有哪些历险经历?问题3,尼摩船长是一个怎样的人?问题4,人物矛盾行为思考的背后要表达什么?问题5,如何看待这部小说在当下的意义?

教师:为什么这么读呢?这是一本科幻小说,在故事里融入科学的元素,潜艇是这本小说的科学元素。阅读小说,需要关注情节、人物,然后我们从人物的复杂行为背后思考主题,最后,我们还需思考阅读这本小说的当代价值。

另外,根据这本书的阅读路径,我们设计与布置了趣味性的任务,核心的任务是制作《海底两万里》阅读画册,核心任务中也包含四个需要依次完成的小任务。任务是以小组为单位自选的。这一节课,我们主要展示前三个任务。我们来看第一个任务及具体要求(PPT显示要求)。

学生展示:今天由我来给大家介绍这艘“海底幽灵”——“鹦鹉螺”号。我的介绍主要分为四个部分,首先是与军事强国现代化潜艇的对比,其次是“鹦鹉螺”号的布局与重要功能室,再次是与现实中先进潜艇的比较,最后是总结。首先,我们通过几组简单的数据对比来初步了解一下“鹦鹉螺”号。在潜水深度方面,小说中的“鹦鹉螺”号最深可以潜到14 000米,而当时科技强国的潜艇则略逊一筹,大约在11 000米左右。再来看潜艇的航速,“鹦鹉螺”号最快每小时可以航行50海里,而当时苏联、美国和中国的潜艇则分别是每小时44海里、35海里和32海里左右的航速。这些数据表明,“鹦鹉螺”号在某些方面已经超越了当时的科技水平。那么,它为何如此先进呢?让我们通过阅读小说的第十三章来探寻答案。从第十三章中我们可以了解到“鹦鹉螺”号的外形和布局,它呈圆筒形,长8米,采用流线型设计以减少水中的阻力。它由双层船壳构成,内壳和外壳之间由工字钢连接,双层船壳的设计不仅增强了潜艇对水压的承受能力,使其在深潜时更加安全,还具有一定的保温作用。

接下来,让我们通过阅读小说的第十一章来了解图书室和客厅。这两个区域位于潜艇的前部。图书室藏书丰富，拥有12 000册藏书，其中大部分是科学著作，用多种语言写成。而客厅则陈列着名师画作、音乐家肖像、音乐作品、动植物珍稀标本以及美丽的珍珠等收藏品。在潜艇的升降和浮力控制方面，通过阅读相关章节我们可以了解到，“鹦鹉螺”号通过控制储水舱的水量来实现升降。当需要下沉时，它会把水注入储水舱，当需要上浮时，则通过水泵把水抽出。此外，通过调整储水舱中的水量，还可以使潜艇倾斜，并利用螺旋桨的力量实现升降。同时，储气室在潜艇长时间不能上浮换气时，如穿越北极冰层时，发挥重要作用。

在发电方面，“鹦鹉螺”号上的所有能量都来自电能。通过阅读小说的相关章节我们了解到，潜艇利用海底的钠元素与汞混合形成汞合金，再将汞合金转化成电能。这种电能供应使得“鹦鹉螺”号的动能远远超过了蒸汽船。

关于潜艇的出入口，通过阅读小说的第七章和第十六章我们可以得知，“鹦鹉螺”号有两个出入口：一个是位于上部的平台，另一个是位于下部的潜水门。当潜艇在海面上航行时，潜水员可以通过上部的小艇出入；而当潜艇潜入水下时，由于上部会被水压紧闭，潜水员则只能通过下部的潜水门出入。

接下来，让我们将“鹦鹉螺”号与1954年下水的第一艘核潜艇进行对比。两艘潜艇在外形和构造上有许多相似之处，如都是长圆柱体流线型设计，都采用双层船体结构。但在速度、潜水深度和动力系统方面存在差异。“鹦鹉螺”号在小说中的最高速度可达92千米/小时，而现实中的核潜艇则为42千米/小时；潜水深度方面，小说中为14 000米，而现实中仅为213米；动力系统方面，小说中采用电能驱动，而现实中则通过核反应产生高温来启动螺旋桨。

尽管存在这些差异，但我认为未来科技有可能实现小说中的描述。例如，通过增加助力器和改进材料来提升潜艇的速度和潜水深度；同时，随着新能源技术的发展，未来也许能够找到更高效的能源供应方式来满足潜艇的电能需求。

总之，《海底两万里》对科学的想象让人称叹，如电力潜艇等前瞻性的科学幻想对后来的科学发展起到了启发作用，彰显了这部作品的独特魅力，也使凡尔纳当之无愧地被誉为“现代科幻小说之父”。谢谢大家。

教师：谢谢展示的同学。通过查找资料及提取信息，这位同学展现了小说中潜艇的科学性，不仅基本符合科学的原理，而且还引领了科学的发展，体现了科幻小说科学元素这一特点。当然，科学元素除了体现在潜艇身上，还体现在丰富的科学知识上，感兴趣的同学可以课后自主去探究。

凡尔纳的厉害之处在于不仅能想象未来潜艇的模样，同时，他对科学未来的想象在科学界也享有很高的评价。西蒙·莱克是美国潜艇的发明者，是一个科学家，一个科学家说凡尔纳是他一生事业的总指挥，这是很了不起的。凡尔纳不仅享有这样的称号,甚至还被法国科学院评为院士,他是文学家里的科学家。

我们来看第二个任务及具体要求,有请第二组同学。

第二组同学展示。(略)

教师:谢谢两位把我们带到 2867 年。《海底两万里》同款旅游路线,我想一定会成为旅游路线中的惊爆款。这一组的同学梳理了小说的情节,通过彩蛋的设计,让我们知道小说中有很多超越当时现实的情节,也探究了作者的写作为什么带给我们真实感的原因。科学的想象不是天马行空,而是逻辑自洽的。凡尔纳为什么能够做到逻辑自洽呢?他不仅对科学的未来有大胆的想象,而且能将想象与探索紧密结合,作为小说家,一定程度上能引领科学的发展,凡尔纳用努力铸就了实力。

我们来看第三个任务及具体要求,有请第三组同学。

学生:大家好,今天我来自荐《海底两万里》的封面图。这幅画作的内容取自文中的第一部分第十章,描写了尼摩船长十分热爱海洋的场景。

海面波光粼粼,深海之处潜着一条潜艇,这就是“鹦鹉螺”号。此时,阿罗纳克斯三人同意待在艇中与尼摩船长一起进行海底历险。在餐厅用餐之时,教授们惊讶于佳肴的丰盛特殊后,询问尼摩船长是否热爱大海。而尼摩船长坚定地回答道:“是的,我热爱大海!大海就是一切!”

海洋,它区域广大,生机勃勃,富有无限的生命力。万物始于大海,它宁静无比,远离独裁者斗争。这不正是尼摩船长所向往的吗?而他因为这份热爱,打造了这艘潜艇,带领着志同道合者下海航行。如果尼摩船长并不热爱大海,那么他还会进行海洋历险吗?答案显然是否定的。

接下来,让我们回到作者所处的时代——从 19 世纪初到 20 世纪,机器大工业的产生和发展,有力地促进了海洋学的建立和发展,人们对海洋探索保有强烈的探索欲望与好奇心。1872—1876 年,英国“挑战者”号考察被认为是现代海洋学研究的真正开始。“挑战者”号在 12 万多公里航程中,做了多学科综合性的海洋观测,取得大量成果,使海洋学逐渐形成为独立的学科。这次考察也激起了世界性海洋研究的热潮,很多国家相继开展大规模的海洋考察,建立临海实验室和海洋研究机构。而作者将他对海洋探索的展望与热爱融入了他的作品与尼摩船长身上,这也就是尼摩船长热爱海洋的原因之二。

海底世界奇幻莫测,而尼摩船长从海中获取了资源的同时也保护着海洋中的生物。比如,他在关键的时刻阻止了尼德·兰的捕鲸行动;他热爱收藏,拥有多种海底珍珠与标本。尼摩船长保护海洋,珍惜海洋,爱护海洋。而作者借助着这个形象,告诉读者们要敬畏自然,保护自然环境。

只因热爱，万物归海，如果你赞成尼摩船长对海洋的热爱，如果你自身对海洋也有着执念，那么，就请投我一票吧！谢谢大家！

其他展示同学略。

教师：谢谢这四位同学，他们在推荐自己封面的时候，联系了自己对情节、人物、主题的理解。你们觉得哪个好？请投票，课后统计投票结果。

教师：尼摩船长是一个什么样的人？似乎在同学们的阐释中出现了两种感情色彩的描述。他到底是一个什么样的人？肖老师在书上找到这句话，称他是一个伸张正义的勇士，是一个英雄；但另一方面，也有人说他是一个复仇者，一个冷酷的复仇者，因为面对落水的人们，他无动于衷。那么，尼摩船长他究竟是一个什么样的人？我们似乎很难轻易下结论。我们可以思考，是什么让一个正义之士变成了冷酷的复仇者？他到底经历了什么？有没有同学愿意分享一下看法？

学生：他在过去的经历中，一直受到压迫，他失去了妻儿，被迫离开了自己的国家。

教师：失家失国、经受压迫的经历，就应该成为冷酷复仇的理由吗？这是作者留给我们的思考。那么，科幻小说中的潜艇，在被压迫者和压迫者之间发挥了什么样的作用？有没有同学愿意谈谈看法？

学生：潜艇在反抗压迫时，是一种强有力的武器，为船长提供了支持，帮助被压迫者去反抗压迫者。

教师：但它还有没有其他的作用？尼摩船长是用什么击沉驱逐舰的？

学生：用的是潜艇，也就是说潜艇也充当了刽子手的角色。

教师：也就是说，潜艇对于人类的作用在于，一方面可以支持正义的行为，另一方面也可能加剧矛盾。潜艇在人与自然的关系中充当了什么作用呢？

学生：它可以帮助人们进行科学探索，但尼摩船长也驾驶潜艇伤害了抹香鲸，破坏了生态环境。

教师：因此，科技如果得不到合理使用，可能会加剧人与自然的矛盾，甚至恶化人类之间的关系。这就是这本小说带给我们的人文思考，也是我们需要深入思考的问题。接下来，我们来看一个材料。当时西方科技发展迅猛，产生了许多科学家，大家对科学的前景充满展望，这是那个时代的特点，凡尔纳也是如此。然而，他不仅热情拥抱科技的发展，还在文学创作中表达了对未来科技可能带给人类的忧虑。

今天，阅读这本书，又能给我们带来怎样的启示呢？作为读者，我们应该怎样来读科幻小说？作为一个普通人，生活在科技已融入生活的时代，我们该如何对待科技对我们生活的影响？将来，我们可能会是科技的推动者，我们又该朝着怎样的方向创造我们的科技未来呢？我相信，大家已经有了自己的思考。下课！

三、教学思考

在探索整本书阅读的广阔天地里，不断尝试创新教学，引导学生不仅“会读”，更能“悦读”乃至“深读”，是笔者对科幻小说《海底两万里》教学实践的一点思考。

（一）建立清晰路径，在方法指引下实现“会读”

在构建针对科幻小说的阅读路径与方法的探索过程中，本节成果汇报课以《海底两万里》为例，深入阐述了如何构建合理的阅读路径，引导学生逐步掌握科幻小说的阅读方法，进而达到“会读”。这一路径的构建，不仅基于科幻小说的体裁特点，更着眼于培养学生的阅读方法、提升阅读能力和训练阅读思维，是语文核心素养培育的重要组成部分。

依循科幻小说的体裁特点，首先聚焦于小说中的核心科学元素——“鹦鹉螺”号潜艇，通过对这一未来科学技术的剖析，激发学生的阅读兴趣，同时引导他们理解科幻小说中的“科学元素”。随后，引导学生在通读全书的基础上，梳理并提炼小说所展现的历险经历，培养了学生的情节概括与结构梳理能力，使他们能够更好地把握科幻故事的想象力和逻辑性。

在此基础上，教学进一步深入，通过对尼摩船长这一复杂角色的深度解读，引导学生探讨人物性格的复杂性及其行为背后的动机，这一环节不仅锻炼了学生的批判性思维，也促使他们开始抵达科幻小说的“人文思考”。通过对人物复杂表现背后主题的深入挖掘，鼓励学生跳出文本，思考作者通过作品所表达的对科学世界的思考，实现了从文本解读到思想启迪的跨越。

除此之外，还强调了阅读此书的当下价值，引导学生与现实生活相联系，促进学生思考现实世界中科学的现状和未来。本书阅读路径的设计，不仅遵循了科幻小说的内在逻辑与特性，而且为阅读其他科幻小说积累了经验。

（二）设计明确情境，在任务驱动中实现“悦读”

整本书阅读将课外阅读纳入语文课程内容，那么，对于语文老师而言，需要把本来个性化很强的课外自主阅读通过教学设计变成有目标、显性化的阅读过程，变成有一定的阅读成果体现的课程化教学。本案例主要通过任务设计来驱动学生走完阅读历程，体现阅读路径。在设置情境的过程中，希望能够体现趣味性，提升阅读的“快乐感”，也希望能在语言运用的情境中提升思维能力与语言的表达，这也是核心素养当中的重要内容。本课例的核心任务是班级《海底两万里》阅读画报制作，所以，三项任务都与画相关。图画是生活中的常见之物，它是一种比文字更具象的表达方式,"鹦鹉螺"号模型图、"海底两万里"航程导览图、画报封面图,是有着浓郁生活气息的图画。当然,这三张绘图的完成与阅读也是紧密相关,它需要在阅读过程中提取信息,如潜艇的绘制;需要详略处理信息,比如导览图的绘制,《海底两万里》是以海底历险的经历来推动情节发展,这就涉及如何把书读薄,通过一张图,概括历险的主要情节;也需要在封面图的选择中,探索情节的价值,进行人物的评价,主题的探究等。画图是激趣的手段,阅读是活动的核心,汇报分享是思维发展与语言运用的载体。用任务进行驱动,能激发学生主动思考,又增加了语言表达的机会。自然,学生的核心素养在综合性的任务完成与展示中得到了提升。

(三) 建立异质小组,通过团队互助引向"深读"

在构建整本书阅读共同体的过程中,异质小组的成立有助于阅读分享,它能优化资源配置,促进技能互补,还能引导学生向"深读"领域迈进。所谓"异质小组",即是指根据成员间不同的能力、兴趣和专长进行组合,以确保团队内部多样性的一种小组构成方式。这种配置在阅读活动中尤为关键,因为它不仅减轻了个人负担,使复杂多维的阅读任务得以有效分担,还成了一个培育合作精神与解决认知冲突的有效途径。

从任务分配的合理性来看,异质小组确保了每项阅读任务,无论是图画绘制、文稿编纂、PPT 制作还是口头讲演,都能由擅长该领域的成员主导完成,而其他成员则提供辅助,这种分工合作极大地提升了工作效率与成果质量。例如,在探讨小说《海底两万里》中潜艇的科学性时,小组成员不仅能够准确提炼书中描述,还能借助团队中科技爱好者的知识储备与探究能力,引入现实世界中美国同名核潜艇的对比分析,从而对凡尔纳科幻作品的理解具象化了。

另外,异质小组内的思维碰撞是推动"深读"的核心动力。在共同面对如选择尼摩船长代表性场景来设计封面这一挑战性任务时,小组成员从不同角度出发——情节的代表性、人物性格的典型性、主题思想的传达,通过激烈的讨论与相互启发,拓宽了学生个体对书中内容的理解与把握,这一过程提升了学生分析的综合能力。

通过建立异质小组,教学不仅为学生搭建了一个合作互助的阅读平台,更重要的是,可以以此为桥梁,引导他们跨越浅尝辄止的表层阅读,深入挖掘文本内涵,实现"深读"这一理想目标。

这个课例,通过构建清晰的阅读路径,设计趣味性的任务驱动,以及建立合作互助的阅读小组,不仅帮助学生掌握了阅读科幻小说的有效方法,还使学生的阅读成长“看得见”。期待在未来的日子里，学生们能够带着这份热爱与素养，继续在书海中遨游，探索更多的精彩。

第二节 情境·任务·评价融合下的整本书阅读

《钢铁是怎样炼成的》课例：今天我们为什么读保尔？

在谈论整本书阅读教学时，情境、任务与评价常常是三个高频词，让这三者在具体的教学实践中可见，本课例是一次尝试。

情境的主要作用是语言实践。整本书阅读中，情境是任务设计的前提。根据新课标，“语文课程应引导学生热爱国家通用语言文字，在真实的语言运用情境中，通过积极的语言实践，积累语言经验，体会语言文字的特点和运用规律，培养语言文字运用能力。”①情境为学生提供了一个具体而生动的语言运用环境，使他们在模拟或真实的场景中运用语言。

素养的形成是在情境中获得生长性经验，再迁移创造性运用的过程。夏雪梅博士在《项目化学习设计》中指出，“学习意味着人在面对多种情境时，解决问题与创造意义的过程。”因此，设计具有真实性、多样性、接近性和诱发性的情境，对于激发学生的阅读兴趣，培养其问题解决能力和创新思维至关重要。

在本案例中，笔者设计了“保尔专题展”黑板报这一情境。这一情境既贴近学生的生活实际，又具有一定的挑战性，能够诱发学生深入阅读《钢铁是怎样炼成的》，从多个角度理解保尔。情境的真实性体现在它模拟了现实生活中的板报制作过程，多样性体现在学生可以有较大的自主选择的空间，同时，这一情境接近学生已有的生活经验和兴趣点，能够激发学生的好奇心和探索欲。

任务驱动是本案例设计的重要内容。夏雪梅博士认为：“这种‘行动’或‘制作’是带有思考、假设、验证概念性质的，是动手动脑，整合了技能、态度的行动。”在整本书阅读中，任务不仅是学生完成阅读的手段，更是他们思考和探索的过程。设计任务时，笔者发现以下几个方面尤为重要。

问题引导和明确目标：任务应围绕核心问题展开，明确学生的阅读目标和思考方向。例如，在“保尔专题展”黑板报的任务中，提出了“保尔为什么能够实现自

---

① 中华人民共和国教育部. 义务教育语文课程标准(2022 年版)[S]. 北京：北京师范大学出版社，2022：1.

己的人生价值?”这一核心问题,引导学生从多个角度进行思考和探索。

融合核心素养与语文实践活动:任务应融合核心素养和语文实践活动,使学生在完成任务的过程中提升语言运用能力、思维能力、审美创造能力和文化传承与理解能力。例如,在板报制作过程中,学生需要运用语言文字进行表达,需要运用逻辑思维进行设计与表达,需要运用审美眼光进行图案绘制,还需要对保尔的精神内涵进行深入的理解与反思。

任务结构化和合作社会性:任务应具有结构化特点,使学生能够按照一定的逻辑顺序逐步完成任务。同时,任务应具有合作社会性,鼓励学生之间的交流和合作。例如,在板报制作过程中,学生需要分工合作,共同完成任务,这不仅能够提高他们的团队协作能力,还能够促进他们之间的思想碰撞和灵感迸发。

在整本书阅读教学中,评价的主要价值是激励与导向。评价量表作为可视化的工具,应关注学生的阅读成果、阅读反思,适当考虑任务形式。评价工具应该易操作,不宜烦琐。在评价过程中,注重评价的公正性和激励性,鼓励积极参与与分享。在“保尔专题展”黑板报的评价中,笔者与学生一起从内容、形式等多个维度设计了评价量表。评价过程中,鼓励学生积极参与评价过程,分享自己的作品和思考,从而培养他们的自信心和表达能力。同时,也注重评价结果的反馈和运用。通过评价结果的反馈,学生能够了解自己的优点和不足,从而有针对性地进行改进和提升。

一、教学设计

(一)教学目标

(1) 多角度梳理保尔成长的主要经历,整体把握保尔的人生轨迹与形象变化。

(2) 将保尔与阿廖沙、祥子进行比较,分析保尔能实现人生价值的原因。

(3) 站在当下思考保尔精神的现实意义。

(4) 借助制作“保尔专题板报”这一核心任务,用图画、文字结合的方式分享并交流阅读的感受与成果。

(二)课前准备

布置《钢铁是怎样炼成的》阅读任务,明确情境下的任务要求,完成任务1、2。

课时安排:1课时

(三)教学过程

教学环节一:回顾导入,明确阅读路径与情境任务

确定小说围绕人物展开的阅读路径,回顾导读课中确定的情境与评价要求。

【设计意图】从人物入手,引领学生逐步深入小说内核,通过读人物开辟读小说的新视角,丰富小说阅读经验。

教学环节二:按照情境要求,完成任务

任务1:“纵向理保尔”板报分享展示

(1) 学生从遭遇史、恋爱史等角度梳理保尔的人生经历,并完成板报展示。

(2) 展开自评、互评等活动,完善思考。

【设计意图】引导学生从遭遇史、恋爱史等多维度梳理保尔的人生轨迹,运用勾连策略加强对信息的综合分析能力。板报设计则激发学生创造力,锻炼其表达能力。

任务2:“横向思保尔”板报分享展示

(1) 学生分别将保尔与阿廖沙、祥子进行比较,分析保尔能实现人生价值的原因,并完成板报展示。

(2) 展开自评、互评等活动,完善思考。

【设计意图】通过此任务的展示,引导学生将保尔与文本外名著人物进行横向对比,深入分析保尔实现人生价值的原因,拓宽思维视野。自评、互评活动则促进学生评价能力的提升和思考的完善。

任务3:“当下议保尔”板报话题讨论

保尔的形象具有鲜明的时代烙印,身处新的时代背景下的我们,有哪些方面仍值得向保尔学习?而在哪些方面,我们还可以有其他选择与追求,为什么?

【设计意图】通过此任务,引导学生思考保尔精神在当代的价值,辨析其值得我们学习的方面及可有反思之处,旨在培养学生的辩证思维,理解时代变迁中的精神传承与创新。

任务4:板报标题拟定

请为本期“保尔专题板报”拟定标题。

【设计意图】通过拟定“保尔专题板报”标题,引导学生概括本节课核心内容,凝练保尔核心精神,同时锻炼学生的语言表达能力和创意思维,使板报主题鲜明、吸引人。

(四) 总结与作业布置

回顾学习历程,作业布置。

二、教学实录(片段)

教师:最近我们在读的《钢铁是怎样炼成的》是一本小说,读小说当然离不开读人物。可是俄罗斯人的名字呀,特别难记。今天肖老师就要考一考大家。左边的同学为一组，右边的同学为另一组，我们来 PK 一下，看看哪边的同学记得的人名更多。

学生(学生轮流说人名)：……

教师：很好，看来同学们记人名的能力很强。关键我们要能够学会用读人物的方法来读小说。这一篇小说的主人公是谁啊？

学生(齐声)：保尔·柯察金。

教师：对，今天我们就通过保尔来走进这一本小说。那么怎么读保尔呢？首先我们需要纵向地梳理保尔的一生。在此基础上，再将保尔与其他小说当中的人物进行横向的比较，思考保尔为什么能够实现自己的人生价值。保尔与我们生活在不同的时空，那么我们今天该如何看待并学习保尔的精神呢？我们循着这三个问题，走进这一本小说。

这次的阅读成果是办一期板报，请大家将这些问题的思考转化为板报形式。前两个任务我们前期已经完成了，有请第一小组展示。

学生(第一小组代表)：大家好，我们小组所分享的是保尔的遭遇史，这是我们小组的作品图。其中，云朵代表了保尔遭遇的人物和事件，雨滴代表了保尔的遭遇，而雨伞代表的是保尔的精神。整个作品是依照保尔的小说《暴风雨所诞生的》设计的。保尔人生中的第一个阶段……

(第一小组详细阐述保尔的遭遇史，包括四个阶段，每个阶段的转变和关键事件，以及保尔的精神成长。)

教师：好，第一小组的构图与小说的内容结合非常巧妙。接下来有请第二小组。

学生(第二小组代表)：大家好，我们组介绍保尔的恋爱史。我们将保尔的恋爱史分为三个阶段，并配上图片和信件，展现他的情感和恋爱观。第一次是与冬妮娅的恋爱，他们在湖边相识，保尔出狱后两人重逢，但最终因观念不合而分开。这段恋情使保尔从莽撞、懵懂的少年逐渐成长为富有耐心和细心的人，在冬妮娅的启迪下，他读了《牛虻》，从而催生了革命精神。而这一恋情的最后结局是保尔分手后意识到阶级对立在爱情中的不可逾越，并真正意识到资产阶级之弊在于其是剥削阶级，遂与资产阶级彻底划清界限，真正走上革命的道路。这些因素促使他变得坚决，而又勇敢。思想的不同促使保尔与冬妮娅之间的感情破裂。接下来，让我们一起来听听保尔在信中是怎么说的(略)。第二次则是与革命同志丽达的恋爱。他们曾同赴一场会议，保尔对丽达产生情愫。保尔一直处于革命同志和内心情感所向的矛盾之中，后来保尔却将丽达兄弟误认为其丈夫而断绝了关系，直到三年后两人在大会重逢才将这个误会解开，可感情却已无法挽回。他们之间的感情破裂看似是命运的偶然,实则也是必然,保尔在这样的感情与信仰的纠结矛盾之中,总会出现情感破裂。选择信仰后,保尔一心革命,跟牛虻一样有了革命牺牲精神,而此时保尔对爱情的认识是感情会阻碍革命,是不能存在的。请让我们聆听保尔的来信(略)。第三次则是与达雅的恋爱。保尔和达雅从初识到后来达雅帮助保尔走出阴霾,最终保尔与达雅相互扶持,成就了自己。这反映出在保尔的恋爱认识中,第一次正视感情,认真面对情感。保尔爱情观的提升也体现在将爱情融入革命生活中,自己也成为他人理想的引路人。虽然达雅与保尔生活、工作都有差异,但他们却有着相同的理想,而且互相理解和帮助,这正是他们感情成功的原因。请让我们聆听保尔的来信(略)。

教师:刚刚我们两个小组的同学都呈现了保尔的人生经历。接下来我们进入到互评和自评的阶段。请这一边的同学对他们展开评价,然后展示的同学自评。

(学生讨论并评价)

教师:好,接下来有请第三小组展示的同学。

学生(第三小组代表):我们组为大家介绍的是保尔实现人生价值的原因,我们对比的是保尔和阿廖沙……

(第三小组详细阐述保尔和阿廖沙的成长环境、对环境的态度以及他们各自实现人生价值的原因。)

教师:好,第三小组的分享也非常有深度。接下来有请第四小组。

学生(第四小组代表):今天,我们组想和大家分享一下祥子和保尔的人物对比,探讨一下内因和外因哪个更是成功的秘诀。祥子和保尔都曾有过自己的理想并且为之奋斗,但是为何前者走向了堕落,而后者实现了自己的人生理想呢?我将从外在原因和内在原因来分析,首先让我们来看一下两个人生活的社会背景对人的影响。

祥子所在的社会背景是20世纪20年代的中国,当时是北洋军阀统治时期,政局混乱,人们过着穷苦的生活。而保尔生活在同一时代的俄罗斯,一战正在进行,俄国先后经历二月革命与十月革命。二月革命顺应民心,推翻了封建政权。随后,十月革命推翻了资产阶级临时政府,成功成立苏维埃政权。

接下来再来分析一下他们身边的人对他们的影响。先看保尔,朱赫来是保尔的启蒙老师,他是一名具有高觉悟的共产主义战士。朱赫来在保尔的心中种下了共产主义的“种子”,助力保尔成为一名拥有钢铁意志的共产主义战士。谢廖沙是保尔儿时的同伴,曾担任共青团书记,在儿时曾影响着保尔了解共产主义。冬妮娅是保尔的初恋,典型的小资产阶级,也是她让保尔了解到了阶级之间的矛盾难以跨越。丽达是一位优秀的共产党员,与保尔志同道合,在她的引导下,保尔更加深入地了解了共产主义理论。阿尔焦姆是他的哥哥，一名钳工，具有工人阶级的朴实，培养了保尔吃苦耐劳的精神以及对剥削阶级的仇恨。再看祥子，虎妞是车厂老板刘四爷的女儿，粗俗凶悍，与祥子结婚后让祥子陷入了家庭的泥潭。老马是一位悲惨的人力车夫。也正是老马的悲惨经历让祥子看到了未来的自己，放弃了对于未来的憧憬。孙侦探第一次抢了祥子的车，第二次搜刮了他所有的积蓄，直接地导致了祥子梦想的破灭。

我们再来分析一下内在原因，也就是二者对于困境的态度。保尔就像一辆奔驰在既定轨道上的火车，他有着明确的人生目标和顽强的意志，即使面临瘫痪或掉队的风险，也能坚持自己的方向，最终实现理想。而祥子也正像这辆黄包车一样，他的人生轨道是不明确的，所以会在一次次的挫折面前放弃了理想和自我，走向堕落。尽管保尔和祥子的身边人都在影响自己，但是只有自己才是自己人生的主宰。所以我认为他们的成败与自己对人生态度的关联更大一些，谢谢大家！

教师：好，刚刚四个小组都有理有据地表达了自己的观点。接下来我们进入到自评和互评的阶段。（学生讨论并评价）

教师：通过刚刚的展示和评价，我们可以看出，大家在阅读《钢铁是怎样炼成的》这本书时，都投入了很多的思考和努力。保尔是具有鲜明时代烙印的人物，今天的我们处在新的时代，你觉得保尔身上哪些方面最值得我们学习？而在哪些方面，我们还可以有其他的选择和追求？请大家写在贴纸上。

（学生写贴纸并分享）

学生 1：我认为保尔在青少年时期，就早早地树立了远大的志向，这也激励着我们现在要早立志。

学生 2：我觉得在保尔反抗的方式上面，我们可以有其他的选择和追求。比如说他曾经在幼年的时候，在神父的面团上面洒烟灰，我觉得这是一个比较粗暴的方式，我们应该采取更加理智的方式。

学生 3：我认为保尔在面对事业和家庭的抉择中，更偏向于事业，而减少了与亲人的陪伴时间。我认为在这一方面我们可以有更多选择，可以选择多陪伴父母。

…………

教师：好，从同学们刚刚的反馈来看，保尔身上有钢铁般的意志，有为梦想执着追求的勇气，还有深厚的爱国情怀，这都值得我们学习。但是我们现在处在和平的年代，我们的选择似乎更丰富了。我们可以投身时代的洪流当中，这也是爱国；我们也可以在各行各业做好自己的工作，这也是爱国。我们要勇于追求自己的人生价值，但也可以把一些时间留给我们的父母、家人。

教师：好了，同学们，今天因为时间关系，我们就到这里。但是，今天的黑板报设计还缺一个标题。大家课后思考一下,今天的黑板报,应该拟一个怎样的标题最好呢?最后,让我们以这一段话来结束今天的课堂:人最宝贵的是生命,生命每个人只有一次。人的一生应当这样度过:当回忆往事的时候,他不会因为虚度年华而悔恨,也不会因为碌碌无为而羞愧;在临死的时候,他能够说:“我的整个生命和全部精力,都已经献给了世界上最壮丽的事业——为人类解放而斗争。”同学们,每个人都可以为自己认为的最壮丽的事业而努力,加油吧!下课。

三、教学思考

新课标将整本书阅读明确为拓展型学习任务群,旨在通过系列相互联系的学习任务,促进学生的核心素养全面发展。这一任务群具有情境性、实践性和综合性的特点,为语文课程内容的结构化提供了新的探索路径。然而,当前初中语文整本书阅读的教学实践中,仍存在“浅阅读”“伪阅读”的现象,任务设计缺乏系统性和连贯性。本案例主要探讨如何在情境、任务与评价的融合下,设计并实施整本书阅读教学。

(一) 构建结构化任务群,明确阅读路径

在整本书阅读的任务群设计中,结构化是至关重要的。为了避免任务之间的断裂或重叠,我们需要明晰一本书的阅读路径,并通过问题链来引导任务的展开。以《钢铁是怎样炼成的》为例,设定了核心问题:“今天我们为什么读‘保尔’?”并围绕此核心问题,提出了三个下位问题,分别指向保尔的人生经历、人生价值的实现以及当下的我们对保尔精神的学习与选择。

这三个问题构成了阅读路径的主线,引导学生从“纵向理保尔”“横向思保尔”到“当下议保尔”逐层深入。学生通过梳理保尔的遭遇史和恋爱史,把握其完整的人生经历;通过将保尔与阿廖沙、祥子进行比较,探寻其实现人生价值的原因;结合当下时代背景,思考保尔精神的现实意义。

依循这一阅读路径,我们设计了相应的情境任务:完成一期“保尔”专题板报。板报内容包括保尔的遭遇史和恋爱史梳理、保尔与阿廖沙和祥子的比较分析以及当下对保尔精神的讨论。这样的任务设计既体现了阅读路径的逻辑性,又激发了学生的创造力和表达能力。

(二) 运用阅读策略,促进一体化实施

结构化的任务群设计完成后,如何有效实施是关键。在本课例中,注重引导学生运用阅读策略,如前后勾连、对照阅读和联系现实等。这些策略的运用不仅帮助学生深入理解文本内容,还培养了他们的阅读能力和思维品质。

例如，在梳理保尔的人生经历时，学生需要运用前后勾连的策略，将保尔的重要遭遇和恋爱经历进行整合和分析。在比较保尔与阿廖沙、祥子的人生走向时，学生需要运用对照阅读的策略，找准对比点进行深入探究。而在讨论保尔精神的当下意义时，学生则需要运用联系现实的策略，将阅读与现实生活相结合进行思考。

同时，我们注重将阅读策略的运用结果与任务表达相结合，实现整本书阅读从输入到输出的转化。学生通过板报制作、演讲分享等方式展示自己的阅读成果和思考过程，既锻炼了他们的语言表达能力，又提升了他们的审美创造和文化自信。

（三）设计评价量表，完善科学性评估

为了确保整本书阅读任务群的有效实施和科学评估，我们设计了相应的评价量表。以“纵向理保尔”板报绘制为例，我们构建了包括内容（人生经历、重要事件、重要他人、人物形象与变化）和形式（展示效果）两个维度的评价量表。每个维度都细化为优、良、合格三个层次，并明确了具体的评价指标和评分标准。

评价量表不仅用于成果展示阶段的自我评估和互评活动，还贯穿于任务实施的全过程。在任务开始前，评价量表为学生提供了明确的指引和预期目标；在任务推进过程中，评价量表作为质量监控的工具，帮助学生及时发现并纠正问题；在任务完成后，评价量表则作为总结反思的依据，帮助学生总结经验教训并提升未来任务的质量。

本案例通过构建结构化任务群、运用阅读策略和促进一体化实施以及设计评价量表和完善科学性评估等措施，可以有效地提升学生的阅读能力和综合素养。同时，本次教学实践也希望能够为初中语文整本书阅读教学提供新的视角和方法。

第三节　以点带面的整本书阅读

《儒林外史》课例：群像中的典型代表

在整本书阅读中，运用一定的阅读策略能有助于积累阅读经验，为成为成熟阅读者打好基础。“以点带面”策略是阅读策略的一种，这种策略主要是根据学习需求或作品特点等因素，可以先选择某些重要处进行精读，然后通过这些关键点

连接和拓展到整本书的其他部分，最终实现对整本书内容的全面理解和把握。

本课例《儒林外史》主要运用的是“以点带面”的阅读策略。《儒林外史》采用的是连环短篇缀连的结构，每个故事相对独立，但又通过人物和情节的关联形成整体。这种结构使得学生可以先阅读前三章，把握好“王冕”和“周进”，通过这两个典型角色来带动对全书人物群像、主题、艺术特色的理解。

王冕是《儒林外史》开篇即出现的隐士形象，他淡泊名利、勤学善画，拒绝为官，是书中少有的清流人物。精读这一章节，需重点关注王冕对待名利场的态度，引导学生通过批注或笔记记录王冕对功名的看法，思考王冕这一形象在整部作品中作为理想化人格的象征意义，以及他对当时社会风气的一种反衬作用。

在《儒林外史》中，周进是科举制度受害者和痴迷者的典型代表，他的行为表现和作者对他的态度都反映了作品对封建科举制度的批判与反思。周进对科举考试极为热衷，尽管他年岁已高，却仍然执着于通过科举考试来改变命运。他的一生大部分时间都在为科举考试做准备，这种对功名的渴望几乎成了他生活的全部。他相信只有通过科举考试才能改变命运，实现自己的价值。这种对科举的盲目崇拜和依赖，使得他的行为在某些时候显得迂腐和可笑。在一次参观贡院时，周进触景生情，想到自己多年努力却仍然未能考中，不禁悲从中来，竟然一头撞到号板上，昏死过去。这一行为充分表现了他对科举的痴迷和内心的绝望。作者对周进这类热衷科举、醉心功名的人持批判和否定的态度。通过周进的故事，作者揭示了科举制度对读书人的毒害和摧残。

本课例设计的第一个任务，便是围绕这两个人物展开，学生既从人物的主要经历中分析出人物的形象特征，同时又能根据作者塑造人物的方法等途径推断作者对人物的态度。表 5－1 所示的任务单有助于学生对这两位主要人物的把握。

表 5－1 任务一：人物档案制作任务单

<table>
<tr><td rowspan="4">个人信息</td><td colspan="2">姓名：</td><td>家庭背景：</td></tr>
<tr><td colspan="2">相关回目：</td><td>其他相关人物：</td></tr>
<tr><td rowspan="2">人物分类</td><td colspan="2">正面形象：□真儒士 □市井奇人 □________</td></tr>
<tr><td colspan="2">负面形象：□腐儒 □贪官污吏 □八股迷
□市井小人 □________</td></tr>
<tr><td>人物画像说明</td><td colspan="3">请从封面内容与设计意图等角度对人物画像进行说明：</td></tr>
<tr><td>个人经历</td><td colspan="3">选取典型事件进行梳理：</td></tr>
</table>

（续表）

形象特点	对待功名利禄的态度： 摘抄与分析(1)： 摘抄与分析(2)：
	其他： 摘抄与分析(1)： 摘抄与分析(2)：
人物形象与社会背景的关联	摘抄与分析(1)： 摘抄与分析(2)： 推断总结：
作者是如何表现人物特点的	内容摘要： 赏析角度：□描写　□夸张　□对比　＿＿＿＿ 分析：
	内容摘要： 赏析角度：□描写　□夸张　□对比　＿＿＿＿ 分析：
	内容摘要： 赏析角度：□描写　□夸张　□对比　＿＿＿＿ 分析：
作者情感态度	

把握住了王冕之后，便可以拓展阅读书中其他淡泊名利、保持节操的人物。如杜少卿，他无视功名，将山水当作自己的精神家园。这一人物与王冕一样，都代表了儒家传统中的正直、清廉、学问渊博的品德，他们以维护儒家道德秩序为己任，与世俗社会的腐败和庸俗做着不懈的抗争。同样，把握了周进以后，便可以关注书中后续陆续出场的人物，如范进，他同样是一个深受科举制度影响的读书人，他的故事几乎可以说是周进命运的延续和变奏。与周进一样，范进也是屡试不第，家境贫寒，生活困顿。他对于功名的渴望，如同荒漠中的旅人对于绿洲的向往，那是一种近乎痴迷的执着。然而，当范进终于中举的那一刻，他的喜极而疯，却比周进更为夸张，更为震撼人心。这一疯，不仅是对他多年苦读的释放，更是对科举制度对人性扭曲的极致讽刺。

基于《儒林外史》这一特点，笔者设计的第二个任务是“请为人物找朋友”，即为“王冕”“周进”找朋友，通过人物的异同比较，学生不难发现，作者有意根据儒林士人对待功名富贵的不同态度，刻画了两类人：一类是以王冕、杜少卿为代表的淡泊名利、看淡科举功名的人；一类是以周进、范进为代表的热衷、沉迷科举功名的人。而作者正是通过这两类人的对比，表达了自己理想的人生追求。

表 5－2　任务二:“请为人物找朋友”任务单

能成为朋友的人：	
相关回目：	
相同点	
不同点	
能成为朋友的原因	
作者对 这类人的情感态度	

不能成为朋友的人：	
相关回目：	
相同点	
不同点	
不能成为朋友的原因	
作者对 这两类人的情感态度	

在以上两个任务的基础上，笔者又设计了第三个任务“人物朋友圈设计”，学生在完成这个任务时，需要在“网名”“头像”“文案”“图片”等内容中关联这个人物的主要事件、形象特征等。同时，朋友圈设计还包括《儒林外史》中其他人对朋友圈的回复，这需要学生能准确把握其他人的形象特征。除此之外，此任务还要求学生以当代人的身份给予回复，这主要考查学生对此人此事的评价等。

这三个任务通过“以点带面”的策略，引导学生从《儒林外史》中的典型人物王冕和周进出发，深入剖析其形象特征与社会原因，再延伸至书中其他人物，从而构建起对整部作品的全面理解。通过人物档案制作、找朋友、朋友圈设计等任务，学生得以窥见儒林生态，领悟作者的人生追求。

笔者在教学实践中发现，在“以点带面”策略运用时，我们需要特别关注那些精要处或者牵一发而动全身的关键点。这些部分通常是一本书的核心和要点，抓住这些关键点进行精读，往往可以收到纲举目张的效果。除此之外，还需要注意，虽然这些要点是整本书的关键点，但不能以这些局部代替全部，而应该进一步思考这些紧要处与整本书的其他部分的关系，并将这个精读的关键点作为出发点，利用比较、联系和归纳等方法，进一步拓展到整本书的其他内容，从而将精读的部分与全书内容融为一体，真正体现以点带面，以点到面的阅读策略。

一、教学设计

（一）教学目标

（1）梳理儒林士人的生平经历，概括人物个性特点。

（2）联系社会现实，分析儒林士人的命运与社会环境的关联，推断社会现象的根源。

（3）分析儒林士人言行的可笑之处，推断作者的情感态度，提炼小说主题。

（二）教学过程

教学环节一：《儒林外史》标题解读

“儒林”一词源出《史记》“儒林列传”，是“儒者之林”，泛指儒生、读书人等。《儒林外史》不是正史，不体现官方意志，也不是稗官野史，而是用小说形式，“写世间真事”穷极文人情态，针砭时弊，讽喻世人。

【设计意图】从小说题目入手，明确本书所写的人物群体，初步认识本小说作者的写作意图。

教学环节二：按照情境要求，完成任务

任务1：人物档案制作

（1）阅读《儒林外史》第1～3章，从王冕、周进中二选一，完成人物档案制作单。

（2）小组共同完成王冕或周进一人档案的PPT分享。

（3）师生完成点评。

【设计意图】通过制作《儒林外史》人物档案，引导学生深入阅读并分析王冕、周进的形象特征。小组合作完成PPT分享，促进交流与合作。师生点评环节，旨在反馈学习成果，加强指导。

任务2：请为人物找朋友

请为王冕与周进各找一位能成为朋友的人，找一位不能成为朋友的人，分析异同，并分析作者对此类人的情感态度。

【设计意图】通过为王冕、周进找朋友的活动，引导学生比较人物间的异同，深入理解人物性格及作者情感态度。此任务旨在培养学生分析比较能力，加深对作品主题的理解，同时体会作者对不同类型读书人的褒贬态度。

任务3：人物朋友圈设计

请为《儒林外史》中的人物设计一条朋友圈。想一想,他(她)会发什么内容呢?如果书中的人物都是他朋友圈中的人,他们又会如何回复呢?如果你也是其朋友圈中的人,你又会如何回复呢?请完成这一有趣的任务吧!

【设计意图】此任务旨在以现代社交方式解读经典,促进学生跨时空思考,同时锻炼其文字表达与角色扮演能力,增进对作品人物的多维度理解。

(三)课堂小结

《儒林外史》以独特的笔触描绘了儒林士人的百态人生,揭示了封建社会中文人的命运与社会环境的紧密关联。这部作品不仅是对儒林生态的生动写照,更是对人性弱点与社会弊病的深刻剖析,让我们在笑声中思考,在思考中感悟人生的真谛。

二、教学实录(片段)

教师:同学们,王冕是第一个出场的人物,你会为他设计怎样的画像?王冕的人生经历了怎样的阶段?作者通过怎样的写法塑造了王冕怎样的形象?作者对这个人物又是怎样的情感态度呢?现在请小组分享自己的看法。

学生:王冕出身于普通百姓家庭,他出现在书中的第一回,与他相关的人物主要有危素、朱元璋等,他在书中是一个正面形象,是真儒士。

关于他的人物画像,我们是这样设计的,他面容清秀,透着一股书卷气,眼睛明亮而有神,仿佛藏着无尽的智慧,给人一种深邃而沉稳的感觉。他的头发整齐,用一根墨色的丝带系着,显得干净利落,体现出他的儒雅气质。王冕身着一袭朴素的长衫,颜色是淡雅的青灰色,虽不华贵,但干净整洁,体现出它的朴实与谦逊。他的神态平和而从容,嘴角常常伴着一抹淡淡的微笑,给人一种和蔼可亲的形象,使人感受到他内心的平淡与宁静。

关于王冕的人生经历。王冕出生农家,七岁丧父,家境贫寒,童年生活非常艰难,十岁辍学,到老秦家放牛,以维持生计。尽管生活艰苦,但他对学习有着浓厚的兴趣,利用一切机会自学,在放牛时也不忘带上书本,还靠自学画得一手好荷花。当时朝廷听闻他的才华,征召他入朝为官,但他坚守自己的清高和淡泊,拒绝了朝廷的征召,不愿涉足官场。拒绝征召后,他选择到会稽山隐居,在乡间过着宁静、自在的日子,与自然为伴,继续创作,坚守自己的清高和独立。

关于王冕的形象特点。首先,王冕对功名利禄是不屑的,原文中说:王冕乃一介农夫,不敢求见,这尊帖也不敢领。以此可见,王冕对县令的邀请持回避态度,表明他并不看重官场的荣耀和地位,不愿与权贵结交。原文中还说:不见那段干木、泄柳的故事么？我是不愿去的。这里王冕借这两个古代人物的故事，表达自己不愿趋炎附势、出仕为官的决心。再看这里：王冕并不通知秦老，私自收拾，连夜逃往会稽山中。总之，王冕对功名利禄的摒弃态度在此事例中表现得淋漓尽致。他宁愿隐居山林，也不愿踏入官场，体现了他对世俗荣耀的超然态度。第二，王冕是志向高洁的人。原文中有：每日点心钱，他也不买了吃，聚到一两个月……就买几本旧书。这体现了王冕由于家境贫寒无法上学，但他对诗书有着浓厚的兴趣，有远大志向，自学成才，不坠青云之志。原文中还说道：他便自造一顶极高的帽子，一件极阔的衣服。王冕学屈原不仅是对屈原个人的崇拜，更是对屈原所代表的正直、高洁品质的追求和体现。这种追求和体现，在王冕的一生中得到了充分的彰显和传承。

王冕的形象与社会环境有紧密关联，当时社会中虚伪成风，趋炎附势盛行，官威至上。而王冕是一股清流，与社会的昏暗形成鲜明的对比。书中还有记录：天下一统，建国号大明……这写出大明建国初期，人民安居乐业。而王冕却连夜逃往会稽山中，选择急流勇退，隐居山野，不追求功名利禄。

作者是怎样刻画王冕的形象的呢？第一，王冕在乱世中坚守自我。王冕在秦家放牛时，总把自己的鱼肉带回家给母亲吃，每日点心钱也积攒下来买旧书，就这样过了三四年，但后来听说危老先生的事就不再买书，改画荷花，这里用了对比的手法。王冕将秦家偶尔烹煮的鱼与肉，悉数奉予母亲，此举彰显了他的孝心。作者以简洁的叙事笔触，将人物形象生动勾勒，其观点亦在叙述间自然流露。王冕积攒点心之资购书，可见其对学问的渴望，同时也透露出他对进学为官仍抱持希望，对仕途充满期待。然而，后来他不再购书，作者运用对比手法，描绘了王冕放弃科举之路的转变。同时，画荷花亦是借物言志，以此展现王冕志向高远、清廉正直的性格特质。

作者字里行间都蕴含着对王冕及他代表的真儒士的敬佩赞美，对他们清高正直，不慕名利，不畏强权，有高远志向且坚定内心的赞美。同时也表露出对世上这类人的惋惜和感慨。纵观《儒林外史》这本书，大多数人物都是虚伪贪财，抑或为科举所困。而对王冕的描写，表现出了作者希望世上能有更多如王冕一般脱俗的高人出现。在第一回对其他人物的描写和他们与王冕的对比中，也表现出作者对腐儒的批判和厌恶。

教师：请同学们根据之前我们制定的任务标准来进行评价。

学生：该小组分享非常全面具体，详细描绘了王冕的画像、人生经历、形象特点及作者写作手法，并合理推断了作者对王冕的情感态度。内容条理清晰，分析到位，结论基本都有理有据，分享的语言流畅，表达准确，值得我们学习。

教师:这位同学的点评是对这组同学很高的评价,分享的小组很认真地按照任务要求来阅读第一章,分析都合理有据,给我们呈现了王冕真儒士的形象。那么谁能做王冕的朋友呢?谁又很难成为王冕的朋友呢?如果王冕要发朋友圈,他又会发什么内容?他的朋友又会怎么回复呢?

学生:我们认为能与王冕成为朋友的人是杜少卿,他出现在书中的第三十二回左右。他们都不在乎功名利禄,王冕清高脱俗,不与世俗同流合污;杜少卿仗义疏财,潇洒自在。两人能成为朋友,是因为他们都不为名利所困,不被科举制度束缚,品行高洁,追求平淡幸福的生活。作者对这类人是赞美的,欣赏他们的清高正义,认同他们的行为和作风。而不能与他成为朋友的人是范进,是书中第三回出现的人物。他们的相同点是家庭都不富裕。不同点是王冕不慕功名,范进却为了科举牺牲了一辈子。两人不能成为朋友的原因是因为王冕不屑功名利禄,蔑视权贵。范进则被科举制度残害了心灵,成了一个虚伪、一心追求功名的人。作者对王冕是欣赏赞美的,对范进是批判鄙视的。

关于王冕的朋友圈(见图 5-1),我们给王冕取名为"梅花屋主",王冕善于画梅,并在梅花中寄托了自己高洁的品质。我们选择了王冕画梅后心情酣畅,邀请秦老共赏这一得意、畅快之事作为其朋友圈的主要内容。回复这条朋友圈的首先是秦老,我们觉得秦老是与王冕交往最多的人,可以说两人情意相投。然后是宿财主,他看中的是王冕的画,体现的是他财大气粗,世俗市侩。朱元璋在小说中对王冕的德行赞誉有加,他期待的是王冕能为其效力效忠。作为当代人的我们对王冕这一形象主要持欣赏态度,因此,在回复中表达了对王冕才华横溢却淡泊名利的赞赏之情。

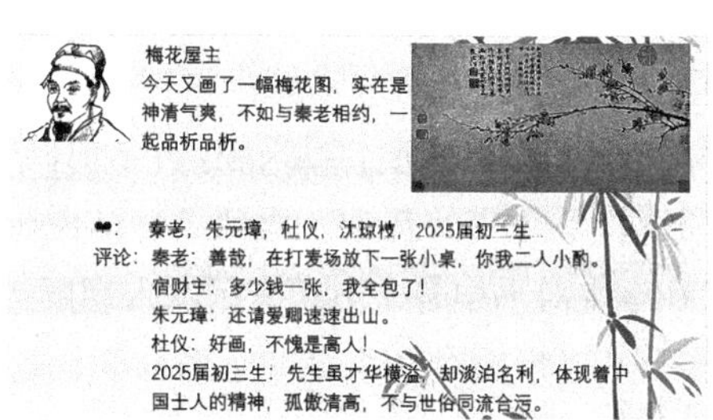

图 5-1 《儒林外史》王冕朋友圈设计

三、教学思考

"以点带面"的阅读策略追求阅读的高效,在《儒林外史》课例的实施过程中,笔者有以下思考。

在整本书阅读中，运用“以点带面”阅读策略的书籍有一定特点，某一个点的阅读，能让读者窥一斑而知全豹。这些作品往往有关键处，能够发挥纲举目张的作用。比如《儒林外史》，读者把握住了王冕与周进，就相当于理解了儒林中的两类人。而对于一些需要整部作品阅读后才能知其旨意的整本书，如果强行采用“以点带面”的方法，可能会割裂文本的完整性，导致阅读体验的碎片化。因此，策略的运用是根据作品的特点与教学目标来确定的。

“以点带面”的阅读策略强调精读与略读的有机结合。一般而言，精要处的阅读是精读，这要求学生深入细致地品味文本的语言、情感，领略作品的要旨。而将精读的方法辐射到整本书的阅读则可以是略读、跳读，通过快速浏览和选择性阅读，把握作品的整体框架和主要内容。在实际教学中，教师对作品要有自己的精准判断，然后引导学生找到作品中的关键处，然后指导学生进行精读。在精读过程中，教师可以提供阅读指南，引导学生有方向的阅读与思考。通过略读与精读的相结合，学生既能够深入领略作品的精髓，又能够全面把握作品的整体风貌，实现阅读的深度和广度的统一。

在“以点带面”的阅读策略运用时，任务设计要能体现阅读内容的要旨。良好的任务设计能够引导学生抓住阅读的关键处，通过具体问题或情境引导学生深入思考和理解文本。例如，本课例的第一个任务，学生需要从人物的基本信息、人物形象分析、作者对人物情感态度等进行推断，这一为人物建档案的任务既抓住了作品中的关键人物和情节，又引导学生深入思考人物性格和命运与作品主题的关系，有助于提高学生的阅读理解和分析能力。

“以点带面”阅读策略的运用，一般而言体现在整本书教学实施的全过程，精要处的“点”的阅读适合用在导读课，由此辐射到“面”的阅读适合用在总结课的阶段。在导读课阶段，精心选择书中的精要之处作为“点”进行阅读与思考。通过细致剖析这些“点”，教师能够激发学生的学习兴趣，引导他们初步感知整本书的魅力，并为后续的全面阅读打下坚实的基础。而到了总结课阶段，则是由“点”辐射到“面”的最佳时机。在学生对书中各个“点”有了深入理解的基础上，教师引导学生由“点”关联起来“面”，从而形成对整本书的全面认识。这一过程中，学生会逐渐领悟到书中的深层含义，感受到作者的写作意图，从而对整本书有更加深刻的理解和感悟。

“以点带面”的整本书阅读作为一种高效的阅读策略，在《儒林外史》的阅读实践中得到了充分验证。这种阅读策略通过精选书中典型人物和事件作为切入点，引导读者深入理解全书主题，实现了由局部到整体的全面把握，极大地提升了阅读效果。

第六章

“看得见”的初中整本书阅读课例（二）

本章与第五章同为课例研究，写作结构基本相同，有所不同的是课例对象为非小说文本，有散文集、科普作品、学术散文集，在教学设计时，依然体现角度的差异。例如“以写见读的整本书阅读”，主要通过读写结合的可视化任务设计，实践《朝花夕拾》的教学；《昆虫记》则是立足于“三位一体”阅读体系，由“篇”到“本”的尝试；如何将整本书阅读从教室拓展延伸到校园文化生活中去，《经典常谈》享读会则是读书节中的一次实践活动。

同时，笔者在实践中也发现，这类作品因具有“篇的合集”的特点，在教学中可以将“篇”的阅读经验延伸到“本”的阅读中，从而积累这类文本共有的学习经验。具体而言，由于散文集、科普作品和学术散文集通常由多个可独立的篇章组成，这些篇章在内容、主题、风格上往往具有一定的相似性，因此教学中可以以单篇为切入点，引导学生通过精读某一篇章掌握阅读方法与路径，再将这些方法路径迁移到整本书的阅读中。此外，从“篇”到“本”的路径也有助于学生发现不同篇章之间的内在联系，培养整体性思维，为阅读其他类似作品积累经验与方法。

第一节　以写见读的整本书阅读

《朝花夕拾》课例：替鲁迅写一封自白书

新课标强调整本书阅读分享交流的重要性，写作，是交流的一种方式。

整本书阅读中的写作，形式多样，无论是读书笔记，还是应用性、文学性写作，都使得学生的阅读收获得以外显化、可视化。通过文字，学生将内心的思考与理解转化为具体的表达，既提升了语言表达能力，促进了思维的深化与拓展，还形成了可供评价的阅读成果。

《朝花夕拾》是一部散文集，即由 10 篇散文组成的散文集。鲁迅在这本书中，记述了自己从孩童到青年的成长历程，追忆了那些纷繁复杂的人、事、物，抒发了对成长过程的那些岁月深处的亲友、师长等的情感，同时，也表达了对当下“离奇”“芜杂”生活的冷峻思考。学生通过阅读此书，可以走进鲁迅的内心世界，感受鲁迅的“温馨的回忆和理性的批判”，消除与经典的隔膜。

在阅读《朝花夕拾》时，学生可以运用单篇散文的阅读方法，梳理每篇散文的思想情感态度，再思考各篇散文之间的关联，进而对整本散文集有整体的把握。基于这样的教学思考，笔者设计了《我的自白书》的写作任务，要求学生以鲁迅的身份，用第一人称的方式，写一篇自白书。在自白书中，学生需要介绍《朝花夕拾》的写作背景与目的，表达鲁迅在书中呈现的个人经历、思想感悟和情感体验，并用凝练的语言阐明鲁迅写作《朝花夕拾》的初衷。

为了帮助学生更有效地完成这一核心任务，笔者还设计了与“写”相关的阅读记录卡。如表 6-1 所示，记录卡既包含散文中具体的人、事、物，又涵盖了作者对人、事、物的情感。同时，因为鲁迅在作品中含蓄地表达了对当下生活的思考，所以还要求学生能够“勾连现实”，从而更深入地理解作者对社会时事的针砭。

表 6-1 《朝花夕拾》阅读记录卡

<table>
<tr><th>所读篇目：</th><th>记录人：</th><th>阅读用时：</th></tr>
<tr><td rowspan="3">主要人、事、物</td><td>人(物)名字(名称)：</td><td rowspan="3">主要事件(可以多件)：</td></tr>
<tr><td>与鲁迅关系：</td></tr>
<tr><td>形象特征：</td></tr>
<tr><td rowspan="2">作者对人、事、物的情感态度与思想认识</td><td colspan="2">摘抄相关语句 2 句，并做简要分析：</td></tr>
<tr><td colspan="2">用 30 字左右提炼概括作者的情感态度：</td></tr>
<tr><td>勾连现实</td><td colspan="2">摘抄相关语句 2 句，并做简要分析：</td></tr>
<tr><td>作者借此想表达什么？</td><td colspan="2"></td></tr>
</table>

这两个任务都是以“写”为载体，将学生在阅读过程中的思考与收获外显化，从而实现了读与写的有效链接，达到了以写见读的教学目的。

一、教学设计

(一) 教学目标

(1) 概括散文集中的人、事、物及其形象特征。

(2) 感受作者对人、事、物的态度,梳理散文的情感脉络。

(3) 关联作者处境与社会现实,推断作者的写作目的。

(二) 教学过程

教学环节一:出示插图,猜猜分别对应《朝花夕拾》中的哪个篇名,并说明理由

《朝花夕拾》中的三幅插图:老莱娱亲、吹都都、捕鸟,让学生看图时根据画意和文字提示,说出与每幅插图对应的《朝花夕拾》中的篇名,并说明理由。

【设计意图】通过插图引入,引导学生借助插图回忆起相关的故事情节,从而激活并唤醒相关阅读内容。

教学环节二:按照情况要求,完成任务

任务1:课前完成阅读记录卡,课中进行分享交流

(1) 在小组内完善阅读记录卡。

(2) 在班级内进行阅读记录卡分享。

(3) 依据评价标准进行评价。

【设计意图】通过小组合作和班级分享的方式,促进学生对名著信息的提取、概括、分析与推断,培养他们的团队协作意识和沟通能力,拓宽他们的视野和思维,激发他们的阅读兴趣和创造力,并依据评价标准进行客观公正的评价,以推动学生阅读素养的全面提升。

任务2:“我的自白书”撰写

出示写作要求:

请你以鲁迅的身份,用第一人称的方式,写一篇自白书,400字以上。

格式提示:开头简要介绍《朝花夕拾》写作背景与目的;主体部分为作者的个人经历、思想感悟、情感体验等;结尾表明作者写作《朝花夕拾》的目的。

【设计意图】本环节旨在引导学生深入鲁迅的内心世界,通过第一人称的叙述方式,换位体验鲁迅在《朝花夕拾》中的情感与思考。

(三) 课堂小结

《朝花夕拾》原名《旧事重提》,提“旧事”,不仅为了怀念,将所有的爱汇聚成一幕幕温馨的回忆;还为了触时事,将所有的恨凝结成一句句冷峻的批判。希望大家将这本经典作品一读再读,最终凝结成自己的人生智慧。

二、教学实录(片段)

教师:同学们,读散文,我们不仅要读出散文中具体的人、事、物的形象特征,还需要读出作者对待这些人、事、物的情感,鲁迅的这一组散文是在特殊的境遇下所写的,我们还要再想一想他为什么要写?接下来请同学们进行分享。

学生1:大家好,今天我要分享的是《朝花夕拾》中的一篇佳作——《五猖会》,我将从主要人、事,作者的情感态度及思想认识,以及其与现实的勾连等方面进行分享。首先是主要人物:“我”、父亲。“我”在文中是一个盼望能去看五猖会的孩童,父亲是刻板、严格的传统父亲形象。

文章主要内容是鲁迅先生回忆儿时去东关看五猖会这一罕逢的盛事,描述父子间一场微妙的冲突。东关离县城远,大清早大家起来,将船椅、饭菜等搬到前夜预定好的大船上,儿时的鲁迅高兴地催促时发现工人们的脸色变得谨肃,四面一看发现父亲在身后,父亲叫他将《鉴略》拿来后,要求他背出来否则不准去看会。这犹如一盆冷水浇在儿时的鲁迅头上,渐渐浇灭他的兴致。他强记着背完后,父亲才答应让他去。工人庆祝似的将他抱起,而鲁迅却已不再期待。文章线索主要体现为“我”的情感变化,“我”的心情由热切的期盼,到忐忑不安,再到着急地想将枯燥的文字背下来,最后终于出发却已失望麻木,不再期待。这一系列变化,展现出封建教育对儿童天性的压制与摧残。

最后一部分“勾连现实”。首先本篇文章最初发表于1926年6月10日《莽原》杂志,1926年正是民国时期,封建残余仍存,而《莽原》这一刊物的名称含义近于“旷野”,其创办初衷是以发表“文明批评”和“社会批评”的短文为主,这也是《五猖会》会发表在《莽原》上的原因之一。其次,本篇文章通过写“我”对五猖会的热切盼望和父亲的阻难,表现父亲对儿童心理的无知与父子间的隔膜,含蓄批判封建思想习俗的不合理性,以及孩子对父亲不顾自己心理时的无奈。最后文章写“我”在本应率性玩乐的日子却因背诵旧时学塾读物《鉴略》而失去兴致,从“直到现在,别的完全忘却,不留一点痕迹了,只有背诵《鉴略》这一段,却还分明如昨日事”可以看出,这种沉重的感受深刻地压在“我”的记忆中,揭示了旧时封建教育对于儿童天性的压制和束缚,表达了作者对封建教育摧残孩童心理、扼杀孩子天性的强烈谴责。

教师:这样的经历很容易引起我们的共鸣,我们似乎能在鲁迅的文字中找到自己童年的影子,那份童心童趣,那份调皮贪玩,还有被父亲逼迫背书时的无奈与沮丧。读《朝花夕拾》,特别是《五猖会》这一篇,我们不仅读出了鲁迅先生的童趣与纯真,更读出了自己成长过程中的点点滴滴。同学你的分享,让我们再次感受到了那份对封建教育束缚儿童天性的深刻批判,也让我们更加珍惜能够自由成长的美好时光。

学生2:今天我给大家带来的是《无常》的阅读分享。作者儿时在乡间迎神会最喜欢“活无常”。无常去勾魂的时候,看到母亲哭死去的儿子那么悲伤,决定放儿子“还阳半刻”,结果被上司阎罗王打了四十大棒。因其有人情味、活泼而诙谐、爽直公正,这个“鬼而人,理而情”的形象受到了民众的喜爱。

全文也存在许多的讽刺。例如写阎罗王的昏庸,讽刺的便是段祺瑞的军政府。而耐人寻味的是文中有许多带引号的诸如“绍兴师爷”等词语,“绍兴师爷”本是旧时代对绍兴籍幕僚的称呼,在鲁迅所处时期,一些“正人君子”常以此称呼来嘲讽鲁迅,认为他文章笔法尖刻,有类似绍兴师爷般的“刀笔”风格。鲁迅化用这些词汇,以其人之道还治其人之身,充满了讽刺意味,借此回击那些恶意攻击者。

“鬼有善心,而人却丧失善心”是作者在《无常》中想传递给读者的。人间没有公正,恶人得不到恶报,“公正的裁判是在阴间”。作者通过无常这个“鬼”和现实中的“人”对比,对打着“公理”“正义”旗号的“正人君子”予以了辛辣的讽刺。活无常之所以为百姓喜爱,难道不是因为他拥有着当时难得的是非观和善心吗?书名谓《无常》,记事曰“无常”,而人世亦无常。无常的世界中,唯有真理是亘古不变的,这便是鲁迅所秉持的某种信念。

教师:同学们,听了这位同学对《无常》的分享,我们学到了一点:面对《朝花夕拾》中主旨隐晦的文章,结合创作背景去理解很关键。这位同学就很好地做到了这一点,还通过文章中的讽刺、对比等手法,深入解读了文本。希望大家以后也能像这样,既注重背景,又能着眼于写作手法,更好地领略鲁迅先生的文学魅力。

…………

教师:《朝花夕拾》共十篇文章,前五篇写于北京,后五篇写于厦门。通过内容梳理,从时间上大致可分为童年、少年、青年三个阶段,鲁迅由衣食无忧、自在玩耍到家道衰落,由未开蒙到入学就读,由立志学医到弃医从文,我们从中可以体会到他对童年美好生活的眷恋和对亲友师长的怀念之情,也更加理解和敬佩鲁迅先生作为一个有志的青年知识分子,为打破黑暗的封建社会,唤醒国人灵魂所做的不懈努力。鲁迅在这十篇散文中的心绪表达是含蓄的,是内敛的,我们能不能替鲁迅来写一篇“自白书”,让鲁迅的内心世界清晰地在你的笔下流淌出来呢?请大家试一试吧!

学生作品:

我的自白书

我创作《朝花夕拾》并非一蹴而就。最初,这些篇章以《旧事重提》为总题目,陆续在《莽原》半月刊上发表。直至 1928 年结集出版时，才正式定名为《朝花夕拾》。

这十篇散文的创作背景各有不同。1926 年“三一八”惨案发生后，我为躲避反动势力迫害，先后在各个医院避居，在此期间，我陆续写下《二十四孝图》《五猖会》《无常》等五篇。后来，我前往厦门大学任教，在这段时间里，又创作了《从百草园到三味书屋》《范爱农》等多篇散文。我写这些散文的目的，一是为了回忆自己在幼年与青年时期的经历，同时也有对旧势力与文化的讽刺与批判。

童年时期的情感是复杂多变的，生活和经历是丰富的。仍记得那时候我和我的保姆阿长的故事。一本《山海经》是她留给我的温馨记忆，善良又淳朴的长妈妈让我感受到人与人之间淳朴的情感。又比如儿时要看五猖会结果被父亲拦下无奈背书的事情仍然令我记忆犹新。随着我一点点的背书的过程，我对五猖会的兴味也渐渐全无了。成长过程中的代沟虽不可避免，但封建式教育却是我所痛恨的。我在《二十四孝图》中也流露了我的内心想法，一些复古文人正在企图剿灭五四新文化运动所提倡的白话文，我必须毫不留情地回击，封建社会中的愚孝，是我厌恶的。若是你细细品味，带着放松的心态去阅读，一定会在每一篇文章中都发现到这些批判性的细节。

在我写散文追忆往事的同时，也包含了我对现实社会的一些看法。我希望自己能通过这种方式，将这个社会的诸多不合理地方告于诸君，让更多知识青年在旧中国的茫茫黑夜中寻找到光明，继续前行。

（张翘楚）

三、教学思考

学生在整本书阅读时的思维活动，是难以“看见”的。教师如何衡量学生的阅读效果？如何确保学生真正理解了书中的内容？教师可以设计合适的“写”来检验和促进学生的“读”。

“写”是阅读的外化表现，是学生对书中内容的思考、整理和表达。通过“写”，学生可以将阅读过程中的感悟、疑问、思考以文字的形式呈现出来，使阅读变得可见、可触、可感。这种外化的过程，不仅有助于学生加深对书中内容的理解，还能锻炼他们的思维能力和表达能力。当然，“写”什么需要教师精心设计，本课例主要有两个“写”的任务。第一个是完成《朝花夕拾》记录卡。哪些内容需要记录？首先教师需引导学生从《朝花夕拾》每一篇散文“写了什么”入手，让学生梳理出各个篇章的主要内容，包括人物的性格特点、事件的主要经过、物的特征描述等。这一步骤旨在帮助学生提取概括散文的主要内容，为后续的深入分析打下基础。接着,教师需要引导学生思考“为何写”,即探究作者追忆这些往事的目的和意义。在《朝花夕拾》中,鲁迅通过回忆童年、少年和青年时期的生活片段,不仅展现了自己成长的心路历程,还深刻揭示了封建社会的种种弊病和人性的复杂多面。教师可以引导学生分析作者对这些人、事、物的情感态度,如怀念、批判、讽刺等,以及这些情感背后的社会背景和思想根源。

学生依据老师精心设计的“写”的要求,就能循着正确的散文阅读的路径思考,从而准确地理解《朝花夕拾》的内容。如有同学阅读《琐记》后,这样表达对“衍太太”的认识:衍太太是一个心术不正、阴险恶毒、表面一套背后一套的封建妇女。鲁迅举了许多例子来说明她的特点,例如她鼓励邻居小孩吃冰;给鲁迅看不健康书籍;教唆鲁迅偷母亲首饰去卖并散播流言。儿时的鲁迅只是隐隐感觉有些异样,长大后他发现了衍太太的恶意,纵容孩子只为带坏他们,因而厌恶她。鲁迅塑造了一个市井小人的形象,以小见大,反映出封建旧道德在市井中的虚伪与堕落,鲁迅借此批判传统道德观念在现实生活中的扭曲。

第二个任务“我的自白书”的写作,这一任务目的是让学生更深入地走进《朝花夕拾》的作者鲁迅的内心世界。学生不仅要细细品味每一篇散文中的情感脉络,体会鲁迅对过往生活的深情回忆与深刻反思,还要将这十篇作品视为一个整体,把握鲁迅作为知识分子的担当与使命。《朝花夕拾》中的文字,不仅是对个人经历的记录,更是对封建社会黑暗的揭露与批判,是对国人灵魂唤醒的不懈呼唤。学生需通过“我的自白书”的写作,去揣摩鲁迅的心境,领悟鲁迅那份为时代变革、为民族觉醒而奋笔疾书的热情与坚定。

通过“写”的任务,学生们不仅完成了对《朝花夕拾》整本书的深度阅读,更在“写”的过程中,将阅读的感悟和思考外化,实现了从“读”到“写”的跨越。

第二节 从“篇”到“本”的整本书阅读

《昆虫记》课例:学一篇,懂一本

在整本书阅读教学中,从“篇”到“本”是常见说法,它强调从单篇文章的阅读扩展到整本书的阅读。在初中统编语文教材中,《昆虫记》《朝花夕拾》《儒林外史》和《水浒传》等经典作品都能体现从“篇”到“本”这一理念,这也是“三位一体”阅读教学体系的具体体现。

《昆虫记》是法国昆虫学家法布尔的巨著，其中《蝉》是广为人知的一篇。在初中教材中，学生首先接触到的是《蝉》这一单篇，通过它了解了蝉的生命周期、习性以及法布尔细致入微的观察方法等。学生由这一篇延伸到《昆虫记》整本书阅读，将更全面地了解各种昆虫的奇妙世界，还能深刻体会到法布尔对自然的热爱和敬畏，以及他严谨的科学态度和文学才华。

《朝花夕拾》是鲁迅先生的散文集，其中，《从百草园到三味书屋》《阿长与〈山海经〉》《藤野先生》都是独立成篇的经典之作。学生通过这些篇章感受鲁迅童年的趣味、家庭的变故以及社会的风貌。再由此延伸到阅读《朝花夕拾》整本，就能更完整地理解鲁迅的成长历程、思想变化和对旧社会的深刻批判。

《儒林外史》是吴敬梓的长篇小说，以讽刺的手法描绘了封建社会中文人的种种丑态。教材中的节选有《范进中举》，学生学习一篇后再延伸到整本《儒林外史》的阅读，就能更全面地看到各色人物的命运沉浮，理解作者对封建科举制度的深刻批判和对理想社会的向往。

《水浒传》也是如此，这里不再多言。由篇到本，篇与本的关系有哪些呢？

《昆虫记》中的篇与本，笔者认为，是点与面的关系。《蝉》这一单篇，突出表现了《昆虫记》这部巨著的特点，让学生领略到法布尔细致入微的观察和生动的描写，体会到法布尔对自然的热爱和敬畏，以及他严谨的科学态度和文学才华。若干个这样类似的点，构成了《昆虫记》的整体。

《水浒传》中的篇与本，则是一种局部与整体的关系。教材中的单篇《智取生辰纲》，是整部小说中的精彩片段，学生阅读单篇，能领略到其中一个局部的精彩与魅力，学生要了解到更多英雄好汉的故事和命运，则要阅读整本书。

《朝花夕拾》中的篇与本，呈现出一种引导与拓展的关系。教材中的单篇，如《从百草园到三味书屋》《阿长与〈山海经〉》《藤野先生》，如同一扇扇窗，让学生窥见鲁迅先生童年与青少年时期的生活片段。这些单篇如同引子，引导学生走进鲁迅的世界，激发他们对整本《朝花夕拾》的好奇心。而整本书的阅读，则是对这些单篇的拓展，有助于学生更全面地理解鲁迅先生的成长历程、思想变化和对旧社会的深刻批判。

从“篇”到“本”的整本书阅读教学，可以根据“篇”与“本”的关系，选择合适的策略来进行教学。当然，虽然单篇文章在其中发挥的作用很大，但它并不能取代整本书的阅读，无法反映整本书的全貌和深度。另外，阅读整本书需要学生具备较高的阅读耐心和毅力，需要他们能够把握整体的结构和布局，需要他们能够进行深入的思考和分析，这些都是单篇阅读无法替代的。

一、教学设计

(一) 教学目标

(1) 了解蝉的基本知识,体会作者观察和探究蝉的方法,感受文中蕴含的科学精神。

(2) 学习本文的写法,体会文章科学性和文学性兼顾的特点。

(3) 将本节课阅读科普作品的方法迁移到《昆虫记》的阅读,并运用到自己对自然世界的观察和探索中。

(二) 教学重点

(1) 了解蝉的基本知识,体会作者观察和探究蝉的方法,感受文中蕴含的科学精神。

(2) 体会文章科学性和文学性兼顾的特点。

(三) 教学难点

将本节课阅读科普作品的方法迁移到《昆虫记》的阅读,并运用到自己对自然世界的观察和探索中。

(四) 课前准备

预习《蝉》,了解科普作品的特点及阅读方法。

(五) 教学过程

教学环节一:学习《蝉》

任务 1:用思维导图的方式,梳理与蝉相关的知识。

【设计意图】通过绘制与蝉相关的思维导图,旨在引导学生系统整理科普文章《蝉》中的知识点,将零散的信息条理化、结构化。此任务不仅加深了学生对蝉的了解,还培养了他们的信息整合能力和逻辑思维能力。

任务 2:填写任务单,体会作者观察探究蝉的方法,感受科学精神。

表 6-2 《蝉》观察探究报告

《蝉》观察探究报告		
观察探究对象	蝉洞	
观察探究目的	了解蝉挖的洞没有浮土的原因。	
观察探究过程	洞壁易塌,涂泥浆加固,幼虫体湿易带土,洞底嵌有树根须,大小不一,如铅笔至麦秸管般粗细。	

（续表）

《蝉》观察探究报告		
观察探究结论	蝉的幼虫从地下向上挖掘时，也随时用液体把粉状泥土浇湿，使之成为糊状，并用身子把糊状泥压贴在洞壁上，洞内外一点浮土都不见。	
你看到一个怎样的法布尔？	细致入微、善于观察、热爱自然的人。	
阅读感悟	自然之妙，往往藏于细微之处。	

【设计意图】通过填写可视化的任务单，引导学生深入体会法布尔观察探究蝉的方法，感受其细致入微、热爱自然的科学精神。示例引领，启发学生自主发现、挖掘科学奥秘，培养观察力和探究精神。

任务3：圈点旁批，感受本文的文艺笔调，请找出你觉得有文艺特征的原文段落，从内容和写法角度进行旁批，并在全班分享。

示例：

假使它估量到外面有雨或风暴——纤弱的幼虫蜕皮的时候，这是一件顶重要的事情——它就小心谨慎地溜到温暖严紧的隧道底下。如果气候看来很温暖，它就用爪击碎天花板，爬到地面上来。

旁批：“估量”“小心谨慎”“溜”将蝉拟人化，生动展现了蝉的小心谨慎。“天花板”即隧道上方的土，运用比喻，形象地描摹出洞口土的作用。“击碎”则写出蝉爪的坚硬有力，用词准确。

小结：科学精神、文艺笔调源自对生命的尊重与热爱。

【设计意图】通过圈点旁批的方式，引导学生深入品味文章的文艺特征，从内容和写法两角度赏析作者如何巧妙融合科学与文学。此任务旨在提升学生阅读鉴赏能力，激发对生命的尊重与热爱，学习作者独特的科学表达方式。

教学环节二：《昆虫记》导读任务布置

任务1：对《昆虫记》进行阅读，主要围绕以下问题展开批注。

(1) 法布尔笔下的昆虫具有怎样的特性？（如本能、习性、繁衍、死亡等）

(2) 法布尔是如何通过观察、探究等方式获得昆虫特性的？背后隐含着怎样的科学精神？

(3) 法布尔《昆虫记》的语言有什么特点？

(4) 法布尔的科学探索融入了哪些人文思考？

【设计意图】通过阅读《昆虫记》并围绕四个主要问题展开批注，旨在将《蝉》

一文的阅读路径与方法迁移至《昆虫记》整本书,引导学生深入探索昆虫世界,体会法布尔的观察法与科学精神,品味其语言特色,领悟其中的人文思考,实现阅读的迁移和提升。这一环节同时也为下一阶段的“自然世界展”——法布尔专场做铺垫。

任务 2:选择《昆虫记》中你最喜欢的一种昆虫,参加班级“自然世界展”——法布尔专场(图文展)。

表 6-3 “自然世界展”——法布尔专场任务安排表

任务名称	任务内容	参与选择
展览前言	展览举办的意义 展览筹备的过程	自主选择参加
展板分类	根据昆虫类别进行分类	自主选择参加
昆虫秀	介绍昆虫特性及探究过程等	人人参加
展览后记	阐述办展收获等	自主选择参加

“昆虫秀”任务要求包括:选择《昆虫记》中最喜欢的一种昆虫,介绍其基本知识,包括本能、习性、繁衍、死亡等;将法布尔观察与探究昆虫的过程呈现,对法布尔的科学态度与精神进行概括;提炼法布尔在科学探索中融入的人文思考。语言表达保持法布尔的风格。

【设计意图】通过“昆虫秀”任务,激励学生深入阅读《昆虫记》,选取喜爱的昆虫进行情境化表达,将阅读科普作品的收获转化为图文并茂的可视化成果,既加深了阅读理解,又锻炼了表达能力,使阅读学习更加生动有趣。

教学环节三:选择自然界中你最喜欢的一种生物,参加班级“自然世界展”——博物探索馆(视频展)

内容包括:介绍你所选择的生物的基本知识,包括本能、习性、繁衍、死亡等;将你观察探索生物的过程呈现,文字中体现你的探索态度与精神,隐含你在科学探索中融入的人文思考,语言表达可模仿法布尔的风格。将以上内容制作成视频,有文字脚本。

【设计意图】学生阅读《昆虫记》的价值在于像法布尔一样研究与表达。本教学环节的目的是鼓励学生仿效法布尔的探究精神,选择心仪的自然生物,通过视频形式全方位展示其生命奥秘。学生需亲自观察、记录生物的本能、习性等,并在叙述中融入个人探索态度与人文思考,以文字脚本为基础,制作视频,提升研究与表达能力。

二、教学实录(片段)

教师：同学们，今天我们将学习法布尔的《蝉》，这是《昆虫记》中的一篇。今天通过这一课的学习，希望能为大家走进《昆虫记》的整本书阅读打开一扇窗。首先，请大家拿出纸笔，我们要一起用思维导图来梳理与蝉相关的知识。

教师(示范)：我们可以从“基本信息”“生命周期”“生活习性”“形态特征”等几个主要分支开始构建。比如，“基本信息”下可以包括“学名”“俗称”“分布区域”等；“生命周期”则包含“卵”“幼虫”“成虫”等阶段；“生活习性”涉及“食物来源”“活动时间”等；“形态特征”则详细描述蝉的外观特点。

(学生开始绘制思维导图，教师巡回指导)

教师：好的，我看到有些同学已经开始详细描绘蝉的幼虫阶段，包括它们在土中的生活方式，这很好！记住，思维导图是帮助我们整理和记忆信息的工具，所以尽量详细但也要保持条理性。

教师：接下来，请大家翻到课前发给大家的任务单，我们将一起完成这份报告，深入理解法布尔的观察方法和科学精神。

(学生根据任务单内容，结合课文填写报告)

教师(指导)：在填写“你看到一个怎样的法布尔”时，可以结合报告中的观察探究过程，思考法布尔是如何做到如此细致入微的。比如，他注意到蝉洞壁易塌却涂泥浆加固，这需要怎样的品质？

(学生完成填写后，教师邀请几位同学分享)

学生1：我看到的法布尔是一个非常细心的人，他能注意到蝉洞这么微小的细节，并且用科学的态度去探究背后的原因。

教师：非常好，这正是科学精神的体现——细致观察，勇于探究。

学生2：我看到了这一段：“这是一个很好的昆虫家族。它之所以产这许多卵，是为了防御某种特别的危险。必须有大量的卵，遭到毁坏的时候才可能有幸存者。我经过多次的观察，才知道这种危险是什么。危险来自一种极小的蚋，蝉和它比起来，简直可称为庞大的怪物。”在这里可以看出法布尔对自己的观察小心假设，并多次观察求证的科学态度。

…………

教师：现在，让我们进入下一个环节，通过圈点旁批的方式，感受法布尔文章的文艺笔调。

教师(示范)：

例1：假使它估量到外面有雨或风暴——纤弱的幼虫蜕皮的时候，这是一件顶重要的事情——它就小心谨慎地溜到温暖严紧的隧道底下。如果气候看来很温暖,它就用爪击碎天花板,爬到地面上来。

“估量”“小心谨慎”“溜”将蝉拟人化,生动展现了蝉的小心谨慎。“天花板”即隧道上方的土,运用比喻,形象地描摹出洞口土的作用。“击碎”则写出蝉爪的坚硬有力,用词准确。

例 2:四年黑暗中的苦工,一个月阳光下的享乐,这就是蝉的生活。

这句话富有哲理,通过“四年”“一个月”的对比,突出了蝉生命历程的艰辛与短暂的辉煌,体现了作者深刻的思考和文艺的表达方式。

请大家翻开课文,找到你认为最具有文艺特征的段落,从内容和写法两个角度进行旁批。

(学生开始阅读课文,圈点并做旁批)

(学生完成旁批后,教师邀请学生分享)

学生 1:我圈点的是“它像矿工或探险家一样钻入地下,挖掘地道的艰苦工作,要持续好几年”。我觉得这句话很有画面感,把蝉比作矿工和探险家,让人能感受到蝉在地下挖掘的艰辛。

…………

教师:非常精彩的旁批!法布尔以其独特的文艺笔调,巧妙运用生动的拟人手法与精妙的比喻,穿插着丰富多变的动词与细腻传神的形容词,饱含深情地进行议论与抒情,将自然万物描绘得栩栩如生,引人入胜,让读者在字里行间感受到他对生命的热爱与敬畏。

教师:通过今天细致入微的学习,我们不仅系统地梳理了关于蝉的生态习性、生命周期等丰富知识,还深刻领悟了法布尔那细致入微的观察方法与严谨求实的科学精神。更令人动容的是,他那蕴含深情、浓郁的文艺笔调,让每一个文字都跳跃着对生命的无限尊重与热爱。这份感悟,正是通往《昆虫记》全书阅读的宝贵钥匙。让我们带着这份对生命的敬畏之心,继续探索《昆虫记》中更多奇妙生物的故事,将今天学到的观察与分析方法,迁移至每一章节的阅读中,相信定能收获更多关于自然、科学与文学的启示。

三、教学思考

本次《蝉》与《昆虫记》单篇与整本联动整合的教学尝试,目的在于通过深入研读单篇《蝉》,引导学生在原有学习经验的基础上,进一步走向《昆虫记》的整本书阅读,从而使“三位一体”的阅读教学得以落实体现,也实现从“篇”到“本”的迁移突破。

（一）“看得见”的迁移价值

《昆虫记》由多个相对独立的篇章构成，每篇深入探索一种昆虫，共同编织出丰富多彩的昆虫世界，展现了法布尔的观察力与文学造诣。学好其中一篇，如教材中的篇目《蝉》，不仅能获得该昆虫的相关知识，更能领悟法布尔的观察方法、科学精神、写作风格，为全面走近并欣赏整部《昆虫记》的丰富世界与独特魅力奠定基础。《蝉》详尽介绍了蝉的生态习性、生命周期等，也是学习法布尔独特观察方法的典范。它教会我们如何以细致入微的视角去探索自然，如何将科学观察与文学表达完美结合。同时，法布尔对蝉及自然界所有生命的深情厚谊，能够培养学生对大自然的敬畏之心与保护意识。因此，学好《蝉》这一篇章，不仅是局限于单篇的教学，更是对《昆虫记》整体结构与风格的把握，为全面探索这部昆虫学百科全书式的作品奠定基础。

（二）“看得见”的学法指导

将单篇短章的学习与整本书阅读巧妙融合，是本课例的一大特点。通过局部深入带动整体理解，促进学生主动建构阅读此类作品的相关知识能力。以《昆虫记》中的《蝉》这一篇章为例，它不仅是学生了解蝉这一生物特性的窗口，更是引导他们深入探索科学世界与文学艺术的桥梁。法布尔以科学家的精确与文学家的敏锐，将蝉的每一个生命细节都描绘得淋漓尽致，这种独特的表达方式不仅增强了学生的阅读兴趣，也让他们在科学知识与文学审美之间找到了共鸣。为了实现这一教学目标，教师的学法指导起到了至关重要的作用。教师的学法指导主要通过外显的支架来实施，这些支架包括思维导图、任务单、圈点批注等方式。在《蝉》这一篇章的学习中，教师引导学生围绕蝉的特性绘制思维导图，帮助他们清晰地掌握蝉的生长环境、挖掘地洞、蜕变等科普知识，从而帮助学生将零散的知识整理成相对系统的知识。任务单则是一种明确学习目标和任务的学习工具，教师通过指引学生完成《〈蝉〉观察探究报告》，让他们有意识关注到法布尔的观察方法、科学精神等，从而提高了学生的阅读效率，也促使他们更加深入地思考和理解文本内容。圈点批注是一种传统的阅读方法，它要求学生在阅读过程中用符号或文字对文本进行标记和分析。在《蝉》这一篇章的学习中，教师通过指导学生圈点出法布尔语言表达上的特点，帮助他们更好地体会作者的写作风格和人文表达。通过这些外显的支架，教师的学法指导得以有效实施，学生在阅读过程中不仅掌握了知识，还学会了如何阅读、如何思考、如何表达。这种学习方式不仅提高了学生的阅读能力和思维能力，也为他们接下来的整本书阅读提供了一个具体、生动的能力建构的支架。

(三)“看得见”的学法运用

通过《蝉》的学习,学生能够将以上阅读科普作品的方法有效迁移到《昆虫记》的阅读中,从而实现从学到习的进阶。这种由点到面的教学方式,使学生的学习具有延续性和系统性,学生也通过练习和运用来巩固和深化所学到的阅读方法。通过整本书阅读,学生能够更加深入地理解昆虫世界的奥秘,同时也能够将自己的阅读体验与现实生活相联系,提升他们在现实情境中的科学表达。

这个课例鼓励学生将所学的知识和方法运用到实际生活中,通过参加班级“自然世界展”等活动,将阅读成果转化为具体的展示和表达。这一环节的设计体现了迁移思想,即学生需要将所学知识运用到新的情境中,以实现知识能力的内化与外化。

这个案例,也给学生充分的自主发挥与运用的空间。整本书阅读尊重学生的个性和情感需求,鼓励学生追求自我实现和创造性发展。在教学过程中,鼓励他们自主选择喜欢的昆虫或其他生物进行深入研究和展示。通过自主选择、自主探究、自主展示等环节,学生不仅习得了科学研究的方法,还尝试进行法布尔式的科学表达,实现了输入与输出的有机结合。

通过《蝉》与《昆虫记》的单篇与整本联动整合教学,学生从一篇文章的深入研读中,学会了如何把握整本书的结构与风格,如何将科学知识与文学审美相结合,如何在现实生活中运用所学知识和方法。笔者认为,这种教学尝试应该是统编教材“三位一体”的阅读教学体系的应有追求。

第三节 活动举办中的整本书阅读

《经典常谈》课例:举办享读会,让经典更平易

整本书阅读教学犹如一股清新的春风,为语文课程注入了新的活力,引领学生们迈向更加宽广的阅读天地。这一独特的课程内容并不受限于教室这一狭小空间,可借助看得见的丰富多彩的活动打破空间的界限,为校园生活添上了斑斓的色彩。

活动的开展,为学生们搭建起一个个可见的生动、立体且充满趣味的阅读舞台。教室可以是阅读的起点,而活动则是阅读的延伸与拓展。在这个舞台上,学生们可以尽情展示阅读成果，分享阅读心得，深切感受阅读的独特魅力。

《经典常谈》这本普及中国古代经典著作的读物，对于初中生而言，犹如一座难以逾越的学术高山。其内容的学术性和深度，常常让学生望而生畏。然而，通过享读会的形式，我们可以让这本书的阅读更加贴近学生生活。

享读会，作为一种符合新课标要求的阅读活动形式，打破了传统阅读教学的框架，将阅读与学生的校园生活紧密相连。在享读会中，《经典常谈》不再被视为一本枯燥乏味的学术著作，它因分享者生动的解读与交流，增添了几分亲切感。教师作为活动的设计者和阅读的引路人，带领学生们通过趣味横生的活动，领略经典的韵味。

除了享读会，整本书阅读还有哪些灵活多样的活动形式呢？

剧目表演便是一种。对于《西游记》《水浒传》等富有剧情的经典作品，我们可以组织学生进行角色扮演，将书中的经典故事栩栩如生地呈现出来。学生们在表演中把握故事脉络，体会人物情感，从而加深对作品的理解和感悟。这样的活动能锻炼学生的创编能力、综合表达能力，还能激发学生的阅读兴趣。

朗诵会也是常见的形式。朗诵会让学生将书中的文字转化为有声语言，更深刻地体会作品的情感。如《艾青诗选》中的诗篇，通过朗诵能更真切地感受到诗人的情感世界。

主题展览也是当前常见的活动形式。在主题展览中，我们可以将书中的内容以直观、生动的方式展现出来，利用图片、文字、模型、多媒体等多种形式，展示书中的重要内容。同时，还可以设置互动区域，如角色扮演、问答游戏等，让读者在参与中更深入地理解书籍内容。比如之前《昆虫记》课例中的"自然世界展"。

此外，我们还可以开展读书沙龙、游园会等多种形式的活动。活动中的整本书阅读充满活力和创意，它让整本书阅读更加生动、有趣地融入学生可见可感的校园生活，从而在活动的舞台上绽放出更加璀璨的光芒！

一、活动设计

活动主题：

与名家对话　享治学之道——《经典常谈》享读会

活动时间：2024 年 4 月 3 日

活动地点：华东师范大学第二附属中学附属初级中学音乐厅

主　　办：八年级语文组

活动目标：

(1) 阅读《经典常谈》，把握此书中所涉及的主要经典及其核心思想，理解其传承与演变,以及深远的社会影响。

(2) 深入理解朱自清的治学态度和方法,体会朱自清的严谨治学态度和精神。

(3) 对《经典常谈》中的经典解读进行批判性思考,提升学生的整本书阅读能力和批判性思维能力。

活动准备:

(1) 确定分享内容与形式,准备PPT、思维导图等辅助材料。

(2) 邀请专家嘉宾,并提前沟通活动内容与目的。

(3) 准备颁奖所需的证书与奖品。

活动流程:

开场白:主持人(初二1班徐夏蔚)介绍活动主题、目的和流程。

第一层次分享:

主题:《经典常谈》是一本什么样的书?

分享者:张子矜、肖祖乐

形式:角色扮演、古今对话

内容:《经典常谈》是一本什么样的书?——《经典常谈》概貌

介绍《经典常谈》的出版背景、目的、价值,概述书中涵盖的主要经典。

第二层次分享:

主题:朱自清在《经典常谈》里谈了什么?

分享者:程择、曾晞、王梓萌、陈缘

形式:分组分享

内容:

程择:吹尽狂沙始到金——《经典常谈》之《说文解字》、“四书”

曾晞:问渠那得清如许,为有源头活水来——《经典常谈》之“五经”

陈缘:观史家之浩瀚,赏思想之盛宴——《经典常谈》之史部、子部

王梓萌:辨析源流发展,涵养文化底蕴——《经典常谈》之辞赋诗文

第三层次分享:

主题:《经典常谈》展示了怎样的治学之道?

分享者:张宸鸣

内容:经典常谈,常谈经典——《经典常谈》之治学方法与态度

探讨朱自清的治学态度与方法。

第四层次分享:

主题:如何看朱自清的《经典常谈》?

分享者:陈子墨

内容:对话先贤——从《经典常谈》看“经典为何是经典”?

以审视的态度思考朱自清研究《经典常谈》的视角,阐述经典之所以成为经典的原因。

专家点评:

点评嘉宾:华东师范大学中文系党委副书记徐燕婷

内容:对分享会进行点评与总结,补充《经典常谈》的创作背景、原因,并鼓励学生深入阅读原典。

颁奖环节:

颁发“最推荐读者”和“最爱享读人”奖

预期效果:

学生能够深入理解《经典常谈》及其治学之道;学生对古代经典的阅读兴趣被激发,整本书阅读能力提升;学生的批判性思维与表达能力增强;展示学校在整本书阅读方面的教学成果。

二、活动实录(部分)

第二层次分享:

主题:朱自清在《经典常谈》里谈了什么?

形式:分组分享

分享者:程择

内容:吹尽狂沙始到金——《经典常谈》之《说文解字》、“四书”

大家好!首先在开始之前想问大家一个问题:什么是经典?相信大家在阅读过程当中也明白了,经典包括群经、史书等,今天我为大家带来其中的两部分。

第一部分,《说文解字》。这时候有人可能要问了,《说文解字》并不属于集部或史书中的一部分,那为什么朱自清先生要把它归结于经典的范围之内呢?其实,是因为读懂经典,得懂“小学”,也就是文字学,而识字是教育的初步,如果连文字学都理解不了,又何谈读懂经典?而文字的流传过程,相信大家也耳熟能详。仓颉是创作文字的圣人,他通过他的四只眼睛观察到了地上鸟兽留下来的爪印,从而灵感涌上心头,创作出了文字。然而,不知道同学们在学习过程当中是否有怀疑过这种说法的真实性,仓颉到底是何许人也?其实在古代,人们众说纷纭,《易・系辞》当中说,字是由后世圣人所创,而战国末期有统一文字的需求,需要抬出一个圣人,《荀子・解蔽》当中也说:“好书者众矣,而仓颉独传者。”

后来,许慎创作出了《说文解字》这本书。它是文字学的古典,也是一切研究古典的工具或者门径。《说文解字》的解字方法，相当于现在的字典，用法一致，都是部首解字法，由基本字形和引申字组成，这种方法非常便利和快捷。

接下来，造字用字有六个条例。象形是由字来模仿事物的形状。而指事是在象形的基础上加一些抽象的符号，比如说在刀上面加一点，就变成了刀刃的“刃”字，表示刀的最前面一个部分。而会意字是两个字的意思组成一个字，比如说止戈为武这个成语。古人认为，能够及时制止一场战争，放下武器，才能算得上真正的武功。所以说，止和戈两个字也变成了武功的“武”。形声字虽然也是两个字组成的，但它一个表示形，一个表示声。转注是两个字的意思相近可以互相转注解释，比如说，老和考。而假借有汝、予、其等。

接下来是第二部分：“四书”。这四本书，相信大家都很清楚，是《大学》《中庸》《论语》《孟子》。如果现在你穿越回古代，这时候你的私塾老师会告诉你，不懂不要紧，将来用得着。而将来你坐在科举考试的考场当中，你就会发现——哦，原来四书就是科考的重点考试范围之一。我们现在读的四书大多是朱注的版本，程氏二兄弟提出了他们的见解，而朱子接受了他们的见解，形成了朱注。

而这四本书究竟有何功效呢？首先是《大学》，它被称为初学者的“入德之门”。我们为什么这么说？因为读完这本书便能领会《论语》《孟子》中的精微之处，融贯了《论语》《孟子》的旨趣，也能领会《中庸》里的精髓。我们古人常说“中庸之道”，“中”是无过无不及的意思，而“庸”是平常的意思。人们在阅读当中发现，它的首尾和中段思想并不一致。这是因为在流传过程当中，中段是子思原著的一部分，是为了发扬孔子的学说。而首尾是关于中庸的另一部著作，经后人混合起来，为了发扬孟子“天人相遇”的哲理。接下来是两本大家都很熟悉的《论语》和《孟子》。《论语》是由孔子弟子所记，让读者学习许多做人做学问的道理。而《孟子》是由孟子和弟子公孙丑、万章等共同编订，提倡天人相通的哲理，攻击杨朱、墨翟两派。而孔子也在注解过程当中，慢慢地道家化，朱子加入了自己的哲理，就相当于他捏造了一个孔子，而后人也都接受了这种说法。朱子自己虽说是给初学者打基础，但一大半恐怕还是为了建立道统，不过他自己不好说出罢了。朱自清先生说：“谨记所读，读古可以知兴替。”其实，经典并不像平日人们所说的那么晦涩难懂，也不像学者所说的那样无用附庸。

同学们，经典已经离我们有了很长的一段距离，我们为什么现在还要读经典？经典是我们古代劳动人民留下来的古老智慧。只要我们认真读，读懂经典，取其精华，去其糟粕，就能看见中华民族留下来的古老智慧，也就是“吹尽狂沙始到金”，这种智慧经久不息，源远流传，它永远刻在我们中华民族的血液里，博大精深。

分享者：曾晞

内容：问渠那得清如许，为有源头活水来——《经典常谈》之“五经”

大家好！“五经”相信大家已经读得很熟悉了，但是今天我要给大家讲的是一些可能你们不知道的小故事。

首先是《周易》。简单来说，《周易》是讲占卜的。最早的时候，商民族用龟甲或者牛的肩胛骨来卜吉凶，把卜的人、日子、问句刻在甲骨上，这就是卜辞。卜辞里没有阴阳的观念和八卦的痕迹。后来有了筮法，人们拿一把蓍草，通过数数来判断吉凶。我们现代人有的还讨厌奇数，喜欢偶数，这可能就是受那种巫术思想的影响。《周易》的来源有两个很有意思的说法，有人说是伏羲氏画的八卦，但这只是传说，事实上恐怕根本没有伏羲氏这个人，只是秦汉间儒家假托的圣王。那么为什么要假托这样一个人呢？是为了抬高八卦和五行学说的地位。提到占卜就离不开八卦。整画代表阳，是一；断画代表阴，是二；三画叠在一起就是八卦的基本单位。但是古人觉得它太简单了，于是把两个卦重叠在一起，然后排列组合，就有了《周易》中的六十四卦。

接下来我们看《尚书》。《尚书》记载了从尧舜到东周时期的故事。“书”是记录的意思，《尚书》就是上古帝王的书。有一种说法是孔子删《书》为百篇，每篇都有序，说明写作意图，这种说法还有待考究。但可以确定的是，孔子教学生的典籍中是有《书》的。《尚书》的流传过程可谓颠沛流离。汉惠帝、汉景帝时期，《尚书》正常传播。到了汉成帝时期，就开始有人冒名顶替了。先是张霸，不知道孔壁中的真《尚书》还在，就伪作了《古文尚书二百篇》。然后到了三国末年，魏国的王肃又费尽心思伪作了孔安国的《古文尚书》。直到清朝，真相才逐渐开始被揭露。清初的《古文尚书疏证》《古文尚书考》让伪孔真相大白。到了清中叶，丁晏的《尚书余论》指出了真正的罪人王肃，此后《尚书》的真本才得以流传。

然后我们来看《诗经》。相信大家都已经在课内学过，它是中国第一部诗歌总集。但要注意的是，它并不是中国第一批诗歌创作。诗的源头是歌谣，人们唱啊、叹啊、手舞足蹈，都是为了表达情感。歌谣为了更好的表达，分为徒歌和乐歌。徒歌是徒手唱，随口唱；乐歌是随着乐器唱。那么《诗经》是怎么来的呢？是有人将歌谣记录下来，形成了最初的诗。后来这些诗被编纂在一起，流传下来就变成了《诗经》。

接下来我们看一下《诗经》的教化意义。首先是“诗言志”，把“诗”这个字拆开，左边是“言”，右边是“寺”（古“志”字的一种写法，与心有关），这里“志”是关于政治的。比如说《野有蔓草》，最后四句本来是讲男女之情，但被引申为郑国欢迎赵孟的政治意义。孔子采用断章取义的方法，用诗来讨论做学问做人的道理。以“巧笑倩兮,眉目盼兮”为例,本来是讲美人天生丽质,被引申为先有白底子才会有画,最后引申为孔子的真正目的:文化必须修养而得,并不是与生俱来的。

再来看《礼记》。《礼记》顾名思义是讲礼的。许多人家的中堂供奉着“天地君亲师”的牌位,这被荀子称为礼的三本。我们社会需要法律,学校需要校规,班级需要班规,日常生活离不开秩序和规矩。按尊卑分分纪,各守各的道理才能算做人,人人都能做人,天下就太平了。这就是礼的有益的一面。但是随着社会情形的变化,人的生活也跟着变,人的喜怒哀乐还是喜怒哀乐,但它们的对象变了,可那些礼的惰性很大,不会跟着变。举个例子,如果现在让我们见到长辈磕头,那么绝大部分人都是接受不了的,但这种礼仪在千年前却是天经地义的。由此可见,没有了需要、没有了意义的礼,不近人情的伪礼,只会束缚人。文学大家鲁迅所言“礼教是吃人的”,针对的其实就是这种伪礼。所以作者对礼的看法是辩证的,认为儒家的礼有很大益处,但也有一些糟粕。

最后是《春秋》。《春秋》是一部严格意义上的史书。它的来源有一个小故事,就是“西狩获麟”。孔子见到麟后发出感叹:“这是麟啊!为谁来的呢!干什么来的呢!唉唉!我的道行不通了!”于是他发愿修《春秋》,九个月就写成了。我们来看一下《春秋》的语言特点。它的核心是“笔则笔,削则削”,意思是应该写的一定写上去,应该删掉的一定删掉,言简而意赅。比如说《春秋》中的一段文字,春夏秋冬每一个季节一句,共四句话,就写出了两国一年之间的恩怨情仇。为《春秋》作注的《公羊传》《谷梁传》就有一些“咬文嚼字”以及“穿凿附会”的地方,有一些过度解读,与《春秋》简明干练的风格大相径庭。

我的分享到此结束。希望我今天对大家的分享可以像朱自清先生所说的一样,成为一只船,引领同学们向经典的大海中航行。就像我的标题“问渠那得清如许,为有源头活水来”,只有更加仔细地阅读这些经典,让它们成为我们思想的“活水”,才能促进自身乃至国家的成长。

分享者:陈缘

内容:观史家之浩瀚,赏思想之盛宴——《经典常谈》之史部、子部

大家好!今天我来为大家分享《经典常谈》史部、子部有关内容的读书心得,让我们一同“观史家之浩瀚,赏思想之盛宴”。

首先,让我们来了解一下战国时期的历史背景,战国时期是一个封建制度崩坏的时代。熟悉历史的同学们一定知道“退避三舍”和“三家分晋”的故事,没错,春秋时期的战争主要目的是为了争霸,还讲究礼制,因此出现了“退避三舍”这样的佳话。而战国时期的战争转变为兼并战争,战争更为激烈,更凶残,不讲究礼

制。“争地以战，杀人盈野，争城以战，杀人盈城”是孟子对这一时期战争的评价，可见这一时期的战争已经出现了灭国、屠城这样的惨状。

在这样的背景下，策士就应运而生了。因为战国时期战争代价大，导致各国君主都想要避免战争，而策士又擅长辩说，能通过三寸不烂之舌，凭外交手段避免战争，因此受到各国君主的青睐，社会上也就形成了“好客”“好士”之风。

在众多策士中，“合纵”派的苏秦和“连横”派的张仪最为有名。苏秦主张六国合纵抗秦，而张仪主张六国连横亲秦。我们的课本中有这样一句话：“以顺为正者，妾妇之道也。”这是孟子对战国策士的评价。“苏秦刺股”这个故事经常被我们的老师、家长用来教育我们好好学习，可是大家知道苏秦是怎样一个人吗？苏秦本来是游说秦国的，后来因为不受秦国君主的赏识，他就背叛秦国，转而游说六国合纵抗秦。苏秦刺骨时发狠道：“哪有游说人主不能得金玉锦绣，不能取卿相之尊的道理！”这也正是战国策士们的心思，他们的目的只是得到功名利禄，完全不在意道德操守。

《战国策》就是这样一本记载策士的言行、著作和有关史料的书。

接下来我来同大家分享《史记》和《汉书》。《史记》和《汉书》内容浩瀚，我们在这里不做赘述，主要对比这两本书在写作过程和写法上的区别。

首先是《史记》。《史记》由司马迁所作。司马迁是汉朝太史令的儿子，年少时为了搜寻史料四处游历。他二十几岁时，应试得高第，成为郎中。他父亲死后，他遵循父亲遗命，接替了父亲的太史令工作，开始整理史料，太初元年，开始著书。后来他因为替投降了匈奴的李陵开脱，被汉武帝处以宫刑，打入大牢。受如此奇耻大辱，在狱中他失望至极，只好发愤著书，两年之后，他出狱了，仍旧继续著书，直到征和二年，终于完成。

《汉书》则是由班固等人所作的。班固不满足于《史记》以汉朝“编于百王之末，厕于秦项之列”，他要为汉朝写史，称颂汉朝的功德。班固于 28 岁时开始改撰其父亲班彪所写的《后传》。受到造谣后，汉明帝将他关入狱中，他上书陈明原委，被放出后继续著书，于 51 岁时大致完成《汉书》的写作，后来因为窦宪事件而受到牵连，再度入狱。他在狱中悲愤死去，班固死后，班昭、曹大家(姑)和马旭等人接力完成了这部史书。

对比这两本书的写作过程，我们可以发现，这两本书的写作过程都十分曲折，但它们的作者都经受住了考验，坚持了下来，才成就了这两部史学巨著。

接下来是写法上的区别，《史记》是纪传体通史，记三千年史，也就是从中国历史上最早的远古传说中炎黄时期到司马迁所处的汉武帝时代。记载时间线如此之长的历史，司马迁要做到客观公正，“折中”述史。而《汉书》是断代史，就是只记载汉朝一朝的历史,班固便可以充分利用史料,尽颂汉朝功德。此外,《史记》文字多用散句,句子短;而《汉书》文字趋于骈体,句子更长。

接下来我们来对比三本史书的影响及史料价值。《战国策》被称为“文辞之圣”,是一本“记言的史”,虽然不像《史记》《汉书》那样内容浩瀚,但同样是一本重要的古史。《史记》是“二十四史”中“前四史”之首,它开创了古代史书纪传体的先河。鲁迅评价《史记》:“史家之绝唱,无韵之离骚。”《汉书》则开创了断代述史的先河,同样也是“二十四史”中“前四史”之一,《史记》与《汉书》在中国历史学中具有极高的地位,它们为后续历朝历代修编正史树立了模范。通过对比三本史书,我们感受到了史学的浩瀚。

紧接着,我来为大家介绍诸子百家。战国时期封建制度逐渐崩坏,社会的动乱也带来了思想上的爆发,思想家们对世界、社会、政治产生了不同的观点。结合书中内容,我们可以将这些观点大致分为三派,首先是崇尚旧制度与旧文化;其次是崇尚新制度与新文化;最后是反对一切制度和文化。

儒家是崇尚旧制度与旧文化的代表,它的代表人物有孔子、孟子、荀子,孔子主张“克己复礼为仁”,儒家的贡献是为后世中国树立下道德的标准,并且学术化地保存了周朝礼制。法家崇尚新制度与新文化,法家的代表人物有韩非和李斯,法家主张以法治国,实行中央集权制。法家的贡献是为后世中国树立下统治的法则。最后是反对一切制度与文化的道家,道家的代表人物有老子和庄子,老子主张清静无为,顺其自然。道家的贡献是为后世中国文人建立起一个精神家园。同学们熟知的唐朝大诗人李白和东晋大诗人陶渊明都受到了道家思想的影响。

战国百家争鸣时期是一个辉煌灿烂、群星闪烁的时代;是 ·个思想解放、思想发达的时代;是中国历史上第一次思想文化发展的高峰;更是中国古代文化发展的基础。这是一场空前绝后的思想盛宴!

三、教学思考

在当今快节奏的社会中,经典文学作品往往因其深厚的文化底蕴和复杂的内容,而让许多读者望而却步。然而,经典之所以成为经典,正是因为它们蕴含了人类智慧的结晶,是文化传承的重要载体。举办“享读会”无疑是落实《经典常谈》整本书阅读的一种行之有效的途径。

(一) 用活动促进阅读成果的外显

阅读成果的外显化,其核心在于将学生对文本内容的理解、建构等转化为输出的过程。在《经典常谈》享读会上,学生们超越了简单的复述与记忆,深入到了

《经典常谈》的肌理之中，这是对经典篇章进行理解、建构、审视的过程。这不仅体现在对《说文解字》、四书五经、史部子部及辞赋诗文等内容的系统梳理，更在于他们能够透过朱自清先生的"常谈"，形成自己的感悟和见解。

例如，在探讨《说文解字》时，学生们不仅追溯了汉字的起源与演变，还了解了文字背后的文化意义，探讨了文字所承载的文化功能。在解读"四书""五经"时，他们不仅仅满足于对经典内容的记忆，而是结合个人经历与社会现象，对儒家思想进行了现代性反思，展现了跨越时空的智慧对话。这种从"是什么"到"为什么"，再到"怎么样"的递进式思考，正是阅读成果深度挖掘的具体体现，也是批判性思维形成的重要标志。

学生们在分享过程中展现出的质疑精神也难能可贵。他们敢于对经典提出疑问，这种不断求真的态度，是整本书阅读教学所追求的重要目标之一。通过批判性思维的培养，学生们学会了独立思考，不再盲目唯书是从，而是能够运用已有的知识体系去剖析问题、审视问题，这对于他们未来的学习，尤其是学术性研究具有深远的影响。

(二) 用活动提升阅读分享的品质

阅读成果的外显化，除了将学生关于整本书的深度理解以输出的方式展示出来外，还离不开表达形式的创新与互动交流的增强。本次享读会试图在这方面做出积极的尝试与探索，采用了以"享读会"为主要载体的方式使阅读成果更加生动、直观地展现在观众面前。

角色扮演在本次"享读会"的活动中呈现出极大的创意，通过古今对话，让阅读经典的当代学生与朱自清"面对面"交流，这种跨越时空的互动不仅拉近了学生与作者的距离，也让经典文化以更加亲切、生动的面貌呈现。学生们在扮演过程中，不仅重构了经典的内容，还锻炼了语言表达和情境模拟的能力，这种沉浸式的学习体验无疑加深了他们对经典的理解与感悟，在享读会上也让同学们兴致高涨。

在这场"享读会"的分享中，PPT 的运用则是一种更为直观、高效的展示方式。学生们通过制作的 PPT，将阅读成果以图文并茂的形式呈现出来，既根据展示的目的清晰明了地展示了主要内容与核心观点，又通过图表、图片等辅助材料提高了信息传递的效率，也让学生在制作过程中锻炼了信息收集、整理与呈现的能力，增强了信息的可读性和吸引力。

思维导图作为一种有效的学习工具，在此次"享读会"中作用同样不容小觑。同学们利用思维导图将看似零散的内容串联起来，形成一张清晰的知识网络。这种可视化的呈现方式不仅帮助学生更好地重构经典内容，也让他们学会了如何高效地整理与归纳信息，为未来的学习与研究发挥一定的铺垫性作用。

此次“享读会”还通过专家点评和颁奖环节增强了师生之间的互动交流。专家们的专业指导与鼓励不仅肯定了学生们的阅读成果，也为他们提供了宝贵的建议与反馈，促进了学生在整本书阅读中的自我反思和成长。而颁奖环节则是对同学们阅读与分享的认可与奖励，进一步激发了他们的阅读兴趣和自信心。这种积极的互动与交流不仅丰富了享读会的内容与形式，也为学生们提供了一个展示阅读成果、交流阅读见解的宝贵机会。

（三）用活动培育学科核心素养

整本书阅读是语文学科拓展型任务群之一，需与核心素养相融合，打破以“读”为中心的传统方式，以语言运用为主要任务形式推动学习。本课例通过设计四个逐层深入的探究分享任务，引导学生将阅读收获转化为表达，提升核心素养（见图 6－1）。

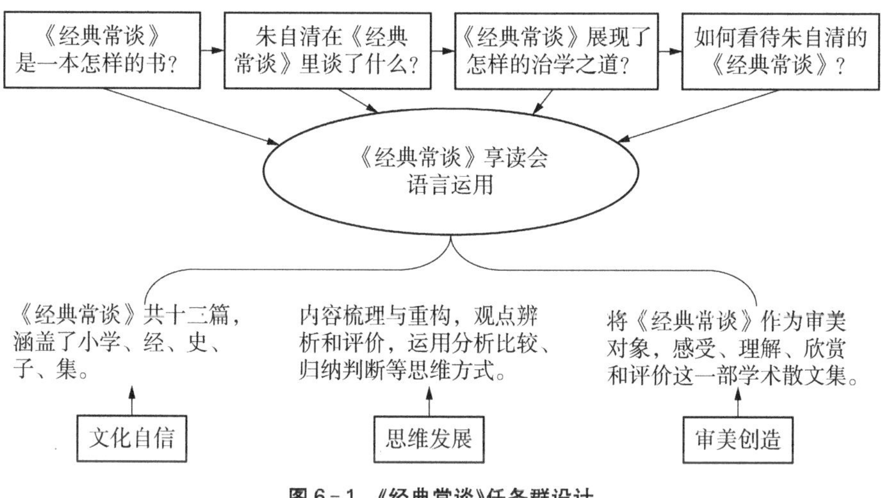

图 6－1 《经典常谈》任务群设计

《经典常谈》作为介绍中国传统经典和文化知识的学术散文集，其价值在于传承文化与指点治学方法。享读会围绕语言运用这一核心，要求学生在完成讲演任务的过程中进行写作与口头表达，将阅读体验转化为言语实践。这一过程不仅锻炼了语言运用能力，还融合了文化自信、思维能力、审美创造等核心素养。

在探究朱自清在《经典常谈》中谈论的内容及展现的治学之道时，学生需梳理经典成书经过、作者情况、典籍内容及影响，辨析和评价研究观点，这锻炼了分析比较、归纳判断等思维能力。同时，《经典常谈》的散文风格引人入胜，学生在探究治学之道时，需感受、理解、欣赏和评价其文学魅力，如文中“风头”的写法增强了学术文章的文学性，学生在分享中也尝试用雅致或平易的语言进行交流，完成了创造性活动。此外，《经典常谈》涵盖的中华传统文化经典，如小学、经、史、子、集五大方面，其思想理念、人文精神浸润于学生生命世界，增强了文化自信。学生在享读会中锻炼了综合能力，实现了核心素养与育人品质的深度融合。

在本次教学实践中，笔者发现“享读会”是有效的阅读分享方式，活动连接起经典与学生，照亮着同学们的精神世界。

参 考 文 献

1. 曹刚. 初中语文整本书阅读教学指导:上海的实践探索[M]. 上海:上海辞书出版社,2023.
2. 陈旭英. 整本书阅读教学中思维可视化工具的运用[J]. 当代教研论丛,2024(5):70.
3. 成建忠. 无勾连,不设计:整本书阅读勾连技巧的再审视[J]. 语文教学通讯,2024(5):54.
4. 邓彤. 整本书阅读的六项核心技术[M]. 上海:华东师范大学出版社,2019.
5. 贺卫东. "整本书阅读"教学的本质、功能与问题消解[J]. 课程·教材·教法,2020(7):73.
6. 黄成华. 整本书阅读教学的三种课型及其价值[J]. 今日教育,2022(4):54.
7. 李煜辉. 探索和发现的旅程:整本书阅读之专题教学[M]. 上海:上海教育出版社,2019.
8. 连中国. 九堂课读懂名著[M]. 北京:海豚出版社,2023.
9. 璩艳霞. 整本书阅读:我们这样教[M]. 长沙:湖南人民出版社,2021.
10. 王本华. 名著阅读课程化的探索:谈谈统编语文教材名著阅读的整体设计与思考[J]. 语文学习,2017(9):5.
11. 王跃平,唐修亮. 学程设计:整本书阅读的重要引擎[M]. 南京:南京出版社,2021.
12. 王跃平,肖跃平. 一书三课:整本书阅读教学 36 课[M]. 南京:南京出版社,2020.
13. 王跃平. 一书三课:整本书阅读的教学模式建构[J]. 语文教学通讯(初中),2020(3):19.
14. 吴欣歆. 培养真正的阅读者:整本书阅读之理论基础[M]. 上海:上海教育出版社,2019.
15. 夏雪梅. 项目化学习设计:学习素养视角下的国际与本土实践[M]. 北京:教

育科学出版社，2021.
16. 肖建红. 从“三无”走向“三有”：基于多向融合的整本书学习任务群设计[J]. 中学语文，2024(10)：34.
17. 徐鹏. 整本书阅读：内涵、价值与挑战[J]. 中学语文教学，2017(1)：5.
18. 叶圣陶. 叶圣陶语文教育论集[M]. 北京：教育科学出版社，1980.
19. 义务教育语文课程标准修订组. 义务教育语文课程标准(2022年版)解读[M]. 北京：高等教育出版社，2022.
20. 余党绪，叶开. 为什么我们都主张“整本书阅读”？[J]. 语文教学通讯，2016(7)：15.
21. 余党绪. 初中整本书阅读：一本书一堂课[M]. 上海：上海教育出版社，2023.
22. 余党绪. 整本书阅读之思辨读写策略[J]. 语文学习，2016(7)：11—14.
23. 詹丹.《重读〈红楼梦〉》[M]. 上海教育出版社，2020.
24. 张小兵.《高中语文整本书阅读素养测评报告》的四大特色[J]. 语文教学通讯，2020(Z1)：9.
25. 郑桂华. “整本书阅读与研讨”任务群：理念细究与实施推进[J]. 语文建设，2019(9)：5.
26. 中华人民共和国教育部. 义务教育语文课程标准(2022年版)[S]. 北京：北京师范大学出版社，2022.
27. 中华人民共和国教育部. 义务教育语文课程标准(2011年版)[S]. 北京：北京师范大学出版社，2011.
28. 周梦箐，叶黎明. 以能力目标为轴，推进整本书阅读测评[J]. 语文建设，2020(11)：56.

索　　引